Allitera Verlag

Eduard Freundlinger

Wie ich vom Weg abkam, um nicht auf der Strecke zu bleiben

Meine Pilgerreise

Allitera Verlag

Weitere Informationen über den Verlag und sein Programm unter:
www.allitera.de

3. Auflage November 2017
Allitera Verlag
Ein Verlag der Buch&media GmbH, München
© 2016 Buch&media GmbH, München
Umschlaggestaltung: Johanna Conrad, Augsburg
unter Verwendung eines Bilds von © Jonathan Woodcock, iStock
Printed in Europe
ISBN print 978-3-86906-961-6
ISBN PDF 978-3-86906-964-7
ISBN epub 978-3-86906-965-4

*Für sämtliche Mitglieder der Familie Pongratz
Muchas gracias für alles*

1

Eine meiner frühesten Kindheitserinnerungen ist die an eine Abenteuerreise – oder genauer gesagt an einen Sonntagsbesuch bei den Großeltern, die zwei Dörfer weiter wohnten. Es war noch zu früh, um loszufahren, aber ich quengelte bereits. Schließlich wollte ich meinen Großeltern unbedingt mein Dreirad zeigen, dass ich zu meinem vierten Geburtstag geschenkt bekommen hatte. Meine Mutter, die ihre Haare voller Lockenwickler hatte und mit Tortenverzierungen beschäftigt war, schickte mich schon voraus.

»Aber nur bis zur Landstraße. Dort wartest du auf uns«, sagte sie und strich mir liebevoll über das Haar. Ihre nächste Berührung sollte eine Ohrfeige werden, die sich gewaschen hatte, aber das konnten weder sie noch ich voraussehen.

Also strampelte ich mit meinem Dreirad den Schotterweg entlang, der zur Landstraße führte. Dort hielt ich an und blieb eine Weile stehen. Natürlich besaß ich noch keine Uhr, deshalb wusste ich nicht, wie lange ich auf meine Eltern wartete. Leider war mir damals der Begriff Geduld ebenso fremd wie das Wort Gehorsam, und ich war im Umgang mit beidem noch unerfahren.

Es war nicht mein erster Sonntagsausflug zu Oma und Opa. Schon oft war die Wegstrecke an mir vorbeigezogen, als ich von meinem Platz durchs Autofenster blickte. Ich wusste also, dass ich mit meinem Dreirad nur nach links abbiegen musste und einige Kilometer der Landstraße zu folgen hatte, bis diese auf eine vielbefahrene Hauptstraße stieß. Diese müsste ich dann entlangradeln und mich dabei immer schön am rechten Straßenrand halten, damit ich nicht von einem der vielen Autos überfahren würde. Ich würde erst durch ein kleines Dorf kommen, dann durch einen größeren Ort. Anschließend ginge es einen Berg hinab, und schon hätte ich die Kleinstadt Seekirchen erreicht. Am Ortseingang lag das Haus meiner Großeltern.

Ich war zwar mit meinem Dreirad noch nie so weit gefahren, genau genommen besaß ich mein Gefährt erst seit wenigen Tagen, aber ich war mir sicher, dass ich das mit meinen kurzen Beinchen schaffen könnte. Ohne an die mahnenden Worte meiner Mutter zu denken, strampelte ich los und wagte mich zum ersten Mal aus meiner kindlichen Komfortzone.

Etwa drei Stunden später klingelte ich an der Tür meiner Großeltern. Wenn man von einer besorgten Dame an einer Bushaltestelle absieht, die mich kleinen Helden aufzuhalten versuchte, hatte ich mein Ziel ohne größere Zwischenfälle erreicht. Ich war mächtig stolz auf mich. Meine von meinem spurlosen Verschwinden bereits in Kenntnis gesetzte Großmutter brachte kein Wort hervor und drückte mich so fest an sich, dass ich – ohnehin außer Atem – kaum Luft bekam. Wenig später trafen meine eiligst verständigten Eltern ein. Sie schienen sich zu freuen, den jungen Abenteurer wiederzusehen, auch wenn meine Mutter diese Freude etwas eigenartig ausdrückte – nämlich in Gestalt der bereits erwähnten Ohrfeige.

Vierzig Jahre später hatte mir das Leben eine Menge Ohrfeigen verpasst, und das kindliche Selbstvertrauen war mir längst abhandengekommen. Ängste und Sorgen begleiteten meinen Weg. Auf den Ratschlag meiner Mutter konnte ich nicht mehr hören. Sie war längst verstorben. Freiwillig aus dem Leben geschieden.

Vor vielen Jahren hatte ich mein im Winter viel zu kaltes Heimatland verlassen, um in ein Land zu ziehen, in dem es im Sommer viel zu heiß ist. Ich hatte verschiedenste Berufe ausgeübt, wirkliche Berufung oder gar Erfüllung hatte ich jedoch nicht erfahren. Ich hatte eine schöne Frau geheiratet und mich wieder scheiden lassen, weil diese schöne Frau einen anderen Mann gefunden hatte. Ich hatte über fünfzig Länder in sämtlichen Kontinenten bereist und dort unzählige Fotos geschossen, die ich mir hinterher nie wieder ansah, aber vor der Linse hatte ich kaum etwas wahrgenommen. Überhaupt befand ich mich gedanklich nur selten in der Gegenwart, sondern eher im Gestern, im Morgen, beim nächsten Termin, beim letzten Streit. Oder ich war in ein Selbstgespräch vertieft, in dem ich jemanden schonungslos meine Meinung sagte, was ich ganz sicher nicht tun würde, wenn diese Person mir tatsächlich gegenüber gestanden hätte.

Ich konnte sympathisch sein, wenn ich das wollte, doch das war immer seltener der Fall. Ich konnte humorvoll sein, dabei hatte ich selbst nichts zu lachen. Ich konnte selbstsicher auftreten und hegte zugleich Zweifel, ob mir das gelang. Ich hatte sogar Bewunderer, von denen manche so sein wollten wie ich. Ich hingegen wollte ein anderer sein, wollte erfolgreicher und vermögender oder schlanker und sportlicher oder weiser und gebildeter oder sorgenloser und glücklicher sein.

Am glücklichsten war ich in meinen Träumen. Im imaginären Entfliehen aus meinem Alltag und im Erschaffen neuer Realitäten. Ich träumte von weiteren Reisen in ferne Länder, gefährlichen Abenteuern, die nur echte Kerle bestanden, von Romanzen mit betörenden Frauen, einer athletischen Figur, finanzieller Freiheit, einer Villa in den Bergen und einer Yacht im Hafen. Manche Träume konnte ich mir erfüllen, doch nicht selten bemerkte ich hinterher, dass ich, wie schon so oft, den falschen Träumen nachgelaufen war und mich damit nur unnötig belastet hatte.

Zudem steuerte mein Leben gerade auf einen Abgrund zu – finanziell, emotional und sozial. Ich wusste nicht, wie ich das Steuer im letzten Moment herumreißen sollte, zum Bremsen war es längst zu spät, und ich hatte schreckliche Angst vor dem Absturz ins Nichts.

Immer wieder suchte ich nach Lösungen aus meinem Dilemma.

Mich beschäftigten Fragen, deren Antwort man nicht im Internet finden konnte. Wie die Frage nach dem Glück. Wie erlangte man Glück? Wie erkannte man es? Wie hielt man es fest? Wie definierte man überhaupt Glück? Ich hatte mal gelesen, dass Glück der Wunsch nach Wiederholung sei. Aber stimmte das auch?

Ich ahnte, dass das Glück nicht einfach durch die Tür spaziert käme. Man musste es wohl zu sich nach Hause einladen. Doch sollte man nicht vorher aufräumen und saubermachen? Vielleicht indem man lernte, wie man besser mit Sorgen umging, gelassener, aufmerksamer, aufrichtiger und dankbarer wurde, wie man mit Schmerz und Enttäuschungen klarkam? Womöglich sollte man auch längst vergessene Zeitgenossen wie Freude, Begeisterung und Liebe zu sich nach Hause einladen, damit sich das Glück wohlfühlte?

Doch ich war nicht gut im Aufräumen. Dafür hatte ich eine Putzfrau. Ich wusste nicht, wie das Glück den Weg zu mir finden sollte, und das machte mich unglücklich.

Zwar grübelte ich in regelmäßigen Abständen über solche Fragen nach – aber nicht lange. Mails mussten beantwortet, Telefonate geführt, Termine wahrgenommen werden. Eine Menge Probleme warteten auf ihre Lösung. Keine Zeit für das Glück oder fürs Nachdenken über wirklich wichtige Dinge im Leben. Andere taten das doch auch nicht. Und geht man mit der Masse konform, muss man kein schlechtes Gewissen haben, dachte ich. Und woher sollte ich die notwendigen Erkenntnisse nehmen? Schließlich war ich kein Philosoph, erleuchteter Buddhist oder Hirnforscher.

Ich hatte das Selbstvertrauen eingebüßt, hatte vergessen, wie es sich vor über vierzig Jahren auf dem Dreirad angefühlt hatte. Verblasst war die Erinnerung an mein Hurrageschrei, als ein riesiger Lkw an mir vorbeidonnerte und der Luftsog mein Dreirad auf zwei Räder hob und beinahe in den Straßengraben befördert hätte, es aber doch nicht vermochte, weil ich mich für unbesiegbar hielt und mir wie ein Superheld vorkam, lange bevor ich mein erstes Comicheft lesen konnte.

2

Eines Tages traf ich mich mit einem Geschäftspartner. Der Mann kam gerade aus dem Urlaub und schien irgendwie verändert. Ruhiger und gelassener, anstatt wie bislang hektisch und nervös. Er sprach langsamer und hatte etwas an Gewicht verloren. Seine Hände lagen ruhig auf dem Tisch, wenn er etwas erklärte. Es gab ein Problem zu besprechen, aber das schien mein Gegenüber nicht besonders zu belasten. Es musste ein erholsamer Urlaub gewesen sein, dachte ich und fragte ihn, wo er gewesen sei. Ich tippte auf die Malediven.

»Ich bin einen Teil des Jakobswegs gegangen«, erzählte er. Donnerwetter. Das hätte ich ihm nicht zugetraut. In der nächsten Stunde lauschte ich voller Interesse seinem Bericht.

»Eines Tages werde auch ich den Jakobsweg laufen«, verkündete ich meinem Geschäftspartner, als wir uns verabschiedeten. Aber selbst in meinen Ohren klang das wie eine Lüge. Seit ich in Spanien wohnte – und das waren zu dem Zeitpunkt schon zwanzig Jahre –, hatte ich davon geträumt. Eines Tages werde ich diesen Weg gehen, hatte ich mir alle Jahre wieder geschworen. Schließlich handelte es sich dabei um einen noch unerfüllten Traum auf meiner To-do-Liste. Inspiriert hatte mich Paolo Coelhos Buch *Auf dem Jakobsweg*. Es beeindruckte mich sehr, dass Pilger diesen Weg schon seit Hunderten von Jahren beschritten hatten. Doch ich war den Camino Francés noch immer nicht gegangen. Natürlich nicht. Wie denn auch? Ich hatte ja keine Zeit! Schließlich handelte es sich um keinen Sonntagsausflug, sondern um einen mindestens dreißig Tagesetappen langen Gewaltmarsch, Ruhetage sowie An- und Abreise nicht eingerechnet. Darauf, mir die Zeit einfach zu nehmen, war ich nicht gekommen. So war es bei dem Traum geblieben.

Aber das Gespräch mit meinem Geschäftspartner verfolgte mich den restlichen Tag und auch noch am nächsten Morgen. Ich sagte zu mir: Was bist du eigentlich für ein Idiot? Geh doch endlich deinen Weg, und zwar sofort! Doch mein innerer Dämon mischte sich ein: »Spinnst du? Gerade warst du einen ganzen Monat in Österreich auf Urlaub, du musst arbeiten, deine kleine Immobilienfirma vor dem Ruin bewahren, endlich deinen vierten Kriminalroman schreiben, du bist im Oktober auf zwei Hochzeiten eingeladen, und es stehen wichtige Geschäftstermine an. Außerdem hast du derzeit kaum Geld. Also vergiss es, und träum schön weiter.«

Allerdings ließ ich mich diesmal nicht so einfach abkanzeln und hielt dagegen: »Am vierten Roman kann ich hinterher immer noch schreiben – und er wird dadurch noch besser werden, weil ich neu gewonnene Erfahrungen einfließen lassen kann. Geld habe ich zwar nicht viel, aber eine Herberge kostet zwischen fünf und zehn Euro, und das werde ich einen Monat lang auch noch finanziert bekommen. Und was meine ›wichtigen Termine‹ anbelangt, mein lieber Dämon – was bitteschön kann wichtiger sein als die Erfüllung eines jahrelangen Traums?«

So wurde in meinem Kopf eine Weile weiterdiskutiert, bis der skeptische Dämon schließlich das Handtuch warf. Damit war der Entschluss gefasst. Jetzt würde ich den Jakobsweg gehen. Nicht nächstes Jahr, nicht nächsten Monat, sondern *jetzt sofort*. Noch am selben Tag kaufte ich in einem Outdoor-Laden das Nötigste, am folgenden Tag verschob ich meine Termine und organisierte einen kompletten Monat um, und am Morgen danach fuhr ich von meinem Wohnort im Süden Spaniens tausend Kilometer bis zum Ausgangspunkt des französischen Jakobswegs.

In der überstürzten Planungsphase blieb zum Glück kaum Zeit, um über meinen aktuellen Fitnesszustand nachzudenken. Ich besuchte zwar mehr oder weniger regelmäßig ein Fitnessstudio und stemmte dort tonnenweise Eisen, aber alles, was mit Ausdauer zu tun hatte, mied ich ebenso wie das Treppensteigen in die dritte Etage. Nach zwanzig Minuten Laufband warf mich das fiese Gerät ab wie einen Rodeoreiter, nach einer halben Stunde Spinning übertönte mein hyperventilierendes Japsen die laute Musik, und nach einer Stunde Wandern ... Um ehrlich zu sein, hatte ich keine Erfahrungswerte, wie mein Hundertfünfzehn-Kilo-Körper auf eine Stunde Wandern reagierte, weil ich das schon seit ewigen Zeiten nicht mehr getan hatte.

In jener ersten schlaflosen Nacht im Stockbett einer Pilgerherberge im verschlafenen französischen Grenzort Saint-Jean-Pied-de-Port kamen mir daher berechtigte Zweifel am physischen Aspekt meines Vorhabens. Der lästernde Teil meines Egos hielt mir Vorträge, dass ich das niemals schaffen werde. Mein anderes Ich hielt dagegen, dass ich es mit dem nötigen Willen sehr wohl schaffen könnte. Zumal »learning by doing« eins meiner Grundprinzipien war. Auch in meine neue Aufgabe als Pilger versuchte ich langsam hineinzuwachsen, und nach einigen hundert Kilometern würde ich schon fit genug sein, dachte ich.

Leider machte mir die Topografie einen Strich durch die Rechnung, denn die erste Etappe des Jakobswegs war die schwierigste. Vor der Herbergstür ging es direkt hinein in die Pyrenäen, die ich bisher nur von Übertragungen der Tour de France kannte, die ich bequem von meinem Sofa aus verfolgte. Am Beginn stand also gleich die Königsetappe – und das auch noch ungedopt. Eine Tatsache, die mich in jener ersten Nacht, zusammen mit dem Schnarchen eines halben Dutzend Pilgerkumpanen, um den Schlaf brachte.

3

Saint-Jean-Pied-de-Port – Roncesvalles

Noch vor Tagesanbruch setzte ich meinen viel zu schweren Rucksack auf – und gleich wieder ab. Diesen Vorgang wiederholte ich viermal, weil ich erstens meine Jacke hervorkramen musste, zweitens die Wasserflasche anders positionierte, drittens den historischen Moment festhalten wollte und dafür mein Handy aus einer Seitentasche ziehen musste und viertens kontrollieren wollte, ob auch alle Fächer und Taschen ordentlich verschlossen waren, sodass bei meinem bevorstehenden Marsch über die Pyrenäen nichts herausfallen konnte. Diese Aktivität brachte mich so aus der Puste und ins Schwitzen, dass ich meinen Rucksack ein fünftes Mal abschnallte und die Windjacke wieder reinstopfte.

Während einer ersten Verschnaufpause hatte ich auch gleich meine erste Erscheinung auf dem Jakobsweg. Es war leider nicht die Jungfrau Maria, die mir zuflüsterte, ich müsse keine achthundert Kilometer laufen, damit sie mir alle meine Sünden vergebe – ein Vater Unser sei völlig ausreichend. Nein, es war eine Belgierin mit Kurven wie eine Pyrenäengebirgsstraße. Sie fragte mich, ob hier in der Nähe ein Obstladen offen hätte. Ich bezweifelte es und bot ihr Früchte aus meinem Rucksack-Megastore an. Diesbezüglich war ich bestens vorbereitet. Ich hatte Kiwis, Bananen, Äpfel, Birnen, Sandwiches und Müsliriegel dabei. Und zwei Liter Elektrolytgetränke. Mit reichlich Proviant versuchte ich meinen Fitnessmangel halbwegs wettzumachen. Das Problem dabei war nur, dass ich keinen Sherpa engagiert hatte und das zusätzliche Gewicht selbst tragen musste.

Die Belgierin lächelte mich an, sodass die Sonne eine Stunde vor der Zeit aufzugehen schien, lehnte jedoch dankend ab und machte sich in entgegengesetzter Richtung auf die Suche nach einem Obstladen. Ich fand das schade und wäre gerne ein Stück gemeinsam mit ihr gegangen, natürlich nur, um mich mit Small Talk etwas von der schier unlösbaren Aufgabe abzulenken, mich zu Fuß und mit diesem Bandscheiben-Massaker-Rucksack knapp achthundert Kilometer bis nach Santiago de Compostela zu schleppen.

Nach einem letzten Durchatmen ging es endlich los. Von nun an lautete meine Aufgabe, für mindestens einen Monat lang Pilger zu sein. Während meine Wanderstöcke über das Kopfsteinpflaster der Gassen von Saint-Jean-Pied-de-Port klackerten, rief ich mir in Erinnerung, was das Pilgersein für mich bedeutete. Ich sah den Camino Francés nicht als sportliche Herausforderung wie einen Marathonlauf, bei dem man sich in wenigen Stunden irgendwie ins Ziel retten musste, sondern als spirituellen Hindernislauf.

Ich wollte die langen Gehzeiten nutzen, um mich mit neuen Gedanken zu beschäftigen, für die ich im Alltag keine Zeit fand. Dabei erhoffte ich mir Erkenntnisse, die mir den Weg zu einer grundlegenden Veränderung meines Lebens weisen könnten – denn diese Veränderungen waren verdammt notwendig. Das war der eigentliche Grund, warum ich mich entschieden hatte, diesen Weg zu gehen.

Um mich dieser Chance nicht gleich vorab zu berauben, musste ich meinen Weg bewusst gehen. Keine Musik aus dem Kopfhörer oder sonstige Ablenkungen. Außerdem wollte ich vorwiegend allein wandern, denn belangloser Small Talk mit anderen Pilgern würde meinen Gedankenfluss unnötig stören, sagte ich mir. Im nächsten Moment fiel mir die Belgierin mit dem Engelsgesicht ein, die mir Apostel Jakob offensichtlich als Willkommensgeschenk unter die Pilgernase gerieben hatte. Natürlich hätte ich für sie eine Ausnahme von meiner Regel gemacht, schließlich würde während des kommenden Monats genügend Zeit zum Grübeln bleiben.

Außerdem galt es ein weiteres Detail zu beachten. Vor wenigen Wochen hatte ich in Salzburg an meinem fünfundvierzigsten Geburtstag vor zahlreichen Lesern, Freunden und Familienmitgliedern eine Buchpräsentation gehalten. Zum Ende der Lesung aus meinem letzten Krimi »Im Schatten der Alhambra« hatte ich einige emotionale Worte auf Russisch an meine Lebensgefährtin gerichtet, mit der ich die letzten fünf Jahre geteilt hatte. Nach der Rede steckte ich Tatiana einen Ring an den Finger. Dabei mussten wir beide weinen. Seitdem waren wir glücklich verlobt.

An sie dachte ich (und nicht an die Belgierin), als ich die Porte d'Espagne erreichte, einen Torbogen, der die inoffizielle Startlinie des französischen Jakobswegs markierte. Ich hatte Tatiana seit drei Wochen nicht gesehen, weil sie gerade in Russland weilte, um ihre Eltern zu besuchen. Sie fehlte mir sehr. Aber jetzt war der falsche Zeitpunkt für Sentimentalitäten. Jetzt galt es den Augenblick bewusst wahrzunehmen, in sich zu gehen, eins mit sich zu sein und auf Zeichen zu achten. Schließlich hatte ich mir das so vorgenommen. Ich schoss also ein Handyfoto und schritt andächtig durch die Porte d'Espagne.

Nach den ersten zehn Metern auf dem Jakobsweg hielt ich inne und lauschte in mein tiefstes Inneres. Was fühlte ich gerade? Und siehe da – meine erste Erkenntnis am Jakobsweg ließ nicht lange auf sich warten: Ich musste dringend zur Toilette.

Danach fand ich endlich meinen Rhythmus. Bei Tageslicht hatte die finstere Wand, als die sich die Pyrenäen noch vor Sonnenaufgang darstellten, etwas an Schrecken verloren. Über sanft ansteigende Feldwege ging es durch grüne Wiesen und herbstliche Wälder in die Berge. Nach wenigen Kilometern durfte ich einen fantastischen Ausblick zurück ins Tal genießen, in dem sich gerade die letzten Nebelschwaden auflösten. Schafherden säumten den Weg.

Aber die Schafe waren in der Minderzahl. Außer mir hatten an diesem sonnigen Herbsttag noch Dutzende andere die Idee, den Jakobsweg zu laufen. Sie kamen aus Frankreich, Spanien, Korea, Schweden, Deutschland, Brasilien, Ungarn und anderen Ländern. Wurde man überholt oder ging man an einem anderen Pilger vorbei, wünschte man sich »Buen Camino!«, einen guten Weg.

Ich fühlte mich als Teil einer Gemeinschaft, es ging mir gut, ich fühlte mich frei, unbeschwert, begeistert – und ich hatte ein Ziel vor Augen. Ich genoss dieses seltene Glücksgefühl, wohlwissend, dass es sich dabei um eine schöne Illusion handelte, die nur von kurzer Dauer wäre. Man müsste dieses Gefühl festhalten können, dachte ich mir. Die Frage, wie man das anstellen könnte, war es wert, den restlichen Tag darüber nachzudenken. Als ich von einer Gruppe laut quasselnder Amerikaner überholt wurde, ließ ich mich aus deren Frequenzbereich zurückfallen, um in Ruhe meinen Gedanken nachhängen zu können.

Ich fragte mich, wodurch diese positiven Emotionen in mir ausgelöst wurden. Gerade keuchte ich einen Berghang hoch, und meine Kleidung war so nass geschwitzt, als hätte es schon den ganzen Tag lang geregnet. Brauchte ich das fortan, um Glücksgefühle zu empfinden? Musste ich ab sofort täglich einen Berg erklimmen? Hoffentlich nicht, denn mein Rücken schmerzte, meine Knie taten weh, meine neuen Wanderschuhe drückten, dabei hatte ich nicht einmal die Hälfte der ersten Tagesetappe geschafft. Von geschätzten dreißig, wohlgemerkt.

Das konnte also kaum die Lösung sein, aber da ich mich aufgrund dieser Sorgen schon nicht mehr ganz so gut fühlte, gab ich mir die Antwort selbst: Ich hatte mich vorhin so wohlgefühlt, weil ich *nicht* daran dachte, was mir bereits alles wehtat, obwohl ich erst sieben Kilometer von insgesamt achthundert Kilometern gelaufen war. Damit hatte ich also nicht einmal ein Prozent des Jakobswegs hinter mich gebracht und war bereits an meine physischen Grenzen gestoßen. Dennoch hatte ich mich an der tollen Herbstlandschaft erfreut, hatte bemerkt, dass ich mit wesentlich jüngeren Pilgern Schritt halten konnte, und für eine Weile meine Probleme vergessen. Denn eigentlich wog mein Rucksack insgesamt fünfzig Kilogramm. Nur fünfzehn davon waren Gepäck – der Rest war das gefühlte Gewicht meiner Sorgen, die ich ständig mit mir herumschleppte, egal wohin ich ging.

Während einer Rast machte ich mir bewusst, dass es mir gut getan hatte, für eine Weile *nicht* darüber nachzugrübeln, warum sich meine drei Kriminalromane so dürftig verkauften, dass ich davon nicht mal ansatzweise leben konnte. Ich hatte nicht daran gedacht, dass meine Immobilienfirma seit Längerem Verluste schrieb und dass ich die Hypothekenrate meines Hauses ab nächsten Monat nicht mehr würde bezahlen können. Ich hatte für einen Moment vergessen, dass kürzlich der Antrag auf einen neuen Kontoüberziehungsrahmen von meiner Bank abgelehnt worden war und dass ich so wenig Erspartes hatte, dass kaum abzusehen war, ob ich davon überhaupt Essen und Unterkunft bis nach Santiago de Compostela würde bezahlen können. Und mir drängte sich die Frage auf, ob der Camino für mich tatsächlich die Erfüllung eines lang gehegten Traums bedeutete – oder nicht eher einer Flucht vor diesen traurigen Tatsachen gleichkam.

Nun, da mir all diese negativen Gedanken im Kopf herumschwirrten, war es vorbei mit meinem Wohlbefinden. Ich war nicht mehr im Hier und Jetzt. Ich hing in der Vergangenheit fest und grübelte darüber nach, wie ich mich in diese Lage hineinmanövriert hatte und was ich hätte anders machen können. Dabei war es mir doch eben noch so gut wie schon lange nicht mehr gegangen.

Ich aß eine Banane, beendete meine Rast und ließ die Vergangenheit ruhen. Stattdessen dachte ich an die Zukunft. Was würde nach dem Camino kommen? Welchen Ausweg gab es aus meiner Misere? Welche Möglichkeiten hatte ich, die Katastrophe im letzten Moment abzuwenden? Was könnte ich tun, damit es mir in

Zukunft besser ginge? Und musste ich dafür unbedingt auf die Zukunft warten?

Der Weg führte nun steil bergan durch einen magisch anmutenden Wald. Buntes Laub raschelte unter meinen Wanderschuhen. Aber ich achtete kaum auf die Umgebung. Ich war trübsinnig und wollte in den glückseligen Zustand von vorhin gelangen. Wenigstens für den Rest der Etappe. Oder noch besser: für den Rest des Jakobswegs! Und plötzlich kam meine erste wirkliche Einsicht auf dem Jakobsweg.

Ich schnallte meinen Rucksack ab und setzte mich auf einen Baumstumpf. Mit meinem Wanderstock zeichnete ich Kreise in den Waldboden. Ein vorbeiziehender Pilger fragte mich auf Englisch, ob alles in Ordnung sei. »Yes, now it is!«, lautete meine Antwort.

Ich hatte eine Entscheidung getroffen. Ich würde mich auf dem restlichen Jakobsweg – egal wie weit ich es schaffte – nicht mehr von meinen Gedanken beeinflussen lassen. Ich beschloss, die Vergangenheit ruhen zu lassen und keine Gedanken an die Zukunft zu verschwenden. Die einzige Realität war der *heutige* Tag. Das *Jetzt*. Ich würde mich ab sofort darauf konzentrieren, die *aktuelle* Etappe zu überstehen, statt an alle weiteren Tagesstrecken zu denken. Und wenn ich alles ausblendete und mich in diesem Moment nur an meiner Umgebung erfreute, würde ich das erhabene Gefühl vom Beginn der heutigen Etappe zurückgewinnen und hoffentlich festhalten können.

Ich öffnete meinen Rucksack und zog ein Paar Socken hervor. Die linke Socke sollte symbolisch für die Vergangenheit stehen und die rechte für die Zukunft. Nachdem ich beide mit Laub gefüllt hatte, sagte ich laut zur linken Socke, dass ich an ihr ohnehin nichts mehr ändern könne, und die rechte ließ ich wissen, dass sie mich nicht länger interessiere, weil ich ohnehin nicht wissen könne, was sie für mich bereithielt. Dann versicherte ich den beiden Socken, dass ich für die Dauer des Caminos nicht mehr an sie denken würde, und warf sie in hohem Bogen von mir. Dabei schrie ich laut »YESSS!« und reckte beide Arme in die Luft.

Eine deutsche Pilgerin, die meine Zeremonie offenbar mitverfolgt hatte, erkundigte sich, ob es mir gut gehe. Ich nickte lächelnd. Sie wirkte wenig überzeugt und schien sich plötzlich der Tatsache bewusst zu werden, dass sie allein in einem Waldstück einem Verrückten begegnet war. Jedenfalls wünschte sie mir »Buen Camino« und zog eilig von dannen. Einen guten Pilgerweg werde ich ab jetzt ganz sicher haben, dachte ich.

Den Rest der ersten Etappe war mein Körper damit beschäftigt, sich über den nicht enden wollenden Pyrenäenberg zu schleppen, während mein Geist versuchte mein ehrgeiziges Vorhaben in die Tat umzusetzen: den gegenwärtigen Augenblick zu genießen und den Rest auszublenden. Beides gelang mir besser als erwartet. Am frühen Nachmittag stand ich am Gipfel und fühlte mich wie Reinhold Messner auf Ecstasy.

Laut meinem schlauen Jakobswegführer gab es für den Abstieg zwei Alternativen. Die empfohlene Route führte über eine asphaltierte Straße ins Tal, ein zweiter, anspruchsvollerer Weg hingegen über einen steilen und steinigen Pfad direkt zur Herberge. Von dieser Option sei allerdings abzuraten, hieß es in meinem Guide, da man nach stundenlangem Aufstieg voraussichtlich unter Konzentrationsschwächen leide und müde Füße habe. Deswegen bestehe beim Abstieg eine gewisse Sturzgefahr.

So ein Schwachsinn. Ich hätte mir einen anderen Reiseführer besorgen sollen, dachte ich. Immerhin bin ich gebürtiger Österreicher, auch wenn ich schon lange nicht mehr dort lebe. Was man hier Gebirge nannte, würde in meiner alten Heimat maximal als sanfte Hügelgruppe durchgehen. Als kleiner Knirps war ich mit meinem Vater auf Berge geklettert, die dreimal so hoch waren wie dieser Pyrenäenwinzling.

Mit dem neu gewonnenen Selbstvertrauen kam leider der Übermut. Natürlich wählte ich den »gefährlichen« Waldweg, und da es nun auch nicht mehr weit sein konnte, lief ich der Herberge und einem kühlen Bier entgegen, das dort als Belohnung bestimmt schon auf mich wartete. Es dauerte keine zehn Minuten, ehe ich meine Meinung über mein schlaues Büchlein revidieren sollte. Ich geriet mit dem rechten Fuß in eine feuchte Spurrinne, rutschte aus und knallte längsseits auf Hüfte und Schulter. Vor Schmerzen konnte ich kaum fluchen. Da ich anscheinend der Einzige war, der sich für diese Wegalternative entschieden hatte, war weit und breit keine Hilfe in Sicht. Ich blieb reglos liegen und befürchtete das Schlimmste. Dann schnallte ich den Rucksack ab, versuchte mich zu erheben, wofür ich mehrere Anläufe benötigte, und wagte eine Eigendiagnose. Meine Hüfte schmerzte, und mein rechter Fuß zitterte, aber das war wohl nur der Schock. Die Schulter, die wegen des Rucksackriemens ohnehin schon mitgenommen war, pochte jetzt, als wäre eben mein Herz dorthin gerutscht, aber ich konnte mit dem Arm kreisen, auch wenn es schmerzte. Humpelnd und vorsichtig setzte ich meinen Abstieg fort.

Gegen vier Uhr nachmittags kam ich in Roncesvalles an. In einer Kneipe traf ich auf trinkfeste Irländer und Kanadier, mit denen ich meinen ersten Etappenerfolg feierte. Danach besuchte ich in der Kapelle der Klosterherberge einen Pilgergottesdienst. Im Anschluss gab es ein Gratiskonzert. Das Orchester spielte im Schlafsaal, in dem hundert Menschen schliefen, und es gab eine Symphonie für fünfzig Schnarcher aus aller Welt. Der Dirigent befand sich offensichtlich im unteren Teil meines Stockbetts. Er und sein Ensemble schnarchten, als gälte es, böse Geister zu vertreiben. Ich stopfte mir meine Ohrstöpsel so tief in die Gehörgänge, dass ich sie am nächsten Morgen nur mit Mühe wieder herausbekam.

4

Roncesvalles – Larrasoaña

Die zweite Etappe führte über sechsundzwanzig Kilometer nach Larrasoaña – durch Wälder und Wiesen, durch Siedlungen, die aus einer Handvoll Steinhäuser bestanden, über jahrhundertealte römische Brücken und durch sonnige Auen. Da diese Strecke etwas kürzer war als die am Vortag und die Topografie eher an Holland erinnerte, musste ich mir keine Sorgen machen, auch diesen Tag zu überstehen.

Die erste Etappe war laut meinem Guide die schwierigste des gesamten Jakobswegs gewesen. Und ich hatte sie gemeistert. Sogar besser als manche Pilgerbrüder, die erst sehr spät in der Herberge eintrafen. Das verstärkte mein neu gewonnenes Selbstvertrauen. In nur einem Tag hatte sich mental bereits einiges verändert. Ich haderte weniger mit der Vergangenheit und scherte mich kaum um die Zukunft. Meine geistige Blockade löste sich langsam auf. Ich konnte frei denken und mich an den kleinen Dingen am Wegesrand erfreuen – an einer Gottesanbeterin, einem besonders alten Baum in herbstlicher Pracht, einer schönen Wolkenformation, netten Gesprächen während einer Rast, und selbst ein Wegweiser, in den »Santiago de Compostela 765 kms« eingemeißelt war, brachte mich zum Lächeln. Ich freute mich über die fünfunddreißig bislang absolvierten Kilometer und dachte nicht an das, was noch vor mir lag.

Während ich durch den Wald ging, kreisten meine Gedanken um den Begriff Selbstvertrauen. Der gestrige Tag in den Pyrenäen hatte mich etwas Wichtiges gelehrt: Egal was heute oder die nächsten Tage und Wochen auf mich zukäme – ich würde damit fertigwerden. Schaffst du die schwierigste Etappe, dachte ich, schaffst du sie alle.

Ich begann mich zu fragen, warum ich nicht immer so verblüffende einfache Schlussfolgerungen zog. Ich war zwar bislang noch nie in den Pyrenäen gewesen, aber ich hatte in meinem Leben schon manche Hindernisse in Form von Schicksalsschlägen, scheinbar ausweglosen Situationen und finanziellen Engpässen überschritten. Schließlich hatte ich mich mit Anfang zwanzig genau dafür entschieden. Damals hatte ich Österreich den Rücken gekehrt und ein Leben am Limit und ohne große Sicherheiten gewählt.

Ich bereiste ein Jahr lang den südamerikanischen Kontinent und schlief in Hängematten. Ich segelte zusammen mit einem Kumpel ohne große Segelkenntnisse über den Atlantik und danach einige Jahre in der Karibik. Ich kämpfte mich mit einer Machete durch den kolumbianischen Dschungel, badete mit Piranhas in einem choleraverseuchten Seitenarm des Amazonas, überlebte ein Zugunglück in Ecuador, eine Bruchlandung mit meinem Paragleitschirm, einen schweren Autounfall in Österreich und einen Motorradunfall in Serbien. Ich knallte in der Straße von Gibraltar mit unserem kleinen Segelboot beinahe in einen Supertanker und wurde mitten am Atlantik fast vom herumwirbelnden Segelbaum erschlagen. Alle fünf Jahre gründete ich eine Firma, verkaufte sie wieder oder machte Konkurs, nur um es in einer anderen Branche erneut zu versuchen. Ich musste mich mit dem Tod meiner geliebten Mutter auseinandersetzen, dafür wurde mir eine wunderbare Tochter geschenkt. Ich heiratete und wurde geschieden. Ich hatte nichts ausgelassen. Es ging bergauf und bergab. Hoch die Welle und wieder runter. Ständig.

In den vergangenen zwanzig Jahren hatte mein Leben zwar alle paar Jahre die Richtung gewechselt, doch eines hatte sich niemals verändert: In welchem Schlamassel ich mich auch befunden hatte – ich war immer wieder herausgekommen. Und nun, in diesem magisch anmutenden Wald, durch den der Jakobsweg mich gerade führte, fragte ich mich, wieso das nun plötzlich anders werden sollte. Wieso sollte ich nicht weiterhin auf diese Kraft vertrauen – egal ob man sie Schutzengel, Gott oder ganz anders nennen mochte?

Etwas abseits des Wegs sah ich einen Bach fließen. Ich setzte mich daneben und warf Steinchen hinein.

»Du bist ein Idiot!«, schimpfte ich laut mit mir.

»Da ist etwas, das dich schon die längste Zeit beschützt, und anstatt diese kostenlose Lebensversicherung dankbar anzunehmen, stellst du sie infrage und sorgst dich darum, ob sie auch beim nächsten Mal funktionieren wird.«

Ich kramte mein Notizheft aus dem Rucksack und notierte mir die zweite wichtige Einsicht auf dem Jakobsweg: *Wenn du nach einer neunstündigen Wanderung über einen Berg genug Selbstvertrauen für den restlichen Camino erlangst, solltest du auch aus deiner Lebensgeschichte genug Selbstsicherheit für dein weiteres Leben schöpfen.*

Zufrieden mit dieser Einsicht wanderte ich weiter. Auf dem Weg begegnete ich einem Schweden mit Rauschebart und Nickelbrille. Während wir die restliche Strecke bis zur Herberge gemeinsam pilgerten, erzählte Mats, dass er zu Hause regelmäßig längere Wanderungen unternahm. Er pflegte sogar die zehn Kilometer in die Arbeit zu Fuß zurückzulegen.

»Na, dann bist du ja bestens vorbereitet«, lobte ich ihn und dachte an meine eigenen Trainingseinheiten, die darin bestanden hatten, zweimal zu Fuß zum Bäcker zu gehen, um meine neuen Wanderschuhe halbwegs einzulaufen.

»Es gibt nichts, was dich auf diesen Weg vorbereiten kann«, antwortete Mats bedeutungsschwanger. »Ich hoffe nur, dass ich es dieses Jahr bis nach Santiago schaffe«, fuhr er fort. »Bei meinem ersten Anlauf im letzten Jahr musste ich nach hundertsiebzig Kilometern aufgeben.«

Wie bitte? Ich musterte den Burschen. Er war etwa fünfzehn Jahre jünger und mindestens zwanzig Kilogramm leichter als ich – den Rucksack mit eingerechnet.

»Äh ... wieso das denn?«, hakte ich nach.

»Letztes Jahr bin ich es etwas zu schnell und optimistisch angegangen. Ich habe auf meiner Pilgerreise eine Gelenkentzündung bekommen, die sich so sehr verschlimmerte, dass irgendwann gar nichts mehr ging.«

Oha. Sofort bekam mein gerade erst wiederentdecktes Selbstvertrauen mehr Schrammen als die Sohle meiner Wanderschuhe. Bislang hatte ich nur an drei Faktoren gedacht, die mich vom Gelingen meiner Pilgerreise abhalten könnten: meine Kondition, meine Willenskraft und meine bescheidenen Geldreserven. Nach diesem aufschlussreichen Gespräch gesellten sich Sorgen über Gelenkbeschwerden, Bandscheibenvorfälle, Hüftschäden und andere körperliche Abnutzungen aller Art als viertes Schreckensszenario hinzu.

5

Larrasoaña – Pamplona

Nach den beiden längeren Etappen beschloss ich daher, auf Mats' Rat zu hören und so gelenkschonend wie möglich ins nur fünfzehn Kilometer entfernte Pamplona zu gehen. Erneut versuchte ich nicht nur meine Füße auf Trab zu halten, sondern auch meinen Kopf. Aus aktuellem Anlass nahm ich mir für meine dritte geistige Pilgeretappe den Begriff »Problem« vor. An diesem Morgen hatte ich nämlich vor einem riesigen Problem gestanden. Nach meiner Ankunft am Vorabend hatte ich die Wäsche von Hand gewaschen und sie auf Wäscheleinen im sonnigen Garten der Herberge aufgehängt.

Danach war ich mit Mats, den beiden trinkfesten Iren von Roncesvalles und anderen Pilgern in die einzige Bar von Larrasoaña gegangen. Ein Pilgermenü kostete in der Regel zehn Euro, und man bekam dafür eine Vorspeise, bestehend aus Salat, Pasta oder Suppe mit Brot, anschließend eine Hauptspeise mit Fleisch oder Fisch und danach eine Nachspeise – und »Pilgerdiesel«, so viel man wollte. Die Rotweinkaraffen wurden des Öfteren nachgefüllt, und dementsprechend fröhlich wurde die Runde. Ich schloss viele neue Bekanntschaften und schaffte es nur knapp vor dem Schließen der Herbergspforten um zweiundzwanzig Uhr zurück in mein Stockbett. Natürlich hatte ich vergessen, die bereits trockene Wäsche von der Leine zu nehmen.

Am Morgen war vom Tau alles klamm, insbesondere die Socken. Und selbst ich als Wanderlegastheniker wusste: Feuchte Socken ergeben Blasen an den Füßen. Und Blasen gefährdeten im schlimmsten Fall mein gesamtes Vorhaben. Noch bis vor Kurzem – als im Alltag die Probleme wie Meteoritenregen auf mich einprasselten – hätte ich nicht gedacht, dass nasse Socken meine elementarste Sorge sein könnten. Ich löste das Problem, indem ich sie oben am Rucksack befestigte und in Badelatschen marschierte, bis die Socken getrocknet waren.

Während die wunderschöne herbstliche Landschaft an mir vorbeizog, dachte ich an diesen neuen Blickwinkel auf meine Probleme. Nachdem die Socken getrocknet waren und ich meine Wanderschuhe wieder anziehen konnte, war ich sorgenfrei. Aber warum eigentlich? Gut, ich hatte mein jetziges Problem gelöst – aber ich hatte jede Menge andere Schwierigkeiten, die weitaus gravierender und komplizierter zu lösen waren.

Gab es etwa zwei Dimensionen von Problemen beziehungsweise der daraus resultierenden Sorgen? Eine aktuelle, mit der man *jetzt* umgehen musste, und eine abstraktere oder gar illusorische Art von Problemen – eine, die man derzeit gar nicht lösen konnte, weil sie sich in der Zukunft befanden und sich, wenn es soweit wäre, womöglich bereits von selbst aufgelöst hatten?

In der Vergangenheit war mir das manchmal passiert. Da hatte ich mich um Dinge gesorgt, die niemals eingetreten waren, hatte mich unnötig mit Hirngespinsten belastet und im entscheidenden Moment, nämlich in der Gegenwart, darunter gelitten. Andererseits waren meine aktuellen Probleme keineswegs eingebildet. Sie waren real. Wenn ich nach Hause kam, wartete das Chaos auf mich, und ich hatte keine Ahnung, wie ich der misslichen Lage Herr werden sollte.

In der Ferne konnte ich Pamplona ausmachen. Bald würde ich die Randbezirke der Stadt erreichen. Meine Gedanken würden durch Straßenlärm, Schaufenster und Menschenmassen abgelenkt werden. Doch zuvor wollte ich das Thema zu Ende denken, also setzte ich mich etwas abseits des Wegs in eine Waldlichtung. Welche »aktuellen Probleme« hatte ich denn wirklich – in *diesem* Moment? Meine Socken waren trocken. Es war nicht einmal Mittag, und es lag noch eine Wanderung von etwa einer Stunde vor mir. Ich hatte am Morgen telefonisch ein Bett in der von Deutschen geführten Herberge *Paderborn* reserviert und damit keine Sorgen wegen meines Nachtquartiers. Ich hatte Proviant und Wasser dabei, mir war weder zu kalt noch zu warm, ich verspürte keine Schmerzen, und das Wetter war fabelhaft, ich wurde von niemandem bedroht, es gab keine gefährlichen Tiere in diesem Wald, und Naturkatastrophen schienen sich ebenfalls nicht anzubahnen.

Musste ich vielleicht nur meinen zeitlichen Fokus verändern? Denn so sehr ich auch darüber grübelte, wollte mir nicht das geringste Problem einfallen, dass ich tatsächlich in genau diesem Moment hatte.

Ich fand, diese Einsicht war es wert, notiert zu werden. Ich zog mein Heft hervor und schrieb: *Probleme verblassen zu illusorischen Konstrukten, wenn man seine Aufmerksamkeit auf die Gegenwart richtet, auf das Jetzt. Konzentriert man sich hingegen auf ein Problem, das man später lösen muss, belastet man sich in der einzigen realen Zeit, nämlich im gegenwärtigen Augenblick, nur unnötig mit Sorgen.*

6

Pamplona – Puente de la Reina

Ich hatte Pamplona am frühen Nachmittag erreicht. Nach drei Tagen in der Einöde freute ich mich auf den Trubel. Ernest Hemingway hatte viel Zeit in der Stadt verbracht, insbesondere im Café Iruña am Hauptplatz, das jetzt mein erster Anlaufpunkt war. Tatsächlich wehte noch immer sein Geist durch dieses Lokal, als wäre er nur eben mal hinausgegangen. An diesem Ort, wo ein Literaturnobelpreisträger Inspiration für seine Werke gefunden hatte, schrieb ich bei ein paar Drinks zu Ehren des von mir bewunderten Autors zum ersten Mal auf meiner Reise in mein Tagebuch.

Danach pilgerte ich abseits des Jakobswegs durch Pamplona. Nach drei Tagen spartanischer Lebensweise kam mir die Stadt mit ihren unzähligen Kneipen und Restaurants gerade recht. Endlich wieder mal schöne Tapas, guten Wein und Partystimmung auf der lokalen Fiesta, der San Fermin Chica, die gerade im Gang war.

Aber es war dann doch etwas zu viel Trubel für mich. Das kulinarische Angebot der unzähligen Bars war zwar äußerst verführerisch, aber für einen sparsamen Pilger leider unerschwinglich. Also aß ich nur eine Tortilla und investierte den Rest meines Tagesbudgets in weitere Drinks, ehe ich in meine Herberge zurückging.

Der Preis für eine Übernachtung in der Herberge Paderborn war mit acht Euro fünfzig inklusive Frühstück mit deutschem Schwarzbrot wirklich fair. Das Zimmer musste ich mir nur mit einem netten kanadischen Ehepaar teilen. *Noch* waren sie nett zu mir. Am nächsten Morgen sollten sie mich keines Blickes würdigen. Als sich kurz vor dem Zubettgehen ein kleiner Small Talk zwischen uns entwickelte, erfuhr ich, dass die beiden in der vergangenen Nacht kein Auge zugetan hatten, weil jemand im Schlafsaal ihrer Herberge laut geschnarcht hatte.

Diese Information setzte mich unter Druck. Schließlich wollte ich nicht der Grund für eine weitere schlaflose Nacht des Ehepaars werden. Leider aber wusste ich, dass ich manchmal nicht ganz geräuschlos durch die Nacht glitt. Zudem konnte sich die Lautstärke mit jedem Zehntel Promille verdoppeln. Und um Hemingways Spuren durch Pamplona so authentisch wie möglich zu verfolgen, musste man sich nun mal kräftig einen hinter die Mandeln kippen. So ahnte ich bereits, dass meine Atemwege zum Traktormotor mit chronischen Fehlzündungen mutieren könnten, und wies das Ehepaar auf die Erfindung der Ohrstöpsel hin. Just in case. Die beiden beäugten mich misstrauisch und sagten, sie hätten keine dabei. Ich bot ihnen welche von mir an, aber sie schlugen das Angebot aus. Selbst schuld, dachte ich und kuschelte mich in meinen Schlafsack.

»Stop snoring!«, schrie die Kanadierin keine zehn Minuten später so laut, dass ich vor Schreck fast aus dem oberen Teil des Stockbetts fiel. Galt das etwa mir? War ich überhaupt schon eingeschlafen? Ich murmelte ein »Excuse me«, aber die Situation war mir so peinlich, dass ich beschloss, mit dem Einschlafen zu warten, bis die beiden schliefen. Also las ich in meinem E-Book, bis ich mir sicher war, dass die Kanadier eingeschlummert waren. Er zumindest schnarchte so laut, dass ich mir dachte, seine Frau hatte sich vorhin auf ihn bezogen. Ich stopfte mir die Ohrstöpsel wieder rein und versuchte in den Schlaf abzugleiten, was mir lange nicht gelingen wollte.

Als es schließlich doch so weit war, drang ein neuerliches »Stop snoring!« in meine Gehörgänge und weckte mich auf. Da die Dinger in meinem Ohr normalerweise kaum einen Laut durchließen, musste die empfindliche Dame ziemlich gebrüllt haben. Mir reichte es nun. Ich nahm meinen Schlafsack und suchte mir ein neues Bett. Die anderen Schlafsäle waren allerdings voll belegt, also verlegte ich mein Nachtquartier auf eine Couch im Empfangsraum der Herberge. Dort konnten tagsüber bequem zwei Besucher nebeneinander sitzen, aber zum Liegen war sie viel zu kurz. Die nächsten beiden Stunden verbrachte ich damit, meinen Körper in verschiedensten Positionen von hundertachtundachtzig auf hundertzwanzig Zentimeter Länge zu komprimieren. Am Ende sah ich in meinem Schlafsack aus wie eine in Richtung Mekka betende schwangere Raupe. Dass ich die Matratze meines Stockbetts in den Empfangsraum hätte schleppen können, fiel mir leider erst im Nachhinein ein – nämlich beim Schreiben dieser Zeilen.

Als ich am Morgen im Zimmer meinen Rucksack packte, trat der Kanadier an mich heran und beschwerte sich, dass er meinetwegen die ganze Nacht kein Auge zugetan habe, und seine Frau musterte mich wie einen Kinderschänder. Ich musste mir fest auf die Zunge beißen, um sie in Zaum zu halten, verzichtete auf das leckere Frühstück mit dem frischen deutschen Schwarzbrot und machte mich auf den Weg. Ich hatte meine erste schlechte Erfahrung am Jakobsweg hinter mir und fühlte mich miserabel.

Übermüdet und übellaunig folgte ich frühmorgens der Jakobsmuschel durch die noch von der Fiesta des Vortags verschmutzte Stadt. Als ich in einem Randbezirk unweit der Universität an einem Wegweiser innehielt, traten drei junge Damen auf mich zu. Sie stellten sich als kolumbianische Austauschstudentinnen vor, die einfach mal eine Etappe des Jakobswegs gehen wollten, und fragten mich, ob sie mich begleiten dürften, weil sie den Weg ja nicht kannten.

Ohne näher auf das Aussehen der drei Studentinnen einzugehen – die allesamt Shakiras Cousinen hätten sein können –, hätte man eine solche Situation für einen heterosexuellen Mann durchaus als seltenen Glücksfall bezeichnen können. Das glaubten die drei Kolumbianerinnen wohl auch, umso überraschter zeigten sie sich von meiner Antwort. Ich erklärte ihnen, dass sie keinen Begleiter bräuchten – sie müssten nur der Jakobsmuschel oder dem gelben Pfeil folgen und könnten sich unmöglich verlaufen. Eine Abfuhr aus der Männerwelt waren die drei Latinas bestimmt nicht gewöhnt. Sie glotzten mich verblüfft an und zogen grußlos davon.

Eine trug neue pinkfarbene Stiefel mit hohen Absätzen, was mich daran zweifeln ließ, dass sie es bis nach Puente de la Reina schaffen würde. Ich wollte auch diesen Tag meinem Erkenntnisprojekt widmen, und mit drei schwatzenden Begleiterinnen wäre das nicht möglich gewesen.

Allerdings würde es heute schwierig werden, zu neuen Einsichten zu gelangen. Ich hatte wenig bis gar nicht geschlafen und diskutierte in Gedanken noch immer mit dem kanadischen Ehepaar, welches ich hoffentlich nie wieder zu Gesicht bekommen würde.

Vor mir lag das weite karge Land der Provinz Navarra. Der Weg führte durch abgeerntete Äcker und Felder auf eine Anhöhe mit einem Pilgerdenkmal, von wo aus man eine grandiose Fernsicht genoss. Zehn Kilometer vor dem Ziel traf ich wieder auf die Kolumbianerinnen. Die mit den pinkfarbenen Stiefeln humpelte in Strümpfen über den nun unbefestigten Weg. Ihr neues Schuhwerk trug sie in der Hand. Ich bot meine Hilfe an, auch wenn ich nicht wusste, wie diese aussehen könnte, aber von mir wollten sie ohnehin nichts mehr wissen.

Da ich heute schon frühmorgens losgelaufen war und die Strecke nur dreiundzwanzig Kilometer betrug, traf ich bereits am frühen Nachmittag in der Herberge ein. Ich wusch meine Wäsche und ruhte mich etwas aus. Dabei empfand ich eine gewisse Unzufriedenheit, schließlich blieb meine einzige Erkenntnis, dass ich schnarchte und damit offensichtlich andere Pilger belästigte. Der Umstand, dass die meisten anderen männlichen Pilger ebenfalls schnarchten und sich deswegen nicht grämten, tröstete mich nicht besonders. Ich verdrängte den Gedanken und telefonierte lange mit meiner Verlobten in Russland. Hinterher ging es mir gleich besser. Wie schön, dass es sie gab. Wie schön, eine solche Frau lieben zu dürfen. Wie schön, dass ich den Rest meines Lebens mit ihr verbringen konnte.

»Hey, nice to see you again!«, sagte Mats, der bärtige Schwede auf seinem zweiten Camino-Anlauf, und schüttelte mir die Hand. Ihm war das Bett neben mir zugeteilt worden. Zumindest diese Nacht konnte ich mit gutem Gewissen einschlafen – der Typ schnarchte selbst wie ein Wikinger mit Bronchitis. Er zog etwas aus seinem Rucksack, das wie ein Paar Wintersocken aussah, die man in eine dünne Schutzhülle gestopft hatte. Das Ding maß etwa zehn mal zwanzig Zentimeter. Mats zog die Hülle ab und breitete seinen Schlafsack auf dem Bett aus.

Ich konnte nicht glauben, was ich da sah. Fror sich der in diesem dünnen Fummel nicht zu Tode? Als ich Mats meinen Schlafsack zeigte, bekam er einen Lachanfall und machte sich die Mühe, seinen Schlafsack wieder zu verpacken, ihn neben meinen zu legen und ein kurioses Foto zu schießen. Mein Schlafsack war in etwa so voluminös wie zwei aufeinandergestapelte Kopfkissen und wärmte bis minus fünfundzwanzig Grad Celsius. Damit hätte ich in der Todeszone am Mount Everest eine kuschelige Nacht verbringen können, aber in den oftmals beheizten Schlafsälen entlang des Jakobswegs war ich damit definitiv overequipped. Ich kam so sehr ins Schwitzen, dass ich das teuer erstandene Hightech-Thermo-Teil, welches mir der listige Sportartikelverkäufer vor nicht einmal einer Woche aufgeschwatzt hatte, erst ein einziges Mal benutzt hatte, weil es in den meisten Herbergen ohnehin Decken gab.

Dann hob ich spaßeshalber Mats' Rucksack an, anschließend hob ich meinen hoch. Der Schwede tat es mir gleich und bekam den nächsten Lachanfall – seiner wog kaum ein Drittel von meinem.

Nun wusste ich, was zu tun war. Falls ich es bis nach Santiago schaffen wollte, hatte ich noch siebenhundert Kilometer vor mir. Ich beschloss, ab sofort nicht ein Gramm Ballast zu viel mit mir herumzuschleppen. Ich leerte den Inhalt meines Rucksacks auf das Bett und begann meine Habseligkeiten zu entrümpeln. Zuerst musterte ich alles aus, was ich in den ersten vier Tagen nicht benutzt hatte und nur mitführte, weil ich eine entsprechende Empfehlung auf einer »Packliste für den Jakobsweg« im Internet gefunden hatte. Meine Logik sagte mir, dass ich diese Dinge für den Rest des Caminos nicht vermissen würde. Dabei handelte es sich um einen Pullover, eine lange und eine kurze Hose, Sonnencreme, Wäscheklammern, eine Salbe und das Essbesteck. Ich spülte sogar die Hälfte meiner Zahncreme die Toilette hinunter. Nur mit meinem Schlafsack zögerte ich etwas. Schließlich hatte ich ihn mir eben erst für neunzig Euro gekauft. Aber er war viel zu warm und füllte fast meinen halben Rucksack aus. Heute Nacht würde ich ihn nicht benötigen, weil auf jedem Bett eine Decke lag – wie schon in den meisten Herbergen zuvor. Also sortierte ich ihn aus. Von Unterwäsche, Socken und T-Shirts hatte ich je drei Stück dabei. Damit musste ich jeden dritten Tag Wäsche waschen. Ich sortierte eine Garnitur Wäsche aus und sagte mir, dass ich die Teile auch zweimal anziehen konnte, wodurch ich mit weniger Wäsche nur alle vier Tage waschen musste. Zuletzt warf ich meine Reserveflasche Wasser in den Müll. Ein Liter Wasser musste ausreichen. Es gab genug Brunnen am Weg.

Zufrieden musterte ich den Ballast, den ich bislang unnötig mit mir herumgeschleppt hatte. Ich packte den Haufen und legte ihn in die Lost&Found-Kiste, die es in jeder Herberge gab. Vielleicht nutzten meine Sachen ja anderen Pilgern.

Als ich den Rest zurück in meinen Rucksack packte und ihn mir umschnallte, war ich verblüfft über den Unterschied. Die Aussicht, mit dem nun nur noch halb so schweren Rucksack den restlichen Weg zu bestreiten, erfüllte mich mit tiefer Zufriedenheit. Vergessen waren das Ehepaar oder der Umstand, dass mir während der heutigen Etappe keine überragend schlaue Einsicht gekommen war.

Ich trat vor die Herberge, wo auf einer Wiese ein paar verwaiste Holzbänke und Tische standen. Die Sonne ging gerade unter, und mein Blick verlor sich am Horizont. In der Ferne tat sich ein Mittelgebirge auf, ansonsten störte kein Gebäude die Aussicht. Ich hatte eben erkannt, dass sich eine neue Erkenntnis nicht unbedingt während der Wanderung selbst manifestieren musste. Eine neue Einsicht konnte ich auch in der Herberge bekommen, wie bei der Begegnung mit Mats, der sich köstlich über mein Gepäck amüsiert hatte. Wichtig war nur, aufmerksam zu bleiben und auf Zeichen zu achten. Und eben hatte ich ein starkes Zeichen erhalten.

Mit weniger Ballast unbeschwerter und glücklicher seinen Weg zu gehen funktioniert wohl nicht nur auf einer Pilgerreise – ebenso wie sich alle anderen Dinge, die mich der Weg bisher gelehrt hatte, auf meinen Alltag ummünzen ließen. Ich dachte an einwöchige Urlaubsreisen zurück, auf die ich einen Zwanzig-Kilo-Koffer mitgeschleppt hatte. Und an all den Krempel, der sich über die Jahre in meinem Keller angehäuft hatte und von dem ich irgendwann mal geglaubt hatte, ich müsste ihn besitzen.

Die Erkenntnis mit dem leichten Gepäck ließ sich nicht nur auf den über die Zeit angehäuften Wohlstandsmüll übertragen, sondern auch auf vielerlei scheinbar große und wichtige Dinge wie etwa Arbeit, Beziehungen, Freundschaften und Immobilien. Hatte ich es nötig, in einem Haus mit Betten für bis zu fünfzehn Personen, Garten und Pool zu wohnen? Stand dieses Haus im Alltag nicht für meinen Schlafsack, den ich eben verschenkt hatte, weil er mir nichts nutzte und mich nur belastete? Und wie war es mit meinem Beruf? Meine Firma bescherte mir viel Arbeit und funktionierte doch nicht so richtig. Wieso hielt ich dann weiter an ihr fest? Die Antwort war so schlicht wie traurig: Weil das schon immer so gewesen war und ich im Alltag keine Zeit fand, um über derartige Dinge nachzudenken.

Mittlerweile war die Sonne hinter dem Horizont versunken, und es wurde langsam kalt. Zeit für das Abendessen. Mit dem festen Entschluss, gleich nach meiner Rückkehr Inventur zu machen und den Rucksack meines Lebens zu entrümpeln, mischte ich mich unter die anderen Pilger.

7

Puente de la Reina – Estella

Gestern Nacht hatte ich das erste Mal seit Beginn meiner Pilgerreise durchgeschlafen. Bei Sonnenaufgang machte ich mich mit meinem Rucksack, der nun nicht viel mehr wog als der Schulranzen meiner Tochter, auf den Weg nach Estella. Gleich hinter der römischen Brücke, die dem Ort Puente de la Reina seinen Namen gegeben hatte, traf ich auf Alison aus Belgien. Wieder einmal. Sie war die Allererste, die mir in Saint-Jean-Pied-de-Port über den Jakobsweg gelaufen war und gefragt hatte, wo man Früchte kaufen könnte. Seitdem hatten sich unsere Wege mit einer Regelmäßigkeit gekreuzt, als wollte uns Apostel Jakob höchstpersönlich verkuppeln – zum Dank, dass wir seinetwegen achthundert Kilometer nach Santiago de Compostela pilgerten. Blöd nur, dass der gute Mann nicht bedacht hatte, dass ich bald heiraten würde. Für einen Apostel hatte er jedoch einen guten Frauengeschmack, das musste man ihm lassen.

Nach den Erkenntnissen der ersten Tage beschloss ich, meinem Kopf eine kleine Pause zu gönnen, und wanderte ein paar Kilometer Seite an Seite mit Alison. Doch bald schon bildete sich um uns herum eine Traube von französischen und spanischen Pilgern, denen Alison während der ersten Tage ebenfalls über den Weg gelaufen war. Ich wusste gar nicht, wie aufmerksam meine Geschlechtsgenossen sein konnten. Zumindest hübschen Frauen gegenüber. Ihr hätten sie den Rucksack wohl bis nach Santiago getragen, während ihnen bei mir ein plötzlicher Schlaganfall kaum aufgefallen wäre. Amüsiert beobachtete ich eine Weile das Gebalze, legte dann einen Zahn zu und überholte die Gruppe um Alison.

Die Landschaft bot nicht sonderlich viel Abwechslung. Ich überquerte einige jahrhundertealte römische Brücken, die ihren Zweck längst verloren hatten, weil das Rinnsal darunter ausgetrocknet war, folgte Schotterpisten durch verwaiste Äcker und aß Trauben von den ersten Rebstöcken. Schließlich näherte ich mich der Provinz Rioja. Ich wanderte durch winzige Ortschaften, besuchte die kleinen Kirchen, füllte am Dorfbrunnen meinen Wasservorrat auf, unterhielt mich mit älteren Einwohnern, die auf Bänken am Hauptplatz saßen, und schrieb meiner Verlobten Tatiana eine liebevolle Nachricht, ehe ich mich erneut auf den Weg machte.

Heute war ich in bester Laune. Ich stolzierte über den Jakobsweg wie ein russischer General bei einer Militärparade und pfiff sogar einen Teil der Wegstrecke, was ich erst wieder lernen musste, weil ich das seit meiner Schulzeit nicht mehr getan hatte. Anstatt dieses Hochgefühl einfach zu genießen, bis sich ein mieser Gedanke aus meinem Alltagsmorast einschlich und meine private Endorphin-Fiesta versaute, versuchte ich zu analysieren, warum es mir heute so gut ging.

Ich war heute den fünften Tag unterwegs, und es hatte sich einiges getan: Mein Versuch, die Vergangenheit und die Zukunft so gut wie möglich auszublenden, funktionierte nicht immer – aber doch besser als vermutet. Das Bewusstsein, in diesem Moment keine Probleme zu haben, in Kombination mit der Tatsache, dass ich nun um einige Kilogramm unbeschwerter durch die nordspanische Pampa wanderte, machte ich als primäre Gründe für mein Zwischenhoch aus.

Aber das war noch nicht alles. Mir kam ein Begriff in den Sinn, über den es sich lohnte, den Rest der heutigen Etappe nachzudenken – die Freiheit. Der Jakobsweg bot die seltene Gelegenheit, tun und lassen zu können, was man wollte. Ich fühlte mich nichts und niemandem verpflichtet, konnte Länge und Geschwindigkeit der täglichen Wegstrecke nach Lust und Laune bestimmen, weil ich nicht der schnellste, beste, effektivste, produktivste, erfolgreichste oder am besten gekleidete Pilger sein musste. Im Gegensatz zu so manch anderen Bereichen meines Lebens fand am Camino kein Wettbewerb statt. Ich stand unter keinerlei Druck. Und das bedeutete pure Freiheit.

Ein Teil der Freiheit fand sicherlich im Kopf statt. Man konnte sich nur allzu leicht mit künstlichem Druck belasten, wenn man das wollte. Ich hätte mir etwa zum Ziel setzen können, den Jakobsweg in drei Wochen zu laufen oder täglich vor vierzehn Uhr in der Herberge zu sein, weil es später vielleicht kein freies Bett mehr geben könnte und man zum Duschen und Wäschewaschen anstehen müsste. In den Sommermonaten nahm das angeblich ziemliche Auswüchse an. Manche Pilger starteten dann um zwei Uhr morgens, um zum Frühstück am Ziel zu sein. Ich hingegen vertraute immer darauf, schon irgendwie eine Unterkunft zu finden, selbst wenn mein Wanderführer von möglichen Engpässen schrieb. Bisher war ich vom Universum nicht enttäuscht worden. Ich nahm mir den Luxus der Freiheit, meinem eigenen Rhythmus zu folgen und mich nicht dem Takt zu beugen, den mir Situationen oder Mitmenschen vorgaben. Das war eine der Hauptursachen für mein heutiges Glücksgefühl.

Während einer Rast am Wegesrand beschloss ich, dieses Gefühl von Freiheit zu intensivieren. Freiheit und Zeit waren für mich eng miteinander verknüpft. Wie oft ertappte ich mich dabei, auf die Uhr zu sehen? Meist aus reinem Reflex. Und ein paar Minuten später erneut. Jetzt zeigte sie 12:46 Uhr an. Aber was sagte mir das? Musste ich nun meine Pause beenden? Sollte ich mich beeilen, oder musste ich Hunger verspüren, weil die Uhrzeit das suggerierte?

Ich nahm meine Armbanduhr ab, verstaute sie im Rucksack und beschloss, sie erst wieder in Santiago hervorzuholen. Nun hatte ich keine Zeit mehr. Wie schön. Ich blieb noch eine ganze Weile an diesem Rastplatz und dachte nach – schließlich stand ich vor einer geistigen Herausforderung.

Meine bisherigen Erkenntnisse ließen sich allesamt in den Alltag integrieren. Aber wie sah es mit der Freiheit aus? Die funktionierte doch nur am Jakobsweg, oder? Zurück im Büro musste ich mich wieder dem omnipräsenten Wettbewerb stellen – musste schneller, produktiver, effektiver und preiswerter als die Konkurrenz sein. Ich musste Immobilien verkaufen und vermieten, um meine Rechnungen zu bezahlen. Und zwar rápido. Außerdem warteten tausende Leserinnen und Leser auf einen vierten Kriminalroman, den ich nicht mal begonnen hatte.

Ich würde erneut unter permanentem Druck stehen, alle paar Minuten auf die Uhr sehen und von einem Termin zum anderen hetzen. Wie also sollte ich in jeder Lebenslage Freiheit verspüren? Die Antwort darauf erschien mir so eminent wichtig, dass ich in Gedanken versunken nicht bemerkte, wie Alison neben mir Platz nahm. Offensichtlich hatte die hübsche Belgierin ihre Begleiter abschütteln können.

Ich beschloss, meine Erleuchtung in Sachen Freiheit auf die morgige Etappe zu vertagen, und loggte mich geistig wieder in mein soziales Pilgerumfeld ein. Alison und ich wanderten den Rest der Strecke bis Estella zusammen. Ich schätzte anhand des Sonnenstandes, dass ich von Estella aus noch locker zehn Kilometer bis zur nächsten Ortschaft hätte abspulen können. Aber damit wäre ich einigen netten Menschen, die alle im selben Etappenrhythmus gingen wie ich, sprichwörtlich davongelaufen. Ganz im Sinne des spanischen Sprichworts: »Niemand ist einsamer als die Nummer eins.« Also blieb ich in Estella.

Allerdings mied ich die städtische Pilgerherberge, auf die Alison zusteuerte. Ich behauptete, ich müsste zum Geldautomaten, suchte stattdessen aber das Büro der Touristeninformation auf. Dort fragte ich nach dem billigsten Einzelzimmer der Stadt.

Wenig später saß ich auf einem durchgelegenen Bett in einer fensterlosen schmutzigen Kammer. Noch ehe ich meinen Rucksack ausgepackt hatte, stellten sich erste Symptome einer Depression ein. Das Zimmer lag direkt über einer Restaurantküche und roch dementsprechend nach frittiertem Fisch. Mit zwölf Euro war das Zimmer außerdem viel teurer als die Herberge für fünf Euro und ein echter Abstieg, was die Sternekategorie anbelangte. Aber ich hatte Angst, ein Bett direkt neben Alison zugeteilt zu bekommen. Nichts lag mir ferner, als sie mit meinem Schnarchen zu belästigen.

Nun aber fühlte ich mich miserabel, einsam und zum ersten Mal am Jakobsweg auf Abwegen – und das nur wegen eines kanadischen Ehepaars in Pamplona, dem ich nie wieder begegnen würde.

Mit der Vergangenheit zu hadern, konnte die Gegenwart mächtig beeinflussen, wurde mir wieder einmal klar. Es wäre vorteilhaft, mit einigen Baustellen meiner Vergangenheit abzuschließen, damit sie mich in schwachen Momenten nicht wieder einholen konnten. Aber darüber würde ich lieber an einem der nächsten Wandertage nachdenken, von denen ich noch genügend vor mir hatte. Jetzt war nicht der richtige Zeitpunkt dafür. Und das finstere stickige Loch war kein adäquater Nährboden für neue Erkenntnisse. Ich musste hier raus. Nachdem ich mich so unglücklich aus der Pilgergemeinschaft ausgegrenzt hatte, beschloss ich, schleunigst Schadensbegrenzung zu betreiben. In einem Supermarkt besorgte ich reichlich Pasta und drei Flaschen Wein und betrat die städtische Pilgerherberge, als wäre ich dort seit Jahren Stammgast. Dass ich das nicht war, fiel der Dame am Empfang nicht auf, da sie mit dem Check-in eines anderen Pilgers beschäftigt war.

Küche und Aufenthaltsraum waren rappelvoll mit fröhlichen Pilgern. Ich sichtete Alison und ein paar andere bekannte Gesichter, öffnete eine Flasche Wein für meine Amigos und kochte einen Berg Pasta für alle, die sie probieren wollten. Es wurde ein netter Abend in illustrer Runde, bestehend aus Amerikanern, Brasilianern, Ungarn, Deutschen und Schweden. Nur Landsleute aus

Österreich waren mir bislang noch nicht über den Jakobsweg gelaufen.

Die Gemeinschaft am Camino nahm langsam Gestalt an, und es fühlte sich toll an, ein Teil davon sein zu dürfen. Daran, dass ich das heute streng genommen gar nicht war, erinnerte mich der zottelbärtige Lars mit seiner Frage, welchen Schlafsaal man mir zugeteilt habe. Ich hatte als »the crazy guy from Austria« bereits einen gewissen Bekanntheitsgrad am Camino erlangt. Einerseits wegen meiner stets gut gefüllten Bota – einem ledernen Weinbehältnis in Stiefelform, wie sie Schafhirten oder Landarbeiter nutzten, und die an diversen Rastplätzen zur Freude aller die Runde machte. Andererseits wegen meines schrägen Humors und meiner Tollpatschigkeit.

So erzählte zum Beispiel eine Schwedin jedem, der es hören wollte, ich würde mir meine Ohrstöpsel so weit in die Gehörgänge stopfen, dass ich sie mir am nächsten Morgen aus der Nase pulen könne. Offenbar hatte die Gute tatsächlich den Quatsch geglaubt, den ich ihr erzählt hatte. Einer Mexikanerin – zum Glück ohne Pfefferspray unterwegs – hatte ich eines Nachts einen ungeplanten Besuch abgestattet, weil ich nach einem Toilettenbesuch die Schlafsaaltür verwechselt hatte. Schlaftrunken hatte ich mich zu meinem Bett vorgetastet, im Dunkeln die Leiter zum oberen Teil erklommen, meinen Schlafsack zurechtgeschüttelt und dabei ihre Füße in die Luft geworfen. Wir beide waren so heftig erschrocken, dass ich beinahe rücklings zu Boden gefallen wäre. Sie nutzte diese Episode fortan als Aufhänger für jeden Pilger-Small-Talk.

Außerdem begegnete man mir wesentlich öfter als einem handelsüblichen Pilger. Vormittags bretterte ich so flink über den Jakobsweg, dass ich die meisten überholte. Wenig später schlenderten alle wieder an mir vorbei, weil ich zu trödeln begann oder am Wegesrand alle viere von mir streckte, nur um nach einer kurzen Verschnaufpause das Pilgerfeld erneut von hinten aufzurollen. Dieses Prozedere konnte sich während einer längeren Etappe bis zu fünfmal wiederholen. Ich war also kein Unbekannter mehr in der Pilgerszene. Dementsprechend starrten mich alle an, weil ich offenbar noch keinen Platz im Schlafsaal bekommen hatte.

Es war mir megapeinlich, aber ich beschloss, bei der Wahrheit zu bleiben und mich als militanten Schnarcher zu outen, der lieber alleine in einem heruntergekommenen Pensionszimmer übernachtete, als den Schlaf seiner Mitpilger zu stören. Ich schilderte mein Schnarchtrauma in Pamplona, und die Anwesenden fanden es völlig überzogen, dass ich mich deswegen abgesondert hatte. Jemand meinte, dass er letzte Nacht über mir geschlafen und nichts von mir gehört habe. Auch ein anderer Pilgerbruder hatte mir auf meine Nachfrage hin versichert, dass mein Schnarchen gar nicht so schlimm sei. Alison meinte sogar, sie möge solche Geräusche, weil diese sie an ihren Vater erinnerten und ihr ein Gefühl der Geborgenheit vermittelten. Wäre ich nicht verlobt, hätte ich über den tieferen Sinn ihrer Aussage nachgegrübelt.

Meine neuen Freunde am Camino hatten recht. Ich beschloss, mir ab sofort nicht mehr so viele Gedanken zu machen und mich kein zweites Mal abzusondern. Einen Vorteil hatte die Privatunterkunft allerdings: Man musste nicht um Punkt zehn Uhr dort sein. Also gönnte ich mir in einer Kneipe eine Champions-League-Übertragung mit dem FC Barcelona und zog anschließend bis drei Uhr morgens durch weitere Bars, nur weil ich nicht sonderlich erpicht darauf war, zu früh in mein tristes Zimmer zurückzukehren. Dort angekommen tippte ich eine lange Liebeserklärung an meine Verlobte ins Handy und legte mich schlafen.

8

Estella – Los Arcos

Die Nacht im Pensionszimmer war katastrophal. Mein Rücken und mein Kopf schmerzten. Warum hatte ich auch alleine durch die Kneipen ziehen müssen? Draußen regnete es zum ersten Mal seit Beginn meiner Pilgerreise in Strömen. Außerdem war es kalt, und mein wärmstes Kleidungsstück war eine dünne Windjacke. Zum Glück hatte ich meinen Regenponcho nach langen Überlegungen doch nicht aussortiert. Der Sportartikelverkäufer, mit dem ich nach meiner Rückkehr ein ernstes Wörtchen reden sollte, hatte versprochen, dass dieser One-Size-Poncho mir bestimmt passen würde. Ich streifte ihn umständlich über mich und meinen Rucksack, aber er reichte mir nur bis zum Bauchnabel. Beim Überziehen hatte er auch noch einen Riss bekommen, und es dauerte nicht lange, bis ich diese Fehlinvestition in den Mülleimer warf. Wieder dreihundert Gramm eingespart.

Durchnässt und frierend versuchte ich meine gestrigen Gedanken über die Freiheit wieder aufzunehmen. Auf dem Jakobsweg war ich frei wie ein Vogel, im Alltag hingegen fühlte ich mich wie ein Papagei im Käfig. Ich war Sklave meiner Lebensumstände, Knecht von Mailserver und Handy, Lakai der Marktwirtschaft und ergebener Diener der Konsumgesellschaft. Aber waren das nicht alle in meinem Alter – der sogenannten Rush Hour des Lebens? Zumindest am Camino hatte ich mein Handy auf lautlos gestellt und nutzte es während der Etappe ausschließlich zum Fotografieren. Einzig Nachrichten meiner Verlobten erreichten mich mit einem charakteristischen Signalton. Gerade eben hatte ich eine solche Nachricht erhalten. Nachdem ich seit drei Tagen kein Lebenszeichen von meinem Schatz erhalten hatte, freute ich mich darauf, Tatianas Nachricht zu lesen. Bestimmt war es die Antwort auf meine gestrige Nachricht. Aber die wollte ich an einem stillen Ort lesen und nicht im Gehen und bei strömendem Regen. Außerdem würde es mich nur von meinen Gedanken ablenken, denn gerade hatte für einen Augenblick das Licht einer vagen Erkenntnis aufgeleuchtet.

Was bedeutet eigentlich Freiheit? Auf den Punkt gebracht ist es wohl die Möglichkeit, ohne Zwang zwischen verschiedenen Optionen wählen zu können und sich frei von Repressalien für eine davon zu entscheiden. In vielen Ländern dieser Erde war das leider nicht möglich. Als Blogger durfte man das Regime nicht kritisieren, wurde eingesperrt oder gar ausgepeitscht, als Frau durfte man nicht mit dem Auto fahren oder jemanden mit einer anderen Religionszugehörigkeit heiraten, und in einer Diktatur gab es kaum noch Wahlmöglichkeiten.

Ich hingegen hatte das Privileg, im Süden Spaniens zu wohnen. Wieso fühlte ich mich trotzdem nicht so frei, wie ich es gerne hätte? Wieso musste ich für das Gefühl von purer Freiheit achthundert Kilometer weit wandern? Die Antwort war genauso einfach wie beschämend: In Wahrheit war ich frei. Nur mein Verstand war es nicht. Er steckte in einer Tretmühle fest und reagierte auf meine Lebensumstände, anstatt sie zu hinterfragen und zu ändern. Er weigerte sich loszulassen, weigerte sich, frei zu sein. Um wahre Freiheit zu erlangen, musste man nur seinen Verstand unter Kontrolle bringen, sich von ihm abkoppeln und ihm mit Jakobsmuscheln den Weg in die Freiheit weisen. Tatsächlich hatte ich alle Optionen zur Auswahl, die man dafür benötigte.

Freiheit hat nicht nur mit verschiedenen Auswahlmöglichkeiten zu tun, sondern ebenso mit Veränderung und der Fähigkeit, diese als notwendig zu erachten. Ich könnte den Schlüssel für mein viel zu großes Haus in der Hypothekenabteilung meiner Bank abgeben und in eine kleinere Wohnung ziehen. Ich könnte meine Immobilienfirma aufgeben und mich ab sofort nur noch meiner Schriftstellerkarriere widmen. Und schon wäre ich frei und hätte kaum noch Sorgen. Und das Beste: Niemand konnte mir diese Wahlmöglichkeit verbieten. Kein Diktator, Regime oder Chef – einzig mein Verstand, der auch sofort mit schweren Geschützen dagegenfeuerte: Dein Haus aufgeben? Bist du verrückt? Du würdest das ganze Geld verlieren, das du bereits in diese Bude gesteckt hast! Außerdem ginge dann deine Altersvorsorge flöten. Und wie stellst du dir das überhaupt vor – deine Immobilienfirma aufgeben? Die gesamte Arbeit, die du bereits in die Firma investiert hast, wäre vergebens, zumal du von den Tantiemen deiner Bücher nicht leben kannst, du Träumer!

An diesem Tag, dem sechsten auf dem Jakobsweg, kam mir eine weitere Erkenntnis. Im ersten Moment befürchtete ich, es handelte sich um eine Paranoia – um eine Störung, die in zehn Sitzungen bei einem Psychiater behandelt werden müsste. Doch als sich die Regenwolken verzogen und die Sonne hervorkam, fühlte sich dieser Gedanke zunehmend vernünftig an. Mir war klar geworden, dass *ich* nicht unbedingt mit meinem Verstand identisch war, der ohnehin ständig gegen mich arbeitete. Ich identifizierte meinen eigenen Verstand als Diktator, als Feind im Kopf, der unter dem Deckmantel der Vernunft regelmäßig meine Freiheit einschränkte, mein Wohlbefinden beeinträchtigte und meine Träume torpedierte.

Eine Revolution musste her. Ich musste mich zum Che Guevara meines Geistes aufschwingen und den Unterdrücker vom Thron stürzen.

»Viva la Revolución!«, schrie ich euphorischer als gewollt. Leider war ich auch nicht so alleine wie gedacht.

»Viva! Viva! Viva!«, antworteten drei Spanier im Chor, die – für eine Gruppe Spanier eigentlich undenkbar – lautlos von hinten aufgeschlossen hatten. Wenn schon ich befürchtete, dass meine neueste Erkenntnis ein Fall für den Psychotherapeuten sein könnte, mussten sich die Spanier in dieser Hinsicht absolut sicher sein. Die Männer wollten wissen, für welches Land ich eine Revolution anzetteln wollte. Einer der drei habe lange Jahre in der Armada gedient und könne mich unterstützen, flachsten sie. Peinlich berührt murmelte ich, dass ich eher eine Revolution in meinem Kopf meinte, und ließ die drei vorbeiziehen.

Ich hockte mich auf einen Wegweiser und notierte die heutige Erkenntnis: *Es ist deine Entscheidung, frei zu sein. Denn Freiheit beginnt im Kopf. Du kannst alles ändern, was diese Freiheit einschränkt. Höre dabei auf dein Inneres und nicht auf den Verstand. Lerne loszulassen. Befreie dich von Belastungen.*

Zufrieden steckte ich mein feucht gewordenes Notizheft zurück in den Rucksack. Eigentlich wollte ich die Nachricht meiner Verlobten erst in der Herberge lesen, aber da ich erst die Hälfte der Etappe zurückgelegt hatte, wollte ich damit nicht noch länger warten. Ich zog mein Handy hervor und öffnete die Nachricht.

Hallo. Heute habe ich leider keine guten Neuigkeiten. Meine Eltern werden immer älter und haben Probleme. Meine Mutter hat ihren Job verloren, und mein Vater ist ständig krank. Ich fühle, ich muss ihnen beistehen. Deshalb werde ich mir Arbeit in Russland suchen und nicht nach Spanien zurückkehren. Den Verlobungsring sende ich dir natürlich zurück. Es tut mir sehr leid, und ich wünsche dir alles Gute. Tatiana.

9

Los Arcos – Logroño

Am nächsten Morgen wusste ich kaum mehr, wie ich es nach der Hiobsbotschaft bis zur Herberge geschafft hatte, wo ich erst lange nach Sonnenuntergang eingetroffen war. Ich hatte einen emotionalen Filmriss erlitten, konnte keine zweihundert Meter am Stück gehen, hockte schniefend, wütend und verletzt am Wegesrand, unternahm mit zitternden Fingern mehrere Anläufe, eine Antwort ins Smartphone zu tippen, und verwarf allesamt. Ich musste um sie kämpfen, den Jakobsweg abbrechen, nach Russland fliegen und Tatiana überzeugen, dass sie nur an meiner Seite glücklich werden konnte. Alle meine schlauen Erkenntnisse der ersten Tage waren vergessen und wertlos. *Loslassen können. Veränderungen hinnehmen. Im Jetzt leben. Sich dem Schmerz hingeben.* Von wegen! Ich liebte diese Frau, und plötzlich sollte alles aus sein?

Ihre Nachricht traf mich ebenso unerwartet und unvorbereitet wie vor Jahren der Anruf meines Vaters, als er mir mitteilte, dass sich meine Mutter an jenem Morgen vor den Zug geworfen habe. Damals war ich gerade im Auto unterwegs gewesen. Blind vor Tränen hatte ich einen Müllcontainer gerammt und war gegen eine Einbahnstraße gefahren.

In der Herberge mit dem verlockenden Namen Casa Austria in Los Arcos war ich auf meine Pilgeramigos getroffen, die natürlich wissen wollten, warum ich für dieselbe Wegstrecke geschlagene sieben Stunden länger benötigt hatte als der Rest der Truppe. Ich war versucht, mich unter sie zu mischen und mich zu besaufen, aber das hätte nicht gut geendet. Also hatte ich mich direkt in mein Stockbett verzogen und mich in den Schlaf lamentiert.

Für heute plante ich, dreißig Kilometer in die Stadt Logroño zu wandern. Gestern hatte ich eine zehn Kilometer kürzere Strecke nur mit Ach und Krach geschafft, daher kamen mir Zweifel, ob ich überhaupt ans Ziel kommen würde. In Logroño gab es bestimmt ein Reisebüro, in dem man mich beraten konnte, wie ich am schnellsten nach Moskau kam. Obwohl ... gab es überhaupt noch Reisebüros? Schon ewig war ich in keinem mehr gewesen.

Ich teilte mir die heutige Etappe in zwei mentale Abschnitte von je fünfzehn Kilometern ein. Während der ersten halben Wegstrecke wollte ich darüber nachdenken, wie ich auf Tatianas Entscheidung reagieren sollte, und während der zweiten Weghälfte wollte ich beginnen, mit der Situation klarzukommen.

Ich fragte mich, wieso mich diese Nachricht gerade auf dem Jakobsweg ereilen musste, wo ich mir Erkenntnisse und Zeichen verschiedenster Art erhoffte. War Tatiana etwa wütend auf mich, dass ich den Camino ohne sie in Angriff genommen habe? Sie hatte nichts dergleichen angedeutet, sondern sich ganz im Gegenteil für mich gefreut.

Gab es etwa, abgesehen von den Problemen ihrer Eltern, einen weiteren Grund, mich zu verlassen? Seit unserer Verlobungsfeier vor nicht mal sieben Wochen war unsere Beziehung so harmonisch wie kaum je zuvor gewesen. Außerdem hatten wir uns bis vor drei Tagen noch täglich unsere gegenseitige Liebe versichert. Hatte sie sich Hals über Kopf in einen anderen verliebt oder in Russland eine alte Jugendliebe ausgegraben? Ich konnte und wollte das nicht glauben.

Wie auch immer – ich hing erneut in der Vergangenheit fest und dachte an unsere schönen gemeinsamen Jahre zurück. Dabei hatte ich die Vergangenheit am ersten Tag in einen alten Socken gesteckt und sie symbolisch von mir geschleudert. Die Vergangenheit ließ sich nicht ändern, daher war es müßig darüber nachzugrübeln, was ich hätte besser machen können, damit sie mich nicht verlassen hätte. *Jetzt* musste ich mit dieser Situation klarkommen und eine Entscheidung treffen.

Kämpfen oder akzeptieren? Klammern oder loslassen? Hinterherlaufen oder in die Zukunft schauen? Hoffen, dass sie ihre Entscheidung in einigen Wochen oder Monaten revidierte, oder nicht? Kämpfen, Festhalten und Hoffen bedeutete Leid – für mich und auch für Tatiana. Schließlich hatte ich kein exklusives Anrecht auf Entscheidungsfreiheit. Dieselben Rechte galten auch für Tatiana. War das ein Zufall? Gerade gestern hatte ich über Freiheit nachgedacht, und wenig später war sie auf eine Weise in mein Leben getreten, dass ich mich von den Göttern ziemlich missverstanden fühlte.

Ich ließ diese Gedanken sacken, konzentrierte mich auf die Strecke und achtete auf die Veränderungen des Wegs. Ich passierte die Grenze zwischen der Provinz Navarra und der Rioja. Wo im Sommer Weizenähren wogten, lagen die Äcker jetzt im Herbst frisch gepflügt da. Bunte Blätter fielen von den Bäumen. Rebstöcke wurden abgeerntet. Es wurde kälter, die Tage kürzer, die Nächte länger, alles unterlag der Veränderung.

Wieso tat man sich als Mensch damit nur so schwer? Warum konnte man mit Wandel oder Verlusten meist nur schlecht umgehen? Weil sich das Ego mit einem Arbeitsplatz, einem Beziehungsstatus oder dem Besitz von bestimmten Konsumgütern identifizierte? Wenn man diese verlor, so verlor man auch seine Identität. Eben noch war man Verkaufsleiter oder Werbechefin gewesen, nun galt man als arbeitslos. Gerade noch Familienvater, jetzt geschieden. Vor Kurzem noch stolzer Mercedes-Besitzer, jetzt nur noch Opel-Fahrer.

Im Grunde war das so, als würde ein Baum sich über seine Blätter definieren und im Herbst und Winter deren Verlust beweinen und sie zurückfordern. Dabei sind der Stamm und die Wurzeln das eigentlich Beständige und seine Blätter nur schmückendes Beiwerk, ähnlich unseren Lebensumständen.

Mich mit einem Baumstamm und Tatiana mit einem grünen Blatt zu vergleichen, war zwar etwas weit hergeholt und vielleicht nicht so ganz treffend. Trotzdem half mir diese Allegorie, in tröstlichere Gedankengefilde einzutauchen. Ich erhoffte mir vom Jakobsweg Zeichen und Erkenntnisse, die mein Leben positiv veränderten. Und nun das. Auf den ersten Blick sah es so aus, als hätte mir der Camino das falsche Zeichen gegeben. Aber woher wollte ich das wissen? Wie konnte ich darüber schon *jetzt* urteilen? Vielleicht war es ja das richtige Zeichen, auch wenn es mir nicht in den Kram passte? Vielleicht war sie nicht die richtige Frau für mich? Vielleicht war es ganz gut, dass sie mich jetzt verließ – und nicht in einigen Jahren, wenn wir eine Familie gegründet hätten. Bislang hatte sich alles, was mir seit Beginn der Reise passiert war, durchweg als positiv herausgestellt.

Wieso also sollte ich nun gerade dieses Ereignis negativ einstufen? Ganz einfach: Weil es mich verletzte. Aber warum verletzte es mich? Auch das lag auf der Hand: Weil mein Ego es als Unglück, als Schicksalsschlag klassifizierte. Es wollte an der Beziehung festhalten. Im Umkehrschluss hieß das: Wenn ich Tatianas Nachricht schon *jetzt* als etwas einschätzte, das sich rückblickend als gutes Zeichen zur richtigen Zeit herausstellte, aus welchen Gründen auch immer, konnte ich unmöglich verletzt sein.

Ich grübelte darüber nach, welche Gründe das sein mochten. Zum einen plante ich, mein Leben nach dem Jakobsweg radikal zu verändern, und dieser Umbruch wäre als Single einfacher umzusetzen als mit einer Partnerin oder als Familienvater. Zum anderen war es tatsächlich ein Glücksfall, dass diese Nachricht mich auf dem Jakobsweg ereilte. Hätte Tatiana mich mitten aus dem Alltag heraus verlassen, hätte ich anders reagiert, gekämpft und gelitten. Auch am Camino würde ich für viele Kilometer aus dem Tritt geraten, aber irgendwann würde ich auch damit klarkommen.

Als ich durch einen winzigen Ort kam, setzte ich mich auf eine

Bank vor der Kirche und tippte eine kurze Nachricht ins Handy. Ich versicherte Tatiana, dass ich ihre Entscheidung respektierte und es toll fand, dass sie ihren Eltern beistehen wollte, wenn sie Hilfe benötigten. Ich schrieb, dass sie den Verlobungsring natürlich behalten könne, und wünschte ihr und ihrer Familie alles Gute für die Zukunft.

Adiós mi amor.

Danach steckte ich mein Smartphone weg, füllte meine Wasserflasche am Dorfbrunnen auf und beamte mich zurück in die Gegenwart. In einer Kneipe am Ortsausgang traf ich auf einige bekannte Pilger und gesellte mich zu ihnen. Ich bestellte ein Sandwich, versuchte mich mit Small Talk abzulenken, aber es gelang mir nicht. Kaum setzte die Gruppe ihren Weg fort, kramte ich mein Handy aus dem Rucksack. Hatte Tatiana in der Zwischenzeit auf meine Nachricht geantwortet? Tat es ihr mittlerweile leid? Oder hatte sie es sich gar anders überlegt und wollte zurück in meine Arme? Nada. Wie viele Stunden Zeitverschiebung waren es zwischen Russland und Spanien? Zwei, drei oder vier Stunden? Hatten wir schon Winterzeit? Schlief sie noch? Ich merkte, wie ich mich schon jetzt verrückt machte. So konnte das mit dem Loslassen und Nachvorneblicken nichts werden.

Mir war klar, dass offene Kommunikationskanäle nur die Hoffnung am Leben erhielten und meinen weiteren spirituellen Weg blockierten. Ich musste die Brücken hinter mir einreißen. Das tat ich, indem ich meine Exverlobte auf WhatsApp blockierte, bei Facebook aus der Freundesliste entfernte und ihre Telefonnummer löschte. Das mochte zwar ethisch betrachtet etwas fragwürdig sein, war für mich aber die beste Möglichkeit, mit unserer Beziehung abzuschließen.

Ich bezahlte das Sandwich und versuchte positiv zu denken. Irgendwann würde eine andere Frau in mein Leben treten. Und da kam sie auch schon um die Ecke gepilgert. Die Götter am Jakobsweg arbeiteten besonders effektiv, da durfte man nicht meckern. Obwohl – bei all den Strapazen, schlechten Betten und eintönigen

Pilgermenüs durfte man wohl ein Mindestmaß an Gegenleistung erwarten.

»Hello«, begrüßte mich eine liebgewonnene Pilgerschwester.

»Hi. Nice to see you, Alison«, erwiderte ich und bot ihr den Stuhl neben mir an.

Da Alisons Hüfte schmerzte, hatte sie sich als Etappenziel die noch fünf Kilometer entfernte Ortschaft Viana gesetzt. Es war nicht einmal elf Uhr vormittags, und ich wollte bis Logroño wandern. Eigentlich. Aber ich hatte meine Pläne schon aus weitaus nichtigeren Gründen verworfen als für dieses sicherlich hervorragend wirkende Liebeskummerpräparat aus Belgien, und so machten wir uns gemeinsam auf den Weg.

Als wir an einer Apotheke vorbeikamen, bat mich Alison, die kein Spanisch sprach, den Apotheker nach einer Sportsalbe zu fragen. Obwohl wir zusammen hineingingen, grabschte der hilfsbereite Pharmazeut so an ihrer Hüfte herum, dass es an sexuelle Belästigung grenzte. Er empfahl, das Problem an der Wurzel anzupacken. Damit meinte er ihre Füße, die er sogleich zärtlich zu massieren begann. Alison brauche keine Salbe, sondern Schuheinlagen, meinte er und führte sie in die Ecke mit den Dr.-Scholl-Produkten.

Ich studierte währenddessen so unauffällig wie möglich das vielfältige Kondomangebot. Zwar wusste ich nicht, wie ernst es Apostel Jakob mit seiner himmlischen Erscheinung in Form der süßen Flämin meinte, aber etwas Vorbereitung auf weltlicher Ebene konnte nicht schaden. Doch dann fiel mir ein, dass man auch darauf achten sollte, welche Zeichen man selbst aussandte. Wenn ich die Apotheke mit einer Vorratspackung Kondome mit Tutti-Frutti-Geschmack verließ, könnte das von der leidenden Alison womöglich als falscher Hinweis interpretiert werden.

Außerdem wurde mein Tagesbudget durch die Hightech-Schuheinlagen, die der geschäftstüchtige Apotheker auch mir aufgeschwatzt hatte, ausreichend belastet. Dafür hüpfte ich nun über den Weg wie ein Känguru auf dem Trampolin. Trotzdem kamen wir nur langsam voran. Ich begleitete Alison zur Herberge in Viana, verabschiedete mich aber dort von ihr und wanderte weiter nach Logroño, wohlwissend, dass wir uns nicht mehr über den Weg laufen würden. Ich hätte mich zwar ihrer Geschwindigkeit anpassen können, aber mein Herz sagte mir, dass ich mit der Trennung von meiner Verlobten selbst klarkommen musste und nicht auf die Hilfe einer Belgierin mit Hüftschaden bauen durfte.

Zwei Tage zuvor hatte ich Rainhard kennengelernt. Der Nürnberger war zweiundsiebzig Jahre alt und bestritt gerade seinen vierten Jakobsweg. Unglaublich, dieser Mann. Ihn traf ich wieder, als ich um fünf Uhr nachmittags in die städtische Herberge von Logroño eincheckte. Am Abend schlenderten wir durch die Tapas-Kneipen der Stadt, genossen hervorragende Pinchos und einige Gläser weißen Pilgerdiesel und quatschten über den Camino. Trotz der dramatischen Veränderung meines Beziehungsstatus auf Facebook fand ich einen Grund zum Feiern: Heute war die erste volle Woche am Jakobsweg um. Ich war mittlerweile hundertfünfzig Kilometer gelaufen und hatte keine größeren Beschwerden, ja nicht einmal Blasen an den Füßen. Dafür, dass ich vor zehn Tagen nicht mal wusste, dass ich den Camino gehen würde, lief es nicht schlecht, dachte ich und orderte noch zwei Gläser Weißwein.

Pilgerbruder Beinhart, wie ich ihn fortan nannte, war mit seiner Erfahrung eine wandernde Jakobsweg-Enzyklopädie. Er kannte sämtliche Denkmäler, Herbergen und Wegabzweigungen und wusste eine Menge Storys zu erzählen. Ich hätte mich ihm anschließen können, mich von ihm wie eine Lokomotive nach Santiago ziehen lassen und fortan mein schlaues Büchlein im Rucksack verstaut lassen, um mich meinem neuen privaten Guide anzuvertrauen. Aber der bequemste Weg ist nicht immer der beste – so viel hatte mein Leben mich mittlerweile gelehrt.

10

Logroño – Ventosa

Die ersten Kilometer der heutigen Etappe wanderte ich zusammen mit Pilgerbruder Rainhard. Zuerst ging es durch ein Industrieviertel aus der Stadt hinaus, danach durch ein Naherholungsgebiet und vorbei an einem idyllisch gelegenen Stausee. Währenddessen wurde ich von Rainhard mit den neusten Pilgernews versorgt. In diesem Jahr hatte es den ersten Mord am Jakobsweg gegeben, wusste er zu berichten. Als Krimiautor wurde ich natürlich sofort hellhörig.

Am fünften April war eine einundvierzigjährige US-Amerikanerin nahe der Stadt Astorga spurlos verschwunden. Hundertschaften der Polizei hatten nach ihr gesucht, und sogar das FBI hatte sich eingeschaltet. Aber erst Mitte September war sie wieder aufgetaucht. Allerdings in stark verändertem Zustand. Ihr Mörder, ein armer Landarbeiter aus der Gegend, hatte sie mit einem falschen Wegweiser zu seiner Behausung umgeleitet und dort ermordet und verscharrt. Er hatte sich verraten, indem er in der Bank seines Heimatkaffs tausend Dollar wechseln wollte, was der Bankangestellten höchst verdächtig vorgekommen war. Das FBI hatte die Banknoten in einem aufwendigen Verfahren der Amerikanerin zuordnen können, und der Fall war gelöst.

Mord am Camino. Auf einem Weg, der jedes Jahr zweihunderttausend friedliche Pilger aus aller Welt anzog. Das hatte eindeutig

Potenzial. Ich müsste nur den Antagonisten mit wesentlich mehr Grips ausstatten und ihn zum Serienkiller befördern. Meinen unkonventionellen andalusischen Kommissar würde ich in ein staubiges nordspanisches Kaff strafversetzen (was ihm nach dem Kapern eines Polizeihubschraubers am Ende seines letzten Falls ohnehin geblüht hätte) und ihn mit der Suche nach dem Phantom am Jakobsweg beauftragen. Und fertig wäre mein vierter Kriminalroman. Die Idee gefiel mir. Ich hatte ohnehin noch keinen Schimmer, um welches Thema es sich in meinem neuen Manuskript drehen sollte, das ich nach dem Jakobsweg endlich in Angriff nehmen wollte.

Ich ließ Pilgerbruder Rainhard vorauseilen und spann den Plot für meinen neuen Krimi weiter. Bei Kilometer zehn hatte ich bereits vier Leichen im Rucksack und drei Kilometer weiter das Motiv und den Zusammenhang. Hätte ich gewusst, dass Wandern derart kreativ macht, wäre ich beim Schreiben meiner ersten drei Krimis mit dem Diktiergerät losgelaufen, anstatt am Schreibtisch meine Ideen auszubrüten.

Als ich mal wieder aus meinem Krimi auftauchte, begegnete ich Gandalf aus *Der Herr der Ringe*. So zumindest sah der Mann mit seiner langen grauen Mähne und dem rekordverdächtigen Bart aus, der an einem Unterstand Früchte, Heiligenbilder und einen Stempel für den Pilgerpass anbot – gegen eine freiwillige Spende. Ich erinnerte mich, dass der Typ sogar in meinem Wanderführer abgebildet war. Und nicht nur dort – auch in vielen Herbergen und Kneipen entlang des Jakobswegs hing sein Bild. Mit Kutte, Pilgerstab, Hund und Esel lächelte er in vielen Speisesälen und Bars neben dem Konterfei des Königs von der Wand. Es handelte sich um den Dauerpilger Marcelino – eine lebende Legende des Jakobswegs.

Ich wollte unbedingt ein paar Worte mit ihm wechseln und erfuhr Erstaunliches. Seinen ersten Weg hatte er im Jahre 1971 als einer von dreizehn Pilgern absolviert. Seitdem wiederholte er den französischen Camino jedes Jahr zwei- bis dreimal. Wie oft er ihn tatsächlich gelaufen war, wusste er gar nicht, weil er nicht mitgezählt hatte. Marcelino lebte für den Jakobsweg. Und wenn er nicht gerade pilgerte, verdiente er sein Geld am Wegesrand. Ich war fasziniert von dem Mann, der mich auch zu mögen schien. Zumindest antwortete er bereitwillig auf meine Fragen, während Horden von Pilgern achtlos vorbeizogen, wie etwa drei Amerikanerinnen, die schon von Weitem riefen:»Oh gosh, look at him! Doesn't he look strange? Let's make a photo, grab a stamp and keep on going ...«

Ich hingegen beschloss, notfalls mein Etappenziel zu verkürzen, um mich eine Weile mit Marcelino unterhalten zu können, denn solch interessante Gesprächspartner traf man auch hier nicht an jeder Ecke. Der Mann musste an die hundert Caminos gelaufen sein. Bestimmt bekäme ich gleich neue Storys zum Garnieren für meinen geplanten Krimi geliefert.

Aber Gandalf zog lieber über die fragwürdige Entwicklung »seines« Jakobswegs zur kommerziellen Massenveranstaltung und über die Pilger der heutigen Zeit her. Die meisten hörten Musik aus dem Kopfhörer oder quasselten über belanglose Dinge. Niemand lausche der Stille des Wegs, lamentierte er.»Listen to the silence of the way«, riet er jedem, der ihm zuhörte.

Ich stimmte ihm gerne zu. Für manche hätte es spirituell wohl keinen Unterschied gemacht, ob sie dieselbe Wegstrecke am Laufband im Fitnessstudio absolvierten oder hier. Andererseits war jeder frei, den Jakobsweg auf seine Art zu erleben.

Aber davon wollte Dauerpilger Marcelino nichts wissen. Zum Abschluss erzählte er mir von einem Interview mit einem amerikanischen Outdoor-Magazin. Der Reporter hatte ihm die Frage gestellt, was seiner Meinung nach ein guter Pilger an Eigenschaften mitbringen müsse. Seine Antwort lautete:»Er muss trinkfest sein, rauchen wie ein Schlot, schnarchen wie ein Walross und stur wie ein Esel sein.«

Ernüchtert verabschiedete ich mich von Marcelino. Zum vorbildlichen Pilger fehlte mir leider ein Attribut – aber deshalb würde ich nicht anfangen zu rauchen.

Der Weg führte mich nun durch die kargen Weiten der Rioja.

Die Gegend wurde zunehmend flacher, und der Pfad verlor sich in einer geraden Linie am Horizont. Eine vor allem mental anspruchsvolle Gegend. Kaum etwas diente als Anhaltspunkt, an dem man sein Vorankommen hätte messen können. Ich aß mich mit Weintrauben von den Rebstöcken am Wegesrand satt und dachte an mein Gespräch mit Marcelino zurück. *Listen to the silence of the way ...*

Dafür war die eintönige Gegend perfekt geeignet. In der ersten Woche war ich auf so manche Pilger gestoßen, die vom Camino regelrecht angefixt waren. Manche waren den Jakobsweg schon zwei, drei Male gegangen. Einige waren alternative Strecken gepilgert, wie etwa die Vía de la Plata, die von Sevilla nach Santiago de Compostela führt, den Camino del Norte, der dem Küstenverlauf folgt, oder den Caminho Português. Manche hatten mich »vorgewarnt«, dass man vom Jakobsweg süchtig werden könne, aber diese Gefahr bestand bei mir sicherlich nicht. Gegen Begierden in Verbindung mit schweißtreibenden körperlichen Aktivitäten jeglicher Art war ich definitiv resistent. Ins Fitnessstudio ging ich in etwa mit derselben Begeisterung wie zur Wurzelbehandlung beim Zahnarzt. Ich wollte es zwar unbedingt irgendwie nach Santiago schaffen, aber danach würde ich meine Pilgerstiefel für ewige Zeiten an den Nagel hängen. Das dachte ich zumindest zu Beginn des Caminos – und ahnte nicht, wie sehr ich mich da täuschen sollte.

Bestimmt war Rainhard, mit dem ich morgens losgelaufen war, längst in der Unterkunft angekommen. So hatte ich für die restlichen Kilometer bis in den Ort Ventosa genügend Zeit, um über die Erkenntnis dieses Tages nachzugrübeln. Ich ahnte bereits, dass sie etwas mit dem Highlight der Etappe zu tun hatte – meinem Gespräch mit Camino-Promi Marcelino. *Listen to the silence of the way,* echote es in meinem Kopf wie ein Mantra.

Ich wusste natürlich, was der Typ damit gemeint hatte. Denn genau aus diesem Grund ging ich den Jakobsweg. Genau das war es, was den besonderen Reiz für mich ausmachte. Die viele Zeit zum Nachdenken und Meditieren, das Fokussiert-Sein auf die eigenen Gedanken und Gefühle und die Zeichen des Wegs, und zwar die realen wie die metaphysischen. Das konnte den Weg zu einem einzigartigen spirituellen Erlebnis machen – sofern man nicht bewusst durch iPod, Small Talk, Handy und Internet Ablenkung suchte, was viele Pilger taten. Wann hatte man zu Hause schon Zeit, stundenlang nachzudenken? Und das einen ganzen Monat lang.

Ein weiterer Aspekt machte den Camino einzigartig: der Austausch mit den Mitpilgern. Im Alltag kommuniziert man in der Regel mit einem angestammten Personenkreis, bestehend aus Familie, Freunden, Arbeitskollegen, Bekannten und Verwandten. Man spricht über immer dieselben alltäglichen Themen und scheut sich, neue oder gar konträre Gedanken offen anzusprechen. Schließlich möchte man vor seinen Amigos auch weiterhin als normal gelten und nicht plötzlich als komischer Kauz dastehen. Darüber hinaus pflegt man in der Regel nur noch Kontakt mit Dienstleistern wie Taxifahrern, Friseurinnen oder Verkäufern, mit denen man bestenfalls Small Talk betreibt. Dadurch erfährt man in seinem täglichen Leben kaum neuen Input durch seine Mitmenschen. Schade eigentlich.

Auch auf dem Jakobsweg ist der fruchtbare Austausch mit interessanten Menschen aus aller Welt nicht selbstverständlich. Ein großer Vorteil des Caminos ist jedoch, dass man mit den anderen Pilgern leicht ins Gespräch kommt. Zu Hause würde es mir nie einfallen, mich ungefragt zu jemandem an den Tisch zu setzen und eine Unterhaltung zu beginnen, oder mit beinahe allen, denen man auf der Straße begegnet, zumindest ein paar Worte zu wechseln. Auf einer Pilgerreise hingegen ist das völlig normal.

Um wertvolle Antworten zu bekommen, sollte man allerdings die richtigen Fragen stellen können. »Was ist dein heutiges Etappenziel?«, »Wie war deine gestrige Herberge?« und: »Hast du schon von dem verrückten Schweden gehört, der ...« – all diese Fragen gehören jedenfalls nicht in diese Kategorie. Ich begann oberflächliche Gespräche dieser Art zu vermeiden, denn langsam wurde mir die Tragweite meines Vorhabens bewusst.

Längst ging es mir nicht mehr nur darum, den Jakobsweg irgendwie zu schaffen und mir hinterher eine Urkunde an die Wand zu nageln. Vielmehr wollte ich die einzigartige Gelegenheit nutzen, mit Hilfe der hier gewonnenen Erfahrungen meine Lebensweise zu verändern. Ich wusste, dass dies notwendig war und ahnte, dass sich eine solche Chance kein zweites Mal bieten würde. Wann also, wenn nicht jetzt?

Ich beschloss, alles aufzusaugen, was meine Mitpilger mir an Hilfe und Ratschlägen anboten. Also bombardierte ich sie mit teils ungewohnten, weil nicht alltäglichen Fragen, wie zum Beispiel: »Hast du am Camino schon etwas gelernt, was du zu Hause im Alltag verwenden kannst?« oder: »Wieso gehst du den Weg? Was ist deine Erwartung?« oder: »Hat dir der Camino schon ein Zeichen gegeben? Vielleicht eines der spirituellen Art?«

Ich war überrascht, was für wertvolle Gespräche sich aufgrund dieser Fragen entwickelten und was es für einen Unterschied bedeutete, ob man jemandem im Vorbeigehen ein desinteressiertes »Hallo, wie geht's?« zurief oder ob man tiefgründige Fragen stellte, weil man sich tatsächlich für das Befinden der jeweiligen Person interessierte.

In der Ferne ragte schon der Kirchturm von Ventosa auf. Das war mir beinahe zu schnell gegangen. Auf einem Stück Grünfläche zwischen den Rebstockreihen legte ich mich etwas abseits ins Gras, faltete meine Hände und schloss die Augen. Ich meditierte eine Weile, was erstaunlich gut funktionierte, weil mein Geist zum ersten Mal nicht ständig abdriftete. Danach zog ich mein Notizheft aus dem Rucksack und schrieb meine Gedanken nieder.

Zufrieden beendete ich meine Rast. Durch mein Treffen mit Dauerpilger Marcelino hatte ich eine weitere Erkenntnis erlangt, die ich auch im Alltag übernehmen konnte. *Listen to the silence of the way* – das konnte wohl überall und zu jeder Zeit funktionieren. Und warum sollte ich im täglichen Leben nicht regelmäßig Zeit finden, um mich kurz zu besinnen und für ein paar Minuten zu meditieren? Ich wollte mich weniger ablenken lassen, sondern mich wesentlichen Dingen widmen, meinen Körper, meinen Geist und meine Seele mit positiver Energie füllen, anstatt mich durch die Unterhaltungsindustrie von einem Tsunami unnützer Informationen überfluten zu lassen.

Als nächsten Schritt beschloss ich, sämtliche Tätigkeiten und Verpflichtungen zu hinterfragen, die mir nur kostbare Zeit raubten und mich nicht glücklich machten. Ich wollte in meinem Alltag künftig weniger über belanglose Dinge quatschen, dafür aber nachhaltiger mit meinen Mitmenschen kommunizieren.

Die Gelegenheit dazu bot sich schon jetzt. Seit Beginn meiner Reise unterhielt ich einen Blog auf Facebook, postete schöne Fotos und berichtete von meinen jeweiligen Etappenerlebnissen. Ich hatte zwar nicht so viele Fans wie Justin Bieber, aber meinen Weg verfolgten doch eine ganze Menge Leute. Ab sofort würde ich auch ihnen gegenüber eine neue Qualität der Kommunikation pflegen. Ich wollte nicht mehr nur berichten, was ich am Jakobsweg erlebte, sondern unzensiert schreiben, was ich wirklich empfand, wie ich mich tatsächlich fühlte und welche Erkenntnisse und Lehren ich aus dem Camino zog.

Mich im Internet emotional zu entblättern, war zwar bislang nicht mein Ding gewesen und barg sicher auch gewisse Risiken, aber ich war schon sehr auf die Reaktionen gespannt.

11

Ventosa – Santo Domingo de la Calzada

Nun lag mit dreiunddreißig Kilometern die bisher längste Etappe vor mir. Nach dem gestrigen Trödeltag ging ich es diesmal etwas flotter an. Um nicht zu lange während der brütenden Mittagshitze wandern zu müssen, startete ich vor sieben Uhr morgens, schaltete den Santiago-Turbo dazu und hatte noch vor elf Uhr die Hälfte der Strecke hinter mich gebracht. Bei einer Rast holte mich Pilgerbruder Rainhard ein. Irgendwie kam er mir heute verändert vor. Ach ja, er hatte keinen Rucksack dabei.
»Du wirst mir doch jetzt nicht senil werden, Raini?«, empfing ich ihn. »Hast du etwa deinen Rucksack vergessen?«
Rainhard war mein loses Mundwerk längst gewohnt und antwortete nur knapp: »Camino Trans.«
Richtig, für fünf Euro konnte man sich seinen Rucksack in die Herberge am Etappenziel chauffieren lassen. Eine höchst verlockende Dienstleistung, die nicht wenige Pilger in Anspruch nahmen. Wieder andere kürzten den Weg ab, wo dies möglich war, oder noch schlimmer: Sie legten einige wenig abwechslungsreiche Abschnitte mit dem Bus oder dem Taxi zurück.
Für mich funktionierte das allerdings nicht. Ich war nun mal fest entschlossen, den Jakobsweg in seiner vollen Länge zu gehen und dabei mein Gepäck zu tragen, so wie es die Regeln auf der Rückseite meines Pilgerausweises verlangten. Denn wenn ich

mich einmal selbst beschwindelte, würde ich das bei weiteren unschönen Teilstrecken erneut tun. So würde meine Hemmschwelle stetig sinken, und ich würde das Ziel vor Augen verlieren – ja, es gäbe gar kein Ziel mehr, denn das eigentliche Vorhaben, jeden einzelnen Kilometer des Jakobswegs zu pilgern, wäre nicht mehr erreichbar.

Bei mir nahm die Ehrlichkeit allerdings etwas befremdliche Ausmaße an, über die Rainhard nur noch den Kopf schütteln konnte. Einmal führte der Weg in großem Bogen um ein Feld herum. Quer durch das Feld führte ein von tausenden Pilgerfüßen ausgetretener Trampelpfad. Rainhard und natürlich auch alle anderen kürzten damit etwa fünfzig Meter der Wegstrecke ab, nur ich blieb stur auf dem ausgeschilderten Weg.

Oder musste man in einem Ort vom offiziellen Weg abweichen, um zur Herberge zu gelangen, nahm ich am nächsten Tag nicht den kürzesten Weg zurück zum Camino, sondern ging exakt zu der Stelle zurück, an der ich ihn am Vortag verlassen hatte. So penibel und pedantisch war ich im Alltag keineswegs, wie mein Steuerberater bestätigen könnte, aber ich hatte mir nun mal zum Ziel gesetzt, jeden Meter des Caminos zu laufen. Trotzdem schielte ich ein wenig neidisch auf Rainhards rucksackfreien Rücken.

Ich hatte die Angewohnheit, in der ersten Tageshälfte stramm wie ein Feldwebel zu marschieren und dafür am Nachmittag zu trödeln, Pausen einzulegen, meine Tochter anzurufen und Wein aus meinem Lederstiefel zu trinken. Mit ein bisschen Alkohol im Blut fiel es mir leichter, durch die staubige, trostlose und unendliche Steppe zu wandern.

Beim Fotografieren entdeckte ich, dass eine SMS eingegangen war. Offenbar hatte meine Bank die monatliche Abbuchung der Telefonrechnung zurückgewiesen. Dabei sollte auf dem Konto eigentlich genug Geld für die läppischen sechzig Euro Telefonkosten sein. Doch die Überprüfung meines Firmenkontos ergab einen Saldo von vierzehn Euro und siebzig Cent. Nach dieser Etappe würde abends nicht mehr viel Wein in der Bota übrig bleiben.

Überhaupt bereitete mir das Thema Alkohol langsam Sorgen. Ich rauchte nicht, nahm keine Drogen und lebte seit über zwei Jahren vegetarisch – davon sogar acht Monate vegan. Dafür trank ich zu viel. Eigentlich hatte ich mir für den Camino vorgenommen, meinen Alkoholkonsum drastisch einzuschränken oder sogar ganz auf Alkohol zu verzichten – also die Gedankenhygiene durch eine Leberreinigung zu ergänzen.

Leider war ich mit diesem Vorhaben bislang famos gescheitert. Nach den vielen Stunden in der heißen staubigen Prärie gönnte man sich, dehydriert wie eine Mumie in der Sauna, reichlich Belohnungsbier, ehe man zum Abendessen überging. Im Preis des Pilgermenüs war eine Wein-Flatrate enthalten, die von den meisten so gut wie möglich ausgenutzt wurde.

Vor Monaten war ich im Netz auf einen Selbsttest gestoßen. Dabei konnte man die Gefährdungsstufe einer Alkoholsucht ermitteln. Dass ich mir überhaupt die fünf Minuten Zeit genommen hatte, die doofen Fragen zu beantworten, fand ich im Nachhinein schon beängstigend. Das Resümee lautete: *Ihr Testergebnis besagt, dass zumindest eine Ihrer Antworten im roten Bereich liegt. Ihre Angaben im Test lassen deshalb vermuten, dass Alkohol bereits einen überaus hohen Stellenwert in Ihrem Leben hat. Die dringende Empfehlung: Bitte bemühen Sie sich um eine Änderung Ihres Alkoholkonsums!*

Ein äußerst ernüchterndes Ergebnis, wie ich damals dachte. Etwas dagegen unternommen hatte ich allerdings noch nicht, denn so schlimm war es nun auch wieder nicht. Zumindest versuchte ich auf diese Weise mein Gewissen zu beruhigen.

Eine Erkenntnis à la »Ich werde in Zukunft weniger trinken«, wäre zwar begrüßenswert gewesen, aber nicht caminotauglich. Schließlich besagte ein spanisches Sprichwort: Con pan y vino se hace el Camino, was in etwa bedeutet: Mit Brot und Wein pilgert es sich fein. Da das bislang bei mir so toll funktioniert hatte, wollte ich mein Projekt nicht gefährden, indem ich auf Wein verzichtete. Außerdem musste es in dieser endlosen Weite doch bedeutungsvollere Erkenntnisse geben als die banale Einsicht, in Zukunft weniger zu trinken. Das konnte ich getrost auf den Neujahrsmorgen verschieben – was ich ohnehin schon seit vielen Jahren tat.

Meine bisherigen Erkenntnisse waren heute leider nur sehr elementarer Natur: Meine Füße und Knie schmerzten, meine Hüfte ebenfalls und mein Herz vor Kummer sowieso. Außerdem war ich pleite, und es waren immer noch sechshundert Kilometer nach Santiago zu absolvieren, wie ein demotivierender Wegweiser behauptete. Das veranlasste mich, einige Hochrechnungen anzustellen, die eine ebenso desaströse Bilanz ergaben wie die Buchhaltung meiner Immobilienfirma:

A) Ich hatte etwa zweihundert Kilometer hinter mir. Das klang zwar nach viel, war aber erst ein Viertel der Gesamtstrecke. Also lagen noch drei Viertel des Caminos vor mir.

B) Wenn ich bis hierher acht Tage gebraucht hatte, standen mir noch immer vierundzwanzig anstrengende Tage bevor.

C) Bei einem Schnitt von acht Wanderstunden am Tag ergaben das weitere zweihundert mühsame Gehstunden bis Santiago.

Hatte ich vor wenigen Tagen die Wahrscheinlichkeit, den Jakobsweg in einem Durchlauf zu bezwingen, von zehn auf fünfzig Prozent hochgeschraubt, so senkte ich sie in der endlosen Weite dieser Steppe wieder auf zwanzig Prozent. Ich wäre ja auch nicht der Erste, der scheiterte, schließlich hatte ich von einigen gehört, die aufgegeben hatten, wie etwa ein amerikanisches Ehepaar in den Flitterwochen, denen der Weg doch nicht romantisch genug war. Oder Pilger mit so schlimmen Blasen und Entzündungen an den Füßen, dass sie kaum noch gehen konnten.

Nach einem Viertel der Strecke war die Euphorie des Neuen (»Hurra, ich gehe den Jakobsweg!«) längst verflogen und einem gewissen Pilgeralltag gewichen. Der Kopf wurde immer wichtiger, und mein Körper lief längst auf Autopilot. Ich durchwanderte ein mentales Azorentief und ahnte, dass ich umdenken musste, um für einen geistigen Wetterumschwung zu sorgen.

Der Begriff Geduld kam mir in den Sinn. Es war zwar empfehlenswert, sich hohe Ziele zu stecken und diese im Auge zu behalten, aber ich durfte nicht nur das Endziel Santiago im Visier haben. Ansonsten lief ich Gefahr zu verzweifeln, weil es bis dorthin noch unvorstellbar weit war. Zudem verstellte mir eine so starke Fokussierung den Blick auf die schönen kleinen Etappenerfolge.

Dies war für mich als Schriftsteller eine wichtige Erkenntnis. Denn auch in dieser Hinsicht hatte ich mir ein schier unerreichbares Ziel gesetzt. Mein literarisches Santiago hieß Spiegel-Bestsellerliste. Dort wollte ich mit meinen Büchern landen, auch wenn es bis dahin ein langer, steiniger Weg war. Das Ziel schien in unendlicher Ferne zu liegen – trotz eines namhaften Verlags im Rücken und dem Beifall meiner Leser. Das würgte meine Motivation ab und war der Grund, warum ich seit einem Jahr keine Zeile mehr geschrieben hatte. Ich stand kurz davor aufzugeben.

Dass ich im Hinblick auf meine literarische Karriere ebenfalls nur das große endgültige Ziel vor Augen hatte und es so schnell wie möglich erreichen wollte, war eine weitere Parallele zum Jakobsweg. Vielleicht würde ich auch mit den Büchern mein gestecktes Ziel erreichen – aber womöglich hatte ich auch dort erst ein Viertel der Wegstrecke geschafft.

Diese Theorie verschaffte mir ganz neue Motivation. Ich musste in Etappen denken. Heute waren es noch acht Kilometer bis zum Ziel. Die würde ich locker schaffen. Aber ob ich mich zu Hause überwinden konnte, einen weiteren Kriminalroman von vierhundert Seiten zu schreiben? Ich bezweifelte es. Doch dann fiel mir ein, dass ich mir durchaus vorstellen konnte, an fünf Tagen pro Woche je fünf Seiten zu schreiben. Und damit wäre der vierte Roman in nur vier Monaten fertig.

Und wieder hatte mich der Camino etwas für das Leben gelehrt: Motivation war eine Sache der großen Ziele und der kleinen Schritte auf dem Weg dorthin – und der Freude an den kleinen Etappenerfolgen.

Ich beschloss, meiner Leidenschaft zu folgen und auch weiterhin Bücher zu schreiben – egal was am Ende dabei herauskäme. Gleich nach meiner Rückkehr würde ich wieder mit dem Schreiben beginnen. Mit meinem Vorsatz verzogen sich die Gewitterwolken in meinem Kopf und wichen dem Hoch Eduard, das hoffentlich noch einige Tage anhalten würde. Dieser Entschluss musste heute Abend gebührend gefeiert werden. Aber brauchte es dazu nicht Alkohol?

Ein verdammter Teufelskreis.

Am späten Nachmittag traf ich in Santo Domingo de la Calzada ein. Zusammen mit Pilgerbruder Rainhard ging ich durch den Ort, den eine Legende berühmt gemacht hatte.

Einst hatte sich ein Ehepaar aus Deutschland mit dem Sohn zur Wallfahrt nach Santiago aufgemacht. In Santo Domingo hatten sie in einer Herberge übernachtet, und die Wirtstochter hatte sich in den jungen Deutschen verliebt. Doch der wollte nichts von ihr wissen.

Das mussten noch Zeiten gewesen sein, dachte ich. Bei mir lief es Jahrhunderte später genau umgekehrt ab.

Das Mädchen nahm dem Jungen die Abfuhr übel. Deshalb steckte sie einen silbernen Becher in sein Gepäck und bezichtigte ihn des Diebstahls. Der Junge wurde zum Tod durch Erhängen verurteilt. Als seine Eltern nach der Vollstreckung zum Richtplatz gingen, stellten sie fest, dass ihr Sohn noch lebendig am Galgen hing, denn der heilige Domingo, Namensgeber der Stadt, stützte den zu Unrecht verurteilten Jungen an den Beinen ab. Das Ehepaar berichtete dem Richter vom Wunder, das die Unschuld des Sohnes bewies, doch dieser wollte nichts davon wissen. Er saß gerade zu Tisch und meinte, ihr Junge sei genauso lebendig wie die beiden Hühnchen, die er gleich zu verspeisen gedachte. Daraufhin flogen die Tiere davon. Seitdem wurde in der Kathedrale von Santo Domingo ein weißer Hahn mitsamt Hühnern in einem Käfig gehalten.

Rainhard meinte, dass man solange in der Kathedrale verweilen solle, bis der Hahn krähte. Das bringe Glück für den weiteren Jakobsweg. Krähte er jedoch nicht, erlebe man für den Rest des Caminos ein Unglück nach dem anderen. Also verbrachte ich eine geschlagene Stunde in der Kirche. Natürlich streikte das dämliche Federvieh genau wie die Lufthansapiloten. Meinen latenten Aberglauben hatte ich von meiner Mutter geerbt, deshalb warf ich mein Kleingeld nicht in den Opferstock, sondern in Richtung des stummen Gockels. Womöglich waren in Spanien sogar die Hühner korrupt. Nach zwanzig Jahren Erfahrung mit andalusischer Lokalpolitik würde mich das nicht wundern. Aber es half nichts.

Mit reichlich schlechten Omen beladen, verließ ich die Kirche, und wäre ich nicht Vegetarier, hätte ich aus purer Rache zum Abendessen zwei Brathähnchen verspeist.

12

Santo Domingo de la Calzada – Belorado

Die Stimmung im Aufenthaltsraum der Herberge war bestens. Peter aus Ungarn, der mit seinen zwei Metern Körpergröße seine liebe Not mit den kurzen Betten in den Unterkünften hatte, packte eine Gitarre aus. Es wurde gesungen, getanzt und viel gelacht. Trotzdem lag ich um zehn Uhr abends im Bett und schlief bis sechs Uhr morgens durch. Mein bisheriger Camino-Rekord. Nicht so viel Glück mit seiner Nachtruhe hatte ein Kanadier, der außerhalb der Herberge gefeiert hatte. Man sollte tunlichst darauf achten, um spätestens zweiundzwanzig Uhr zurück in der Herberge zu sein. Danach blieben die Türen verschlossen, und zwar ohne Pardon. Der Kanadier, der erst um halb elf kam, musste die Nacht in einem kleinen Holzhäuschen am örtlichen Kinderspielplatz verbringen.

Nach einer kurzen Morgentoilette, bestehend aus Zähneputzen, Gesichtswäsche und dem Gelöbnis, künftig weniger Wein zu trinken, schnallte ich den Rucksack an und machte mich auf den Weg. Allerdings war es um diese Zeit noch dunkel, und da ich seit Erfindung der Glühbirne wohl der erste Pilger war, der keine Taschenlampe mitführte, musste ich warten, bis ein besser ausgerüsteter Kollege vorbeikam, dem ich im Schatten seiner Stirnlampe folgen konnte, bis es hell wurde. Das hatte bisher hervorragend funktioniert. Nur in Roncesvalles war ich an einen kurzgeschorenen

Amerikaner vom Typ Navy Seal geraten, der so eilig marschierte, als wären feindliche Bodentruppen hinter ihm her. Ich hetzte ihm durch einen finsteren Waldweg hinterher, bis ich an einer Wegbiegung beinahe gegen einen Baum geknallt wäre.

Nach meiner Schätzung hatten drei Viertel der Pilger den Camino ursprünglich alleine in Angriff genommen. Inzwischen hatten sich allerdings Gruppen gebildet. Die Franzosen wanderten mit Franzosen, die Spanier mit Compañeros aus ihrem eigenen Land, Schweden mit Schweden, Amerikaner mit Kanadiern, Koreaner mit ihren Landsleuten, und auch die Deutschen blieben unter sich.

Auf Österreicher war ich auch am zehnten Tag noch nicht gestoßen, also verspürte ich keinen Zwang, mich einer patriotischen Gruppe anzuschließen, und konnte alleine laufen.

Nur Pilgerbruder Rainhard gegenüber fühlte ich mich etwas verpflichtet, aber mit ihm hatte ich das Abkommen getroffen, uns für den Abend in der Herberge zu verabreden und während des Tages zumeist getrennter Wege zu gehen. Es gab noch viel nachzudenken, und das konnte ich nur alleine. Außerdem war es mir wichtig, meinem eigenen Rhythmus zu folgen. Wenn ich in einer Gruppe ging, konnte ich nur in Abstimmung mit den anderen Pausen einlegen, Abstecher in Kirchen und Kneipen vornehmen oder Herberge und Etappenziel auswählen.

Heute bot die Wegstrecke so wenig Abwechslung wie ein Pilgermenü. Ich passierte die Grenze zwischen der Provinz Rioja und der Autonomen Region Kastilien-León und wanderte zwischen Äckern und abgeernteten Feldern durch das sprichwörtliche Nichts. Etwas Gestrüpp am Wegesrand und ein paar knorrige Bäume blieben die einzigen Vegetationsformen. Aber mir sollte das nur recht sein. So bestand keine Gefahr der Ablenkung, und ich konnte meditieren. Dachte ich zumindest.

Leider funktionierte das nicht besonders. Also versuchte ich wenigstens, positive Gedanken zu hegen. Doch dann kam ich im nächsten Ort an einer Bank vorbei, und schon musste ich an meinen fatalen Kontostand denken. Oder vor mir wanderte ein händchenhaltendes Pilgerpaar, und mir fiel meine geplatzte Hochzeit wieder ein. Oder ich kam an einem Wegweiser nach Santiago vorbei, der sieben Kilometer mehr anzeigte als ein Wegweiser am Morgen des Vortags. Nun, das hätte selbst den Dalai Lama verzweifeln lassen.

Mit einer neuen Erkenntnis würde es heute schwierig werden. Außer Schafköttel lagen keine Zeichen am Weg, aus denen man Einsichten gewinnen könnte. Allerdings gab es noch diverse Altlasten, über die ich bei einer besseren Gelegenheit nachdenken wollte als in dem Katastrophenzimmer von Estella, wohin ich mich abgesondert hatte. Dort war mir klar geworden, wie sehr sich selbst banale Erfahrungen aus der Vergangenheit in der Gegenwart auswirkten.

Die Beschwerde des kanadischen Ehepaars hatte dazu geführt, dass ich mich in Gemeinschaftsschlafsälen unwohl fühlte. Schicke Hotels konnte und wollte ich mir nicht leisten, also suchte ich mir die Herbergen nach der Größe der Schlafsäle aus. Je größer, desto besser. Ich bevorzugte Schlafsäle mit dreißig oder mehr Betten, die nachts vom Geräuschpegel her einem Schreinereibetrieb glichen. Dort konnte ich anonym im Orchester vor mich hin sägen. Doch wie sah es mit den anderen Baustellen in meinem Leben aus?

Während ich durch die kastilische Einöde wanderte, wurde mir bewusst, wie sehr meine Persönlichkeit von meiner Kindheit bis in die Gegenwart durch eine Vielzahl von Personen geprägt worden war – und zwar von weitaus wichtigeren Menschen als einem kanadischen Pilgerpaar. Ich dachte an meine Eltern, Lehrer, Freunde und Lebensgefährtinnen, an Vorgesetzte, Geschäftspartner und andere Weggefährten. Auf weiten Strecken war mein Leben den Jakobsmuscheln oder gelben Pfeilen gefolgt, die andere für mich ausgelegt hatten. War es nicht langsam Zeit, sich von diesen Verstrickungen zu lösen und sich auf sein wahres Ich zu besinnen? Wann, wenn nicht jetzt auf dem Jakobsweg?

Doch wenn ich mein wahres Ich zum Vorschein bringen wollte, musste ich mich fragen: Wer war ich überhaupt? Etwa ein Stalagmit, der von den jahrzehntelang auf ihn eintröpfelnden Meinungen und Ratschlägen seiner Mitmenschen geformt worden war? Wie konnte man diese Schichten ablegen – und vor allem: Was blieb danach übrig? Theoretisch mein wahres Ich, meine Urform. Aber worum handelte es sich dabei genau?

Dios mío, heute wandte ich mich aber den wirklich großen Themen der Menschheit zu. Auf die Frage, was von mir übrig bliebe, wenn man alle äußeren Einflüsse wegließe, fiel mir spontan ein einzelner Begriff mit vier Buchstaben ein. Aber diese These war so bizarr, dass ich noch etliche Kilometer laufen musste, um sie sacken zu lassen.

Ich beschloss, erst mal darüber nachzudenken, wie ich mich dem Zauberkünstler Houdini gleich aus den Verstrickungen meiner Vergangenheit entfesseln könnte. Zu Beginn hatte ich es mir noch einfach gemacht, indem ich meine alten Socken symbolisch von mir geworfen hatte. Es hatte ganz gut funktioniert, aber leider nicht immer.

Also würde ich noch einen Schritt weiter gehen müssen. Ich würde unglückliche Momente meines bisherigen Lebens nicht durch stures Festhalten an der Gegenwart verdrängen, sondern mich im Nachhinein mit ihnen arrangieren. Außerdem würde ich mich von den Urteilen über mich trennen müssen, die mir seit meiner Kindheit eingeimpft worden waren. Wie oft hatte ich in frühen Jahren, als ich mich rhetorisch noch kaum zu verteidigen wusste, Sätze gehört, die alle in etwa auf dasselbe hinausliefen: *Das kannst du nicht, du taugst zu nichts* und: *Aus dir wird nie etwas.*

In manchen Fällen hatten meine Richter wohl recht. Tatsächlich bin ich beispielsweise im technischen Bereich nicht besonders talentiert. Anderes kann ich dafür umso besser.

Ich musste dringend alte Denkmuster ablegen und manchen Personen verzeihen, von denen ich mich ungerecht behandelt fühlte. Und ich musste Jahre zurückliegende negative Schlüsselmomente positiv umwerten. Denn rückblickend hatte sich die »Katastrophe«

meist als Glücksfall erwiesen – oder zumindest als kleiner Wink des Schicksals in eine andere Richtung.

Mit Anfang zwanzig, als ich bereits vom Reisefieber infiziert war, hatte ich mich bei Lauda Air als Flugbegleiter beworben. Die Fluglinie flog nach Asien, Australien und Amerika. Ich hätte reisen können und wäre dafür sogar noch bezahlt worden. Mein damaliger Traumjob. Ich war einer von hundert Bewerbern gewesen und hatte in Wien einen Eignungstest absolvieren müssen. Am ersten Tag wurden achtzig Bewerber ausgesiebt. Ich war nicht dabei gewesen. Am zweiten Tag wurden von den verbliebenen zwanzig Jobanwärtern nur zehn genommen. Ich dachte, ich hätte meine Sache gut gemacht, aber ich zählte trotzdem nicht zu den zehn Glücklichen, die fortan in alle Welt fliegen durften und dafür auch noch Geld erhielten.

Damals war ich darüber todtraurig. Wenn ich heute von Flugbegleiterinnen mit aufgesetztem Lächeln bedient werde, das nur schwer ihre schlechte Laune kaschiert, muss ich daran denken, wie viel Glück ich damals hatte, dass ich nicht genommen wurde. Was hätte mein Leben für eine Wendung genommen, wenn ich damals diesen mies bezahlten Job bekommen hätte?

Ein anderes Beispiel war die spanische Immobilienkrise. Bis dahin hatte ich zusammen mit meinem Geschäftspartner Thomas aus Hamburg sehr gutes Geld verdient. Doch ohne die Immobilienkrise hätte ich niemals begonnen, Kriminalromane zu schreiben – was mir viel mehr Freude bereitet, als Häuser zu vermitteln. Auch mein Geschäftspartner und ehemaliger Mentor Thomas zählte zu den Personen, die mich die letzten Jahre geprägt hatten. Leider überdauerte unsere Partnerschaft die Immobilienkrise nicht, doch danach hatte ich mehr Zeit zum Schreiben, und erst durch den Ausstieg aus der gemeinsamen Firma konnte ich Projekte wie den Jakobsweg verwirklichen. Auch das hatte sich im Nachhinein als großer Glücksfall erwiesen, so wie vieles andere auch.

Mit dem guten Gefühl, dass mich jemand an den meisten Wegkreuzungen des Lebens in die richtige Richtung leitete, selbst wenn ich dafür manchmal einen Umweg in Kauf nehmen musste, betrat ich die Herberge Cuatro Cantones in Belorado. Wer dieser Jemand sein könnte, darüber wollte ich morgen nachdenken – denn Pilgerbruder Rainhard erwartete mich bereits mit einem Bier in der Hand. Leider musste ich ihn etwas vertrösten, denn ich hatte noch zu tun.

Ich suchte mir eine ruhige Ecke, riss einige leere Seiten aus meinem Tagebuch und notierte mir in der nächsten Stunde, was mich an meiner Vergangenheit belastete, warum es so war und wie ich mich damit arrangieren könnte. Manches war ganz einfach zu bewältigen, anderes wiederum saß tief – sehr tief, wie eine Frage meiner damals siebenjährigen Tochter Paula, die mich immer wieder einholte und traurig stimmte. Sie hatte mich gefragt, wie alt sie gewesen sei, als sich ihre Mutter und ich trennten. Ich sagte ihr, sie sei fünf Jahre alt gewesen. Daraufhin meinte sie mit Tränen in den Augen: »Dann hatte ich wenigstens fünf glückliche Jahre in meinem Leben.«

Während ich mir diesen Satz auf dem Zettel notierte, kullerten mir erneut die Tränen über die Wangen. Natürlich wollte ich meine Tochter glücklich sehen, andererseits konnte ich die dafür nötige Basis nicht mehr herstellen. Ich verstand mich zwar prächtig mit meiner Exfrau, aber wir würden nie mehr die glückliche Familie werden, die wir einmal gewesen waren. Bei einer anderen sehr emotional aufgeladenen Gelegenheit hatte mir meine Tochter anvertraut, dass sie sich genau das jedes Jahr vom Weihnachtsmann gewünscht habe, als sie noch an ihn geglaubt hatte. Ein weiteres Trauma, an dem ich bis heute zu knabbern hatte. Kleine Mädchen sollten sich zu Weihnachten Puppen wünschen, aber nicht eine glückliche Familie – denn die sollte selbstverständlich sein.

Aber war Paula nicht dennoch ein lebensfrohes glückliches Kind geworden? Zumindest machte sie auf mich und ihr Umfeld diesen Eindruck. Zugleich spielte sie ihre Rollen in der Theatergruppe sehr überzeugend. Ich beschloss, diesen Punkt der Vergangenheitsbewältigung sofort in Angriff zu nehmen, und wählte ihre Handynummer.

»Hola, Papi«, meldete sie sich nach einer Weile.

»Hola, cariño. Wie geht es dir?«

»Bien, gracias. Y tu?«

»Auch gut. Darf ich dich was fragen?«

Kurze Pause. »Das muss aber wichtig sein, wenn du mich das auf Spanisch fragst.«

Erwischt. In der Regel spreche ich Deutsch mit ihr. Sie versteht es hervorragend, spricht es aber nur ungern. Wenn ich jedoch sichergehen will, dass die Botschaft bei ihr wirklich ankommt, schwenke ich automatisch in ihre Muttersprache um.

»Hmm ... ich wollte dich fragen, wie es dir geht?«

»Das hast du mich doch gerade schon gefragt?«

»Nun, ich meinte eher, ob du ... na ja ... glücklich bist?«

Wieder eine kurze Pause. »Papi? Geht es *dir* gut?«

»Doch, schon, ich möchte aber wissen, ob du wirklich glücklich bist. Wegen ... na, du weißt schon, weil du mich damals gefragt hast, wie alt du warst, als deine Mami und ich uns getrennt haben ...«

»Wirklich? Daran kann ich mich gar nicht mehr erinnern.«

»Wie bitte? Da warst du immerhin sieben. Ich habe dir geantwortet, dass du bei unserer Trennung fünf Jahre alt gewesen bist. Daraufhin hast du gesagt, dann hättest du wenigstens fünf glückliche Jahre in deinem Leben gehabt.«

Es folgte eine weitere Pause, während der ich ins Handy schniefte. Ständig physisch und psychisch ans Limit zu gehen machte ein Sensibelchen wie mich noch sentimentaler.

»Daran erinnere ich mich gar nicht«, wiederholte sie.

Na so was. »Mich hat das damals sehr beschäftigt. Und das tut es bis heute. Also, bist du nun glücklich oder nicht?«

»Claro que sí, Papi. Muchísimo!«

»Ganz im Ernst? Und warum?«

»Weil ich einen wunderbaren Papi und eine tolle Mami habe,

auch wenn ihr beide nicht mehr zusammen seid. Es kann schon sein, dass ich das vor Jahren mal gesagt habe, aber damals war ich auch noch klein und habe das sicherlich nicht so gemeint. Mach dir also bitte keine Sorgen. Und jetzt erzähl mal – wie geht es am Camino voran? Hast du noch weit zu laufen?«

Ich quatschte noch eine ganze Weile mit meiner für ihr Alter schon ziemlich erwachsenen kleinen Tochter und machte währenddessen einen Haken hinter diesen sehr wichtigen Punkt auf der To-do-Liste meiner Vergangenheitsbewältigung.

13

Belorado – Agés

Heute Morgen kam die Erkenntnis des Tages schon kurz nach Verlassen der Herberge. Es gab zwei verschiedene Wege zur Auswahl, und ich musste mich für einen entscheiden. Der linke führte durch heftigen Regen, stürmischen Wind und Kälte fast stetig bergan und war dreißig Kilometer lang. Ohne Regenschutz würde ich nach kürzester Zeit durchnässt sein und mich womöglich erkälten oder könnte gar auf dem nassen Weg ausrutschen und mich verletzen. Die meisten Pilger folgten diesem Weg. Auch ich tat es, obwohl ich nicht die geringste Lust dazu verspürte.

Aber schon nach wenigen hundert Metern kehrte ich um. Denn es gab zum Glück noch einen anderen Weg – den rechten. Dort konnte man sich an einem Regenbogen erfreuen, nach dem reinigenden Niederschlag tief durchatmen, den Wind durch die Blätter rauschen hören, mächtige Gewitterwolken bestaunen und es genießen, gegen die widrigen Elemente anzukämpfen und trotzdem sein Ziel zu erreichen.

Die Wege waren auf der Landkarte komplett identisch. Nur in meinem Kopf gab es die beiden Alternativen – die eine, bei der man mit den Widrigkeiten haderte, und die andere, bei der man auf die Schönheit achtete, die sich hinter den Widrigkeiten verbarg. Ich entschied mich für den rechten Weg, deshalb erlebte ich – trotz Regen, Wind, Kälte und Nässe – einen wunderschönen Tag.

Ich freute mich über diese Erkenntnis, denn sie galt nicht nur auf einem kurzen Teilstück des Jakobswegs, sondern ließ sich auch auf viele andere Lebenssituationen übertragen. Um eine unangenehme Situation oder unliebsame Aufgabe zu meistern, würde ich künftig immer den rechten, schöneren Weg beschreiten, anstatt missmutig über den linken zu trampeln. Ich musste mir nur der Wahlmöglichkeit bewusst sein und den schöneren Weg im Kopf ausfindig machen.

Ein echter Lichtblick meiner heutigen Etappe war Julia, eine für ihr Alter schon sehr weise junge Dame aus Düsseldorf. Sie war Gärtnerin, pilgerte – wie die meisten Frauen – allein und hatte für den gesamten Jakobsweg nur zwei Einwegkameras mit je siebenundzwanzig Aufnahmen mitgenommen. Julia war nicht auf Facebook und hatte keinen Fernseher zu Hause. Es war zwar noch nicht lange her, dass ich darüber nachgedacht hatte, meinen Fernseher in den Keller zu verbannen, aber darüber wollte ich lieber noch mal schlafen. Außerdem war das Gerät so groß wie eine halbe Kinoleinwand, erst wenige Monate alt und viel zu teuer gewesen. Im Gespräch mit Julia begann ich diese Investition zu bereuen.

Wir unterhielten uns auch über unsere bisher schlimmsten Erfahrungen am Camino. Meine war das »Schnarchtrauma« in der Herberge von Pamplona und ihres der Beinahe-Einsatz ihres mitgeführten Pfeffersprays. Sie hatte sich von einem Kanadier verfolgt gefühlt. Der Typ war in schöner Regelmäßigkeit in ihrer Nähe aufgetaucht, hatte sie belästigt und durch ganze Städte hindurch gestalkt, bis sie sich ihm in einer dunklen Gasse mit der Sprühdose entgegengestellt hatte. Manchmal hatte es durchaus Vorteile, ein hundertfünfzehn Kilo schwerer, fast eins neunzig Meter großer Mann zu sein, dem allein dadurch solche Situationen erspart blieben.

Unsere Wege trennten sich wenig später, Julia sollte mir jedoch noch des Öfteren begegnen. Aber diese Zusammentreffen ergaben sich zum Glück so offensichtlich zufällig, dass sie mir gegenüber ihr Pfefferspray nicht zückte.

Am frühen Nachmittag verzogen sich die Wolken, und ein fantastischer Regenbogen kam zum Vorschein. Eigentlich wollte ich meinem Geist nach meiner bahnbrechenden Erkenntnis einen halben Ruhetag gönnen, aber dieses Wetterphänomen lud förmlich dazu ein, meine Gedanken vom Vortag wieder aufzunehmen. Ich hatte mich gefragt, was von mir übrig bliebe, wenn ich mich von sämtlichen Einflüssen, Konditionierungen und Erwartungen befreien könnte. Was war meine Urform? Wer war ich? Und vor allem: Wer war dieser Jemand, der mir an den entscheidenden Abzweigungen meines Lebens stets den rechten Weg gewiesen hatte?

Ein Thema, dessen nähere Betrachtung sich am Jakobsweg geradezu aufdrängte, war meine Beziehung zu Gott. Schließlich war der Weg gespickt mit imposanten Kirchen und Kathedralen und ich betrat jedes dieser Bauwerke, sofern es geöffnet hatte und keinen Eintritt kostete.

Mit Gott hielt ich es in etwa wie mit dem Weihnachtsmann als kleiner Junge oder mit dem Glauben an die wahre Liebe als Teenager: Irgendwann hatte ich die Hoffnung, dass es so etwas tatsächlich geben könnte, verloren. Dabei hätte ich liebend gerne an Gott geglaubt. Schließlich musste es ein beruhigendes Gefühl sein, immer und überall von einer höheren Macht beschützt zu werden – und das ganz ohne teure Versicherungsprämie. Wenn ich ehrlich zu mir war, gründete mein »Glaube« an Gott hauptsächlich auf der Furcht davor, *nicht* an ihn zu glauben. Denn im Religionsunterricht oder während der sonntäglichen Kirchenbesuche, zu denen ich kleiner Sünder meine Eltern im katholischen Tausend-Seelen-Dorf Plainfeld frisch gebadet, gekämmt und voller kindlicher Ehrfurcht begleiten musste, wurde sehr plastisch vor dem Unglauben gewarnt. Fegefeuer, Hölle und Schlimmeres wurden einem nur erspart, wenn man an den Heiland glaubte und brav seine zehn Gebote verfolgte. Ansonsten ... Gnade dir Gott!

Doch kaum war ich aus dem Konfirmationsanzug herausgewachsen, waren die höllischen Drohungen von Gottes ergebenen

Bodentruppen vergessen. Die zehn Gebote, und zwar insbesondere: »Du sollst nicht Unkeuschheit treiben« und: »Du sollst nicht begehren deines Nächsten Frau«, legte ich vor allem in meiner Jugend nicht unbedingt im Sinne des Klerus aus. Aber grundsätzlich wollte ich mich mit Gott – falls es ihn tatsächlich gab – lieber besser als schlechter stellen. Ein paar Bonuspunkte für ein etwaiges Leben nach dem Tod zu sammeln, könnte als Himmelfahrtsstrategie nicht schaden, fand ich. Aber allzu intensive Gedanken über Gott hatte ich mir noch nie gemacht, und mein letzter Kirchenbesuch war aus Anlass der Taufe meiner Tochter vor zwölf Jahren gewesen. Wie also stand es mit meinem Glauben an Gott? Und was war mit Jesus? Es war höchste Zeit für eine religiöse Inventur. Und der Camino war natürlich ein geeigneter Ort dafür.

In meinem Debütroman *Pata Negra* beantwortet die Protagonistin Joana die Frage, ob sie an Gott glaube, mit den folgenden Worten:

»Nein, schon gar nicht, seit ich meine gesamte Familie verloren habe. Außerdem führt Glaube oft zu Krieg und Not. Das war vor fünfhundert Jahren schon so, als wir Spanier in die neue Welt einfielen und die Indios folterten, bis sie an denselben Gott glaubten wie wir. Heute noch bekämpfen sich Menschen unter dem Deckmantel des Glaubens. Nur bezeichnet man das jetzt als Terrorismus und nicht mehr als Kreuzzug. Wozu also an etwas glauben? Aber«, wandte sie ein, *»ich denke schon, dass es eine Kraft gibt, die über Gut und Böse richtet, und ich bezweifle auch nicht, dass es diesen Jesus Christus damals wirklich gab. Nur denke ich, dass er so etwas wie ein Che Guevara war. Ein Revolutionär, den die katholische Kirche erst Jahrhunderte später mystifizierte, um ein Riesengeschäft damit zu machen.«*

Da es sich bei Joana um einen fiktiven Charakter handelt, habe natürlich ich als Autor ihr diese Worte in den Mund gelegt, aber der

Vergleich zwischen Jesus Christus und Che Guevara stammt nicht von mir, sondern von meiner Exfrau Virginia.

Nüchtern betrachtet konnte ich mich mit diesem Vergleich durchaus anfreunden. Beide wollten ihr Volk befreien und scheiterten daran. Sie wurden beide ermordet und sahen sich mit ihren Bärten sogar ähnlich. Dass es Jesus tatsächlich gegeben hatte, bezweifelte ich nicht – auch wenn ich seine vollbrachten Wunder eher als Symbole sah. Falls er tatsächlich Wasser in Wein verwandelt hatte, dann hätte ich gerne gewusst, wie das funktionierte. Vermutlich wollte er damit nur zeigen, wie man mit dem richtigen Willen etwas Einfaches und Alltägliches aufwerten und veredeln kann. Das gelang sogar mir manchmal, und zwar ganz ohne alchimistische Vorkenntnisse oder göttliche Fähigkeiten – und zwar meist in der Küche, wenn ich Avocados in Guacamole verwandelte. Und die vielen Menschen, die aus Erdbeeren Marmelade machen konnten, vollbrachten tagtäglich ähnliche Wunder. Nur würde davon in zweitausend Jahren niemand mehr sprechen.

Aber was war nun mit Gott? Diesem abstrakten Schöpfer, den noch kein Erdenbürger je zu Gesicht bekommen hatte? Die Bildersuche von Google zeigte in den allermeisten Fällen einen alten Mann mit langen gelockten grauen Haaren und Rauschebart, der in einem wallenden Umhang steckte und seine Hände gütig über die Menschheit ausstreckte.

Während ich unter dem schönsten Regenbogen mit den kräftigsten Farben saß, den ich je in meinem Leben gesehen hatte, wurde mir klar, dass ich ganz einfach nicht an einen grauhaarigen Mann im Himmel glauben wollte, der seine Schäfchen auf der Erde penibel kontrollierte und über deren Sünden Buch führte. Doch war ich deshalb gleich ein Atheist oder nur unzufrieden über die von der Kirche vermittelte Erscheinungsform Gottes? Für die Bischöfe mochte es über die Jahrhunderte durchaus hilfreich gewesen sein, den Sündern Angst einzujagen und ihnen Steuern abzunehmen, wenn man den Namen des obersten Chefs kannte und ihn mittels Heiligenstatuen visualisieren konnte.

Aber heutzutage? Was, wenn die biblische Vorhersage einträfe und Jesus tatsächlich zur Erde zurückkehrte? Würde er dann seine Lehren über Facebook und Twitter verkünden und damit einen Shitstorm nach dem anderen auslösen?

Woran also glaubte ich, wenn nicht an eine grauhaarige Gestalt namens Gott? Gute Frage. Eine Antwort darauf hatte ich bislang in keinem der eindrucksvollen Gotteshäuser entlang des Jakobswegs finden können. Ich fühlte mich in den monumentalen Kathedralen, die in Ortschaften von nur wenigen Tausend Einwohnern in jahrzehntelanger mühseliger Arbeit entstanden waren, Gott nicht näher als in diesem Augenblick – zwischen den Äckern der kargen Landschaft unter einem Regenbogen. Das bestätigte meine Glaubenstheorie, die zugegebenermaßen auf einem hohen Maß an Spekulation beruht und nur mein persönlicher Ansatz ist, mich mit dem Thema auseinanderzusetzen.

Das, was wir seit Urzeiten Gott nennen, befindet sich meiner Meinung nach nicht im Himmel – es ist längst auf Erden. Und auch hier nicht irgendwo in der Ferne oder auf einem anderen Kontinent, sondern ganz nah. *Es* hat keine Gestalt, *es* ist vielmehr eine namenlose Materie. *Es* ist bei mir – ja, es ist sogar *in* mir. Es ist das, was von dem Stalagmiten übrig bleibt, wenn man die jahrzehntelangen eintröpfelnden äußeren Einflüsse wegmeißelt und die Urform, das wahre Ich, wieder zum Vorschein kommt.

Ich stelle mir Gott als innere, erfüllende Kraft vor, als eine Art Organ, das man beim Röntgen nicht erkennen kann. Dieses Organ hat bereits einen Namen und jeder hat schon davon gehört. Es ist die Seele. Gott ist für mich identisch mit meiner Seele. God is my soul. Auch die alten Griechen sprachen von einem Gott im Inneren. Ihr Begriff dafür lautete Enthusiasmus. Verspüre ich also Enthusiasmus für etwas, ist es in Wahrheit Gott, der zu mir spricht.

Ich kann die Existenz der göttlichen Materie in mir sogar beweisen. Immerhin hat sie mir ungeahnte Kräfte verliehen, die es mir erlaubten, den Jakobsweg zu beschreiten. Sie verlieh mir auch die schöpferische Kraft, Wasser in Wein zu verwandeln, wenn ich an meine drei Romane denke, die auf blanken Papierbögen entstanden sind. Und ich bin sogar selbst eine Art Schöpfer, der neues Leben erschaffen kann, wenn ich an meine entzückende Tochter denke.

Wäre es angesichts all dessen nicht naheliegend, das, was wir seit Urzeiten Gott nennen, ganz einfach umzutaufen in Eduard, Brigitte, James, Roberta, Mustafa und wie auch immer wir alle heißen mögen? Unsere Seele ist göttlich, egal welcher Nationalität oder Glaubensrichtung wir sind und welche Bezeichnung wir dieser Kraft in uns geben. Demnach sind wir vom Wesen her alle gleich.

Mir ist klar, dass dies ein etwas eigenwilliger Ansatz ist, der für manches Kopfschütteln sorgen wird, aber würden wir alle so denken, gäbe es dann noch Gründe für Krieg, Terrorismus, Vertreibung und Leid auf der Erde? Wohl kaum. Sollte der liebe Gott doch auf einer Wolke oben im Himmel sitzen, dann hätte er all das bestimmt nicht gewollt. Nein, die mannigfaltigen Tragödien auf Erden haben wir selbst zu verantworten, weil wir uns unseres göttlichen Inneren nicht bewusst sind und beim Handeln uralten Dogmen folgen, die uns je nach Kulturkreis eingeimpft wurden und uns spalten, anstatt zu vereinen.

14

Agés – Burgos

Hatte ich mich am Vortag noch als göttlicher Pilgerbruder Eduard gefühlt, war heute schon wieder alles ganz anders. Der Jakobsweg kam mir allmählich wie ein launisches Meer vor – an einem Tag spülte mich die Welle auf ein emotionales Hoch, und am nächsten drückte sie mich unter Wasser. Und heute herrschte eindeutig ein Tiefdruckgebiet.

Auch das mit dem Wasser war nicht zu weit hergeholt. Es goss wie aus Kübeln, und natürlich war ich wieder der einzige Pilger weit und breit, der sich ohne Regenschutz auf die vierundzwanzig Kilometer lange Strecke nach Burgos machte. Ich versuchte mich an der gestrigen Übung, mich für den schönen Weg zu entscheiden, aber die wollte heute nicht klappen.

Nach vierzehn Kilometern neben einer vielbefahrenen Landstraße hatte ich dem Tag bislang nichts Positives abgewinnen können, außer, dass mich noch kein auf der nassen Fahrbahn ins Schleudern geratene Fahrzeug überfahren hatte, doch dafür blieben noch genügend Gelegenheiten.

Ich marschierte durch einen heruntergekommenen Vorort und ein Industrieviertel mit Autohäusern voller Autos, die ich mir nicht leisten konnte, Möbelhäusern voller Möbel, für die ich keinen Platz hatte, Fastfood-Restaurants, in denen ich als Vegetarier ohnehin nichts essen konnte, und einer Bank, deren Geldautomat gerade kein Geld hatte ausspucken wollen. Das war bei verbleibenden dreizehn Euro siebzig im Portemonnaie allerdings bedenklich. Ich versuchte mein Glück mit einem geringeren Betrag, aber der geizige Geldautomat ließ nicht mit sich verhandeln. *Buchungsvorgang abgebrochen. Wenden Sie sich bitte an Ihr Geldinstitut.* Das musste ein Irrtum sein. Ich versuchte es ein drittes Mal und bettelte um fünfzig Euro. Aber selbst die wollte er nicht ausgeben. Ich überlegte kurz, wie glaubwürdig man mit Wanderstöcken eine Bank überfallen könnte, aber bei meinem Glück in finanziellen Dingen war bestimmt die Filiale pleite. Ich steckte meine Karte wieder ein und schleppte mich weiter, was mir mit dem zusätzlichen Ballast an Sorgen schwerfiel.

Dass das Firmenkonto blank war, hatte ich mir ja schon ausgerechnet. Aber auf dem Privatkonto müssten doch noch ein paar hundert Euro Saldo sein, oder etwa nicht? Es war allerdings schon eine Weile her, seit ich das zum letzten Mal überprüft hatte. Der Lärm der Lkw, die keine zwei Meter entfernt vorbeidröhnten, und die Sorge, dass der Jakobsweg ausgerechnet am Geld scheitern könnte, vernichteten heute jede Pilgerstimmung.

Ich betrat eine Fernfahrerkneipe, um mich bei einem Tee aufzuwärmen. Im Fernseher dröhnte eine Promisendung, um die Theke hatte sich eine Traube gebildet, Servietten und Olivenkerne landeten am Boden. In einer Ecke stand ein Computer mit dem klebrigen Schmutz tausender Fingerkuppen an der Tastatur, die Buchstaben darunter waren kaum zu erkennen. Ich nahm meinen vollgesogenen Schlapphut ab und schaltete den Rechner ein, der den Eindruck vermittelte, er stünde seit den Zeiten des Kalten Krieges dort. Dann tat ich das, was ich schon lange vor mir herschob, weil ich ahnte, was dabei herauskommen würde: Ich loggte mich in meinen Alltag ein.

Das Rätsel meiner Geldkarte war rasch gelöst. Die spanische Sozialversicherung hatte eine seit März schuldig gebliebene Monatsrate nachgepfändet, das Finanzamt hatte Steuern abgebucht, mit deren Zahlung ich erst zu Jahresende gerechnet hatte, und zudem waren dreihundertvierzig Euro für Onlinemarketing meines Immobilienportfolios abgezogen worden. Aktueller Kontostand: dreiundvierzig Euro und achtundsechzig Cent. Na, immerhin. Das reichte noch für zwei Tage am Camino, dachte ich. Nur nicht den Galgenhumor verlieren. Aber ich hatte ja noch eine Kreditkarte aus Österreich, die halbwegs funktionieren müsste. Wie viel Geld ich damit noch abheben könnte, wusste ich nicht, weil ich die Zugangscodes für die Onlinebanking-Seite zu Hause vergessen hatte.

Ich fuhr mit meiner Selbstkasteiung fort. Im Mailserver befand sich ein Potpourri aus unerfreulichen Nachrichten, Mahnungen und Kundenanfragen, die ich von hier aus nicht bearbeiten konnte, und Problemen, die ich von hier aus nicht lösen konnte. Ich loggte mich in das Verlagsprogramm ein, dem ich den tagesaktuellen Absatz meiner Bücher entnehmen konnte, und erfuhr, dass sich meine Romane seit Wochen schlecht bis gar nicht verkauften. Wozu noch einen Jakobswegkrimi schreiben, wenn es ohnehin niemanden interessiert?, dachte ich verbittert.

Es reichte mir. Innerhalb von nur zwei Stunden war meine mühsam gewonnene innere Ruhe der letzten zwölf Tage komplett verpufft. Ich trat aus der Kneipe, als gerade ein Bus mit der Aufschrift »Burgos Centro« an der Haltestelle um die Ecke hielt. Drei Pilgerinnen wollten sich die letzten zehn Kilometer im Regen durch Industrieviertel und Vororte ersparen und stiegen ein. Wer konnte es ihnen verdenken. Aber für mich war das nichts, dachte ich, während ich die Straße überquerte. Ich war ein ehrlicher Pilger, der nicht abkürzte und keinen Kilometer mit dem Bus fuhr. Obwohl ...

Mitten auf der Straße blieb ich stehen und wandte mich um. Meine Reise war ohnehin vorbei. In Burgos musste ich mich auf den Heimweg machen. Ich konnte den Jakobsweg erst fortsetzen, wenn ich mehr Geld und weniger Probleme hatte. In dieser brenzligen Situation konnte ich unmöglich weiterpilgern und so tun, als wäre nichts gewesen. Was machte es also noch für einen Unterschied, die Reise *in* Burgos oder zehn Kilometer *vor* Burgos abzubrechen? Überhaupt keinen.

Ich rannte zum Bus und sprang hinein. Eine Pilgerin vor mir kramte in ihrer Geldbörse. Das war es also jetzt. Was für ein schäbiges Ende meiner Pilgerreise. In einem tristen Industrieviertel im strömenden Regen in den Bus zu steigen. Dabei war ich schon ziemlich weit gekommen, hatte viele Strapazen in Kauf genommen und zahlreiche Hochs und Tiefs überstanden – und mein Körper hatte sich tapfer geschlagen und hätte auch den Rest der Strecke locker geschafft.

Ich gab dem Busfahrer das Geld für die Fahrt ins Zentrum und setzte mich in die zweite Reihe. Die Türen schlossen sich, und der Bus setzte sich in Bewegung. Nun war es amtlich. Die Reise war vorbei. Ich würde den Camino von Burgos aus in ein oder zwei Jahren zu Ende gehen. Schließlich machten das viele, die ich auf dem Weg getroffen hatte.

Trotzdem war es nicht dasselbe. Meine Augen brannten. Was würden meine Pilgeramigos sagen, mit denen ich in der Herberge in Burgos verabredet war? Rainhard, Mats, Julia und all die anderen? Ich würde sie nicht wiedersehen, denn ich würde heute Nacht nicht in der Herberge schlafen, schließlich war ich ab sofort kein Pilger mehr.

Der Bus hielt an einer Haltestelle. Einige Einheimische stiegen ein. Ein älterer Spanier setzte sich auf den freien Platz neben mir und fragte mich, ob ich Pilger sei. Ich schämte mich meiner Tränen und wischte sie fort. »Sí«, antwortete ich. Bis eben war ich jedenfalls einer, fügte ich im Gedanken hinzu.

Der Bus fuhr wieder an. Der Mann neben mir sagte, er habe den Camino immer mal gehen wollen, habe es aber nie getan, und jetzt sei er zu alt dafür. Ich murmelte eine belanglose Antwort, starrte mit leerem Blick aus dem Fenster und hoffte, dass der Mann mich in Ruhe lassen würde. Ich wollte nicht länger über den Jakobsweg sprechen. Ich war gescheitert. Der Camino hatte mich so plötzlich und unerwartet abgeworfen wie ein Rodeopferd seinen Cowboy.

Dabei war ich gestern noch guter Dinge gewesen und hatte mit befreundeten Pilgern bis spätabends im Aufenthaltsraum gefeiert und dabei mit den anderen vereinbart, ein Gruppenselfie vor der Kathedrale von Santiago zu schießen. Niemals wäre mir in den Sinn gekommen, dass ich einen Tag später abbrechen würde.

Wieder kamen mir die Tränen. Der Bus hielt an der nächsten Haltestelle. Und plötzlich wusste ich, was ich zu tun hatte.

»Lassen Sie mich raus. Rápido, por favor!«, drängte ich den Spanier. Ich zwängte mich an ihm und den zugestiegenen Fahrgästen vorbei. Die Türen schlossen sich bereits. Ich rief dem Fahrer zu, dass ich dringend aussteigen müsse.

»Wollten Sie nicht bis ins Zentrum fahren?«, fragte er.

»Eine Planänderung«, erklärte ich und sprang auf die Straße.

So durfte es nicht enden. Wegen der paar Probleme durfte ich nicht das Handtuch werfen. Penibel, wie ich mit der Regelauslegung nun mal war, lief ich die Strecke in entgegengesetzter Richtung zurück bis zu dem Punkt, an dem ich vor der Fernfahrerkneipe in den Bus gestiegen war. Dort machte ich auf dem Absatz kehrt und ging wieder zurück in die Richtung, aus der ich eben gekommen war.

Nun war ich wieder offiziell auf dem Jakobsweg und hatte keinen Meter abgekürzt. Nach einer Viertelstunde Auszeit war ich wieder Pilgerbruder Eduard. Während ich zum zweiten Mal durch die trostlose Vorstadt kam, versuchte ich mein Pilger-Blackout zu analysieren. Mein innerer Dämon hatte – unter Zuhilfenahme von Kälte und Nässe, der tristen Etappe, dem streikenden Geldautomaten, dem besorgniserregenden virtuellen Ausflug in meinen Alltag zu Hause und dem zufällig vorbeikommenden Bus – seine gesamte Kraft gebündelt und mir einen wuchtigen Schlag in den Solarplexus verpasst.

Während einer Wanderung durch malerische Landschaften ohne Banken oder Internetcafés am Wegesrand wäre mir niemals die Idee gekommen, aus heiterem Himmel abzubrechen – selbst bei bewölktem und regnerischem Himmel nicht. Wieder einmal war es mein Kopf gewesen, der mich in Versuchung gebracht hatte. Mein Körper schmerzte zwar bei längeren Etappen, aber er ertrug alle Strapazen, ohne zu meckern. Niemals hätten meine Füße das Zepter in die Hand genommen und mich zur Haltestelle geführt. Ich konnte auf jeden meiner Körperteile vertrauen, und sie gehorchten mir aufs Wort – zumindest jene, in denen ein Knochen steckte. Leider war das bei meinem Verstand nicht so. Er hatte mich vorhin wie eine Marionette in den Bus steigen lassen – und schon wieder war die Diskussion in meinem Kopf in vollem Gang.

Mein innerer Dämon hielt mir eine Standpauke: »Wieso zum Teufel bist du wieder aus dem Bus gestiegen? Du bist doch lange genug durch die Pampa gewandert. Jetzt lass mal gut sein und sieh zu, dass du nach Hause kommst und dich dort um deine Probleme kümmerst. Ansonsten kannst du in Santiago gleich vom Kirchturm springen.«

Aber in den letzten Tagen hatte mein wahres Ich eine breite Brust bekommen und antwortete rotzfrech: »Das kannst du getrost vergessen, Amigo. Ich werde den Weg zu Ende gehen, schließlich ist das die Reise meines Lebens – wenn auch nicht gerade die komfortabelste. Und was deine Probleme anbelangt, dann schätz dich lieber glücklich, dass du nur so überschaubare Probleme hast. Du hast wohl länger keine Nachrichten gesehen? Und noch etwas sollst du wissen: Du wirst zwar einige Probleme lösen können, wenn du jetzt das Pilgerhandtuch wirfst, aber es werden neue nachkommen. Denn das tun sie immer – und zwar bei jedem Einzelnen von uns. Also pilgern wir jetzt schön weiter und versuchen dabei zu lernen, wie wir besser mit Problemen, Ängsten und Sorgen umgehen können. Das wird dir langfristig mehr helfen, als den Camino abzubrechen, um kurzfristig einige Problemchen aus der Welt zu schaffen. Capito?«

Damit ließ sich mein Dämon nicht wirklich besänftigen, denn er versuchte mich mit weiteren Argumenten zum Abbruch der Reise zu bewegen, aber ich kappte die Verbindung zu ihm.

Zwei Stunden später erreichte ich die Stadt Burgos. Die Sonne brach hervor und trocknete meine Kleidung. Ich stand erneut vor einem Geldautomaten. Diesmal steckte ich meine österreichische Kreditkarte in den Schlitz, gab den Code ein und antwortete auf die Frage nach dem Betrag selbstbewusst mit dreihundert Euro. Es ratterte eine Weile im Inneren des Geldautomaten, dann spuckte das Ding meine Karte aus und kurz darauf die gewünschte Summe. Ich fühlte mich, als hätte ich eben im Lotto gewonnen. Damit waren die nächsten zehn bis zwölf Tage gesichert. Da würde ich mich bereits im letzten Drittel des Camino befinden, und das würde ich auch noch irgendwie überstehen.

Mit diesem guten Gefühl begab ich mich auf die Suche nach einer Unterkunft.

»Und danach, du verdammter Idiot, kommt die galicische Sintflut, oder was?«, warf mein innerer Dämon ein.

»Ach, halt einfach deine Klappe!«, konterte ich im Geiste und betrat die riesige Herberge, keinen Steinwurf von der Kathedrale entfernt. Ich zahlte fünf Euro für die Nacht und erhielt einen Bon für das Bett Nummer dreihundertachtundsechzig im dritten Stockwerk.

Der Schlafsaal war in Kabinen zu je acht Betten unterteilt. Meine teilte ich mir mit einem französischen Ehepaar, drei bereits angeheiterten Ungarn, einer zierlichen Koreanerin und einer rothaarigen Norwegerin. Keinen von ihnen hatte ich bislang am Jakobsweg getroffen. Je weiter man sich Santiago näherte, desto überlaufener wurde der Camino. Bestimmt waren in Burgos eine Menge Pilger »zugestiegen«. Die hundertfünfzehn Betten dieser Pilgerburg schienen jedenfalls allesamt belegt zu sein. Auch bei meinem Erkundungsgang durch die anderen Schlafsäle und den Aufenthaltsraum bekam ich kaum bekannte Gesichter zu sehen.

Beim Rundgang durch die Stadt hingegen stieß ich schon nach dreihundert Metern auf Pilgerbruder Rainhard. Er war natürlich schon vor vier Stunden in der Stadt eingetroffen, der alte Streber. Zusammen besichtigten wir die eindrucksvolle Kathedrale, danach begegnete ich zufällig meinen Amigos Julia aus Deutschland und Peter und Ludwig aus Ungarn. Mit ihnen zusammen ging es zum Abendessen. Wie üblich hatten wir eine Menge Spaß, und es wurde über vieles gequatscht – nur eines verschwieg ich ihnen: dass ich heute um ein Haar gescheitert wäre.

Nach einigen Gläsern Wein malte ich mir aus, wie traurig es gewesen wäre, nun in einem Nachtbus nach Hause zu sitzen. Zum Glück hatte ich gerade noch rechtzeitig die Pilgerkurve gekratzt.

15

Burgos – Hontanas

Am Vorabend hatten wir die Öffnungszeiten der Herberge bis zur letzten Minute ausgenutzt und waren erst Punkt zehn Uhr durch die sich schließenden Türen geschlüpft. In meinem Abteil schliefen alle schon friedlich. Auch ich wollte mich bald hinlegen, doch davor musste ich noch meine obligatorische Statusmeldung bei Facebook einstellen. Viel gab es an diesem Tag nicht zu berichten, und gegenüber meiner Facebook-Gemeinde würde ich meinen schwachen Moment und die kurze Busfahrt lieber unter den Tisch fallen lassen.

Der Austausch auf Facebook mit Freunden und Fans hatte in den letzten Tagen stetig zugenommen. Mittlerweile nahm er einen großen Teil meiner Freizeit am Camino in Anspruch. Das Verfassen des Berichts wäre am Laptop in einer halben Stunde erledigt gewesen, aber mit dem Smartphone konnte das schon mal zwei Stunden oder länger in Anspruch nehmen. Trotzdem lernte ich diese neue Form des Schreibens zu schätzen. Bislang hatte ich jeweils anderthalb Jahre lang an meinen Krimis geschrieben, und das einzige Feedback währenddessen war das Miauen meines verfressenen Katers gewesen, wenn er Hunger hatte. Der direkte Austausch mit den Leserinnen und Lesern bedeutete für mich Neuland und bereitete mir große Freude.

Aber das Ganze baute auch einen enormen Druck auf. Mittlerweile verfolgten einige Hundert, wenn nicht Tausende von Usern meinen täglichen Reisebericht, den ich mit Handyfotos aufmotzte. Ähnlich wie bei einem Journalisten einer Tageszeitung bedeutete es allerdings auch, täglich einen brauchbaren Text abzuliefern, was ich als Romanautor nicht gewohnt war. Übermüdet und nach einigen Gläsern Wein war das spätabends oft ein wenig mühselig. Manchmal fragte ich mich, ob es richtig war, mein Jakobswegprojekt im Internet breitzutreten. Denn hätte niemand davon gewusst, wäre die moralische Hemmschwelle, sich klammheimlich vom Pilgeracker zu machen, sehr viel niedriger gewesen. Ja, vielleicht wäre ich ohne meine Facebook-Gemeinde sogar im Bus sitzen geblieben. Denn viele, die meine täglichen Hochs und Tiefs verfolgten und mit mir bangten, aber trotz allem an mich glaubten, wären sicherlich enttäuscht gewesen, wenn sie hätten lesen müssen, dass ich die Pilgerreise urplötzlich abgebrochen hatte. Zum Glück war mir diese Internetschmach erspart geblieben, dachte ich, als ich gegen ein Uhr morgens den Blogeintrag der zwölften Etappe endlich fertig hatte und mein Handy abschaltete.

Am nächsten Morgen war ich bereits vor sieben Uhr am Camino, der mich erst mal aus der Stadt Burgos hinausführte. Die Gewitterwolken am Jakobsweg hatten sich verzogen und die in meinem Kopf ebenso. Es stand eine Etappe von über dreißig Kilometern an, und ich war guter Dinge. Die Australierin Melissa bat mich, sich mir anschließen zu dürfen. Sie hatte Angst, sich im Dunkeln zu verlaufen, zumal der Weg innerhalb der Stadt nicht gut ausgeschildert war. Natürlich erklärte ich mich dazu bereit und drosselte mein Tempo. Melissa erzählte mir, dass sie den Tod ihres Mannes zu verkraften habe. Im Wartezimmer beim Zahnarzt war sie durch einen Artikel in einer Frauenzeitschrift auf den Camino aufmerksam geworden. Sie war so angetan davon gewesen, dass sie ihren erwachsenen Söhnen davon erzählt hatte, und die wiederum hatten sie so lange bedrängt, bis sie sich tatsächlich auf den Weg nach Spanien machte.

Wir marschierten eine Stunde gemeinsam, bis wir die Stadt hinter uns gelassen hatten und es hell geworden war. Ab jetzt konnte man sich unmöglich verlaufen. Der Weg führte mitten hinein in die kargen Steppen von Kastilien-León. Eines der Länder, die ich bislang nicht bereist hatte, war die Mongolei. Die Bilder, die ich von diesem fernen Land im Kopf hatte, deckten sich in etwa mit der Landschaft, die sich nun endlos vor mir ausbreitete.

Hier hielt sich die Infrastruktur in Grenzen. In einem staubigen Kaff fuhr ein Lieferwagen hupend die einzige Straße entlang und hielt neben dem Dorfbrunnen. Frauen in Morgenmänteln strömten aus kleinen Steinhäusern und bildeten eine Schlange vor dem Fahrzeug, das sich als mobiler Supermarkt herausstellte. Ich kaufte zwei Bananen, weil mein Guide ab Rabé de las Calzadas den Beginn der berüchtigten Meseta ankündigte. Dabei handelte es sich um eine nur spärlich besiedelte schattenlose Hochebene ohne jegliche Vegetation. Gefürchtet war die Gegend laut meinem Wanderführer und der Meinung einiger Mitpilger wegen der monotonen Landschaft, die für viele eine psychische Herausforderung darstellte. Manche ließen dieses Teilstück des Jakobswegs aus und klinkten sich erst in León wieder ein.

Ich sah das ganz anders. Hier gab es keine Geldautomaten, Internetcafés und Bushaltestellen, die mich erneut aus der Spur hätten werfen können. Die Meseta bot die perfekte Kulisse, um mich von der geistig strapaziösen Etappe des Vortags zu erholen. Ich versuchte meine Gedanken der Gegend anzupassen und sprichwörtlich an *nichts* zu denken – mir im Kopf meine eigene Meseta zu erschaffen.

Das klappte natürlich keine hundert Schritte, und schon tanzten die Gedanken in meinem Kopf wieder Hip-Hop. Wenn ich sie schon nicht abstellen konnte, wollte ich sie zumindest in geordnete Bahnen leiten.

Nach meinem gestrigen Pilgerblackout war ich heute wieder fest entschlossen, den Weg bis Santiago zu gehen. Nur ein größeres Unglück würde mich davon abhalten – wie etwa ein Sturz aus dem Stockbett, der mir gestern Nacht beinahe gelungen wäre. Noch dazu ohne viel Pilgerdiesel. Ich hatte nachts zur Toilette gemusst und vergessen, dass mir, nach einigen Nächten im unteren Teil, diesmal der obere Teil des Stockbetts zugeteilt worden war.

Ein bisschen stolz war ich darauf, dass ich täglich sechs bis neun Stunden marschiert war und mein Körper bislang gut durchgehalten hatte, mal abgesehen von einer winzigen Blase an der rechten Ferse. Ich war zwar müde, aber es war diese angenehme Müdigkeit, die man verspürte, nachdem man Großes geleistet hatte. Doch der sportliche Aspekt war längst nebensächlich geworden, es zählten vielmehr die Dinge, die ich am Jakobsweg schon gelernt hatte.

Da noch ein paar Stunden Zeit bis zu meinem heutigen Etappenziel blieben, der Zweihundert-Einwohner-Metropole Hontanas, beschloss ich, meiner Liste eine weitere wichtige Einsicht hinzufügen, aber meine einzige Erkenntnis blieb, dass eine solche sich nicht auf Knopfdruck einstellte.

Während einer Rast traf ich erneut auf Melissa, mit der ich morgens im Dunkeln durch die Stadt Burgos marschiert war. Ich wechselte ein paar nette Worte mit ihr, danach ging jeder allein weiter. Mittlerweile war ich der Ansicht, dass am Camino nichts zufällig geschah. Auch die Begegnung mit Melissa hatte bestimmt irgendeine tiefere Bedeutung für mich oder sollte mir zumindest einen Denkanstoß für die fehlenden zehn Kilometer in der Einöde geben.

Melissa hatte sich mir heute Morgen angeschlossen, weil sie Sorge hatte, sich im Dunkeln zu verlaufen. Natürlich kannte ich mich in Burgos nicht besser aus als sie, aber zumindest sprach ich Spanisch und konnte die Einheimischen im Zweifelsfall nach dem Weg fragen.

Während man am Camino an fast jeder Ecke entweder an einer Jakobsmuschel oder an einem gelben Pfeil vorbeikam, die einem den richtigen Weg wiesen, war das wirkliche Leben meist nicht besonders gut ausgeschildert. Manchmal schlug man den falschen Weg ein, ein anderes Mal den Richtigen, manchmal wurde man von seinen Mitmenschen in die falsche Richtung gelotst, und viel zu oft ging man achtlos an einem Wegweiser vorbei und bemerkte erst viel später, dass man sich an einer wichtigen Abzweigung befunden hatte und es für eine Umkehr längst zu spät war.

Am Camino sahen die Wegweiser im Prinzip alle gleich aus. Sie waren zwar mal etwas größer, mal ein wenig verwittert, mal etwas versteckt, aber es war immer dieselbe Muschel und der gleiche gelbe Pfeil. Wie aber erkannte man einen Wegweiser im Alltag? Welche Hinweisschilder bot einem das Leben? Ich beschloss, für den Rest der heutigen Etappe darüber nachzudenken, an welchen klar erkennbaren oder auch unscheinbaren und verwitterten Wegkreuzungen ich in meinem bisherigen Leben vorbeigewandert war. Welche hatte ich übersehen oder bewusst ignoriert?

Je mehr ich darüber nachgrübelte, desto faszinierender fand ich die Jakobsmuscheln, die meine Biografie beeinflusst und mich dazu gebracht hatten, den Jakobsweg zu wandern, anstatt gerade in einem namenlosen Büro in Salzburg zu arbeiten – so wie es meine Ausbildung vorgesehen hätte. Wo genau war ich von meinem vorgezeichneten Weg abgekommen?

Manches wird schon durch die Geburt vorherbestimmt, und die war bei mir ein großer Glücksfall: Ich wurde in eine typische Mittelstandsfamilie hineingeboren, die in einem schönen Haus im Grünen vor den Toren Salzburgs wohnte. Meine Eltern waren weder Alkoholiker noch verdroschen sie mich regelmäßig – wenn man mal von der Ohrfeige absah, die mir meine Mutter verpasste, als sie mich nach meinem Dreiradausflug wohlbehalten wiedersah. Ich hatte also eine schöne, behütete Kindheit. In jungen Jahren betrachtete man diese glücklichen Umstände als Normalität und weiß sie erst in späteren Jahren zu schätzen, weil es ja viel schlimmer hätte kommen können. Zum Glück hatte meine geliebte Mutter mit ihrem Suizid so lange gewartet, bis ihre beiden Söhne, zumindest auf dem Papier, halbwegs erwachsen waren – was den Verlust allerdings nicht weniger schmerzhaft machte.

Seine Familie kann man sich nicht aussuchen, seine Freunde schon, heißt es. In meinem Fall waren mir die meisten meiner bis heute besten Freunde von einer Schulbehörde zugewiesen worden. Vom zehnten bis zum vierzehnten Lebensjahr hatten wir an der Hauptschule im Nachbarort Hof bei Salzburg die Schulbank geteilt. Anstatt uns danach aus den Augen zu verlieren, machten wir später die Bars von Salzburg und die Landdiskos der näheren Umgebung unsicher. Wir trafen uns beinahe jeden Freitagabend bei Fritz und seinen überaus gastfreundlichen Eltern und drehten das Wochenende über mit den Mopeds unseren eigenen Roadmovie.

Ich teilte die Zeit des Erwachsenwerdens mit meinen Freunden – von der ersten Liebe und dem ersten Liebeskummer über das erste selbstverdiente Geld bis zu den ersten Urlauben ohne Eltern. Erst im Lauf der Jahre wurde mir die Kostbarkeit dieser Freundschaften bewusst, die bis in die Gegenwart gehalten haben, denn nach mittlerweile drei Jahrzehnten treffen wir uns auch heute noch regelmäßig – trotz unterschiedlicher Wohnorte, familiärer Situationen und beruflicher Wege.

Dass mein erster Kriminalroman *Pata Negra* überhaupt erst in einem kleinen Verlag publiziert werden konnte, habe ich ebenfalls meinen Freunden zu verdanken. Die Veröffentlichung wäre nur mit tausend vorbestellten Exemplaren möglich gewesen – so lautete der Deal mit meinem damaligen Verleger, alles andere wäre ihm zu riskant gewesen. Also kauften meine Freunde, zusammen mit zahlreichen Bekannten und Verwandten, zu meiner Unterstützung die ersten tausend Exemplare kurzerhand selbst, was bei einem Ladenpreis von sechzehn Euro neunzig für die Erstausgabe einen nicht unbeträchtlichen finanziellen Aufwand darstellte.

Zählte ich zu meinen acht Schulfreunden noch eine Handvoll Menschen hinzu, die ich erst in Spanien kennengelernt hatte, kam ich auf über zehn wirklich gute Kumpels. Ein einzigartiges Privileg. Denn wie leicht konnte man, gerade in seiner labilen Jugendzeit, mit den falschen Freunden auf die schiefe Bahn geraten? Wenn ich meiner Tochter eines wünsche, dann, dass sie mit der Wahl ihres Freundeskreises ein ebensolches Glück hat wie ihr Vater.

Meine Freunde hatten mich in meiner Jugend und als jungen Erwachsenen in der Spur gehalten. Sie selbst blieben auf ihrer einmal eingeschlagenen beruflichen Laufbahn und waren in ihrem Metier größtenteils erfolgreich – einer von ihnen als Mitbegründer einer internationalen Softwareschmiede mit hunderten Angestellten und ein anderer mit einem eigenen Schmucklabel.

Nur ich war aus dem Rahmen getanzt und hatte mit Anfang zwanzig eine Karriere als Lebenskünstler gestartet. Von innen sieht schließlich jedes Hamsterrad wie eine Karriereleiter aus, lautete mein Credo. Damals ahnte ich bereits, dass es für mich ein Irrweg gewesen wäre, in Österreich zu bleiben und an meiner Karriereleiter zu basteln. Und befand man sich erst einmal auf dem falschen Weg, war es nicht sonderlich hilfreich, schnell voranzukommen.

Aber an welcher Stelle hatte sich die Muschel befunden, die mich vor zweieinhalb Jahrzehnten auf meinen ganz eigenen Weg geführt hatte?, fragte ich mich inmitten der brütend heißen Meseta. Mir wurde klar, dass es sich um einen dieser banalen Wegweiser gehandelt hatte, die man in der Regel selbst mit einer Lupe nicht als solchen erkannt hätte. Letztlich hatte nämlich eine, wenn man so will, gemeinsam mit einem Mann verbrachte Nacht mein Leben in ganz andere Bahnen gelenkt.

Während meiner Zeit im Bundesheer, die damals noch verpflichtend gewesen war (leider, denn ich hatte mit diesem militärischen Gedöns nichts am Hut), musste ich eines Nachts bei einer Heeresübung Wache schieben. Da man mir die verantwortungsvolle Aufgabe, vor einem leeren baufälligen Munitionsdepot zu patrouillieren, nicht alleine zugetraut hatte, war mir ein Kamerad zugewiesen worden. Der Typ war mir auf Anhieb sympathisch gewesen, schließlich hatten wir über denselben Kampfgeist für das Vaterland verfügt und waren fast augenblicklich eingeschlafen.

Ich musste damals schon geschnarcht haben, denn es dauerte nicht lange, bis jemand auf uns aufmerksam wurde und uns unsanft weckte. Zum Glück war Österreich keine Militärdiktatur, aber der Mann mit den wichtigen Sternen am Kragen seiner Uniform sah aus, als würde er sich genau das wünschen, damit er uns auf der Stelle standrechtlich erschießen könnte. Er warnte uns, kein weiteres Mal einzuschlafen, ansonsten würden wir an sämtlichen bis zur Ausmusterung verbleibenden Wochenenden Ausgangsverbot erhalten und stattdessen die Waschräume und Toiletten der Kompanie säubern. Das zog. Wir versprachen, das imaginäre Munitionsdepot fortan wie die Kronjuwelen zu bewachen, salutierten eifrig und unterdrückten ein Gähnen. Ohne Unterstützung durch die damals noch nicht erfundenen Energydrinks mussten wir die gesamte Nacht über wachbleiben. Wir taten dies, indem wir uns über Reisen unterhielten.

Bis dato hatten sich meine Trips auf solch exotische Destinationen wie die vier Autostunden entfernte nördliche Adria, Kroatien und die Partyinsel Ios in Griechenland beschränkt. Aber, verkündete ich meinem Wachkumpan, nach der Wehrzeit würde ich nach Australien reisen!

Mein Kamerad wohnte mit seinen Eltern in bester Lage mitten in der Stadt Salzburg und wäre bei der Aufzählung meiner spannenden Urlaubsziele beinahe erneut eingeschlafen. Er war definitiv weltgewandter und weitgereister als ich. In Australien war er bereits gewesen, ebenso in Südostasien – und per Interrail überall in Europa sowieso. Die USA fand er geil. Aber das Beste, meinte er, das absolute Nonplusultra, das unübertroffene Highlight aller seiner bisherigen Reisen sei Venezuela gewesen.

Langsam wurde mir der Typ ziemlich unsympathisch. Immerhin hatte ich eine geladene Waffe dabei. Wenn auch nur mit Platzpatronen. Blöder angeberischer Schnösel, dachte ich, damals noch nicht resistent gegen Neid und Missgunst, und tastete im Dunkeln nach dem Hebel zum Durchladen.

Doch meine Neugierde war geweckt, und ich fragte meinen Kameraden, was ihn an Venezuela so fasziniert habe. Und so hielt er mich bis zum Morgengrauen mit detaillierten Schilderungen seiner Erlebnisse wach, die sich wie folgt zusammenfassen ließen:

In Venezuela waren die Strände so weiß wie Papier.
Ein Bier in Venezuela kostete nicht mal fünf Schilling.
Und die Frauen dort waren der absolute Hammer!
Forget about Australia, sagte ich mir bei der Wachablösung am frühen Morgen. Ich muss nach Venezuela, und zwar pronto! Aber sprechen die dort nicht Spanisch?

Während ich mich die letzten verbleibenden Kilometer durch die Meseta schleppte, wurde mir bewusst, dass diese belanglose Unterhaltung mit meinem Wachkameraden die Jakobsmuschel war, die meinen Lebensweg am meisten beeinflusst hatte – denn kurz nach dem Ende meines Wehrdienstes saß ich im Flugzeug nach Caracas.

Und danach war nichts mehr wie vorher.

Ich war Anfang zwanzig und konnte kaum ein Wort Spanisch. Meine erste Konversation auf Spanisch fand am Flughafen von Caracas statt, als ich einen Taxifahrer etwa folgende Frage stellte: »Sie wollen mich sehr billiges Pension empfehlen zu Caracas?« Daraufhin nickte der Mann wortlos und chauffierte mich mitten hinein in die Slums von Caracas. Dort war es erst mal etwas anders, als mein Bundesheerkamerad mir vorgeschwärmt hatte. Meine ersten Sprachkenntnisse eignete ich mir in den Spelunken beim Billardspielen mit zahnlosen Einheimischen an.

Nach drei Wochen Caracas hatte ich immerhin schon zwei Raubüberfälle überstanden. Ich kaufte mir für vierhundert Dollar einen amerikanischen Dodge Dart, dessen Verkaufsschild ich an einer roten Ampel bemerkte. Der Kauf per Handschlag erfolgte schneller, als die Ampel auf Grün schaltete. Über Zulassungspapiere oder ähnliches verfügte der Schlitten natürlich nicht. Wahrscheinlich war er geklaut, aber das war mir egal, denn ich wollte damit das Land erobern. Leider blieb der Wagen nach nur zweihundert Kilometern mitten in einer Regenwaldpiste liegen.

Per Anhalter gelangte ich in den Fährhafen von Puerto La Cruz, wo ich auf einen Mann namens Jesus stieß. Jesus sprach gut Englisch, besaß angeblich Anteile an einer Goldmine und lud mich in seine schicke Wohnung auf die Partyinsel Margarita ein. Natürlich war ich sofort begeistert von meinem neuen Amigo. Nachdem man mich im heruntergekommensten Stadtteil von Caracas ständig hatte abzocken wollen, hatte ich endlich jemanden kennengelernt, der es gut mit mir meinte. Zumindest dachte ich das damals in meiner noch grenzenlosen Naivität und spendierte Jesus einige Drinks auf der Fähre. In Margarita angekommen, fuhren wir allerdings nicht zu seinem Apartment, sondern zu einer Dame, die uns einen Schlüssel aushändigte. Seine Wohnung sei nämlich gerade vermietet, erzählte er, deshalb müsse er für einige Zeit in eine andere ausweichen. Er gab ihr ein paar kleine Scheinchen von der lokalen Währung, während ich einige Hundertdollarscheine beisteuern musste, angeblich als Kaution, die ich selbstverständlich bald zurückbekäme.

Hinterher stellte sich heraus, dass nicht er *mich* in seine Wohnung einlud, er besaß nämlich keine, sondern ich *ihn* in meinem Apartment schlafen ließ, weil schließlich *ich* für sechs Monate im Voraus die Miete bezahlt hatte. Jesus' Sympathiewerte sanken rapide. Aber immerhin verfügte ich nun über eine Wohnung, die auf Dauer billiger war als ein Hotelzimmer.

Störender war die Tatsache, dass mein Apartment kurz nach unserem Einzug von einer Horde Prostituierter frequentiert wurde, die allesamt nicht so aussahen wie die Frauen, von denen mir mein Kamerad vorgeschwärmt hatte. Die Damen besuchten Jesus in schöner Regelmäßigkeit und wechselten auch mit mir ein paar spanische Brocken, die ich langsam zu verstehen begann. Anschließend verschwanden sie mit meinem Mitbewohner – im Badezimmer wohlgemerkt und nicht im Schlafzimmer. Auch einige bizarre männliche Gestalten, angeblich Geschäftspartner, kamen regelmäßig vorbei.

Erst als ich Tage später das Badezimmer auf der Suche nach einer neuen Zahnpastatube genauer inspizierte, ging mir auf, dass die Prostituierten nicht etwa ihren Service feilboten, sondern umgekehrt Jesus' Dienste in Anspruch nahmen. Im Badezimmer befand sich mehr Kokain als Waschpulver in einer Wäscherei. Mir wurde die Nummer zu heiß. Bei einer Razzia würde ich als potenzieller Komplize gleich mit in den Knast wandern.

Ich stellte Jesus zur Rede und verlangte meine Kaution zurück, um so schnell wie möglich auszuziehen. Doch mein Mitbewohner meinte, die Kaution könne mir nur die Dame zurückgeben, die uns den Schlüssel ausgehändigt hatte. Und die sei letzte Woche verstorben.

Ich kramte in meinem bescheidenen Sprachschatz sämtliche spanische Schimpfwörter hervor, die ich in den letzten sechs Wochen von Slumbewohnern, Nutten und Drogenabhängigen gelernt hatte, und warf sie Jesus an den Kopf. Dann musst du mir eben die Kaution zurückgeben, rief ich, aber er lachte mich aus und erklärte, er habe kein Geld, weil es momentan leider ein Problem mit seiner Goldmine gebe. Na klar.

Ich packte gerade meine Sachen, als jemand gegen die Tür pochte. Jesus lugte durch den Spion und flüsterte mir etwas zu, das ich nicht verstand. Dann entriegelte er die Tür, und drei uniformierte Polizisten traten ein. Es dauerte ein paar Sekunden, ehe mir die volle Tragweite ihres Besuchs bewusst wurde: Drei schwerbewaffnete Polizisten betraten *mein* Apartment, wo in *meinem* Badezimmer kiloweise Kokain versteckt lag. Nie zuvor hatte ich solche Angst verspürt. Ich hoffte, sie hätten mich nicht bemerkt, und verzog mich in mein Zimmer. Die Wohnung lag in der vierten Etage. Ich öffnete das Fenster und blickte hinab. Verdammter Mist. Es gab keine Feuerleiter, über die ich wie in einem amerikanischen B-Movie hätte flüchten können. Schlotternd vor Angst harrte ich der Dinge und sah mich bereits in einem venezolanischen Knast alt werden. Ich lauschte an der Tür, verstand aber kaum etwas. Die Stimmen der Polizisten klangen allerdings nicht sonderlich autoritär. Es wurde sogar gelacht. Vorsichtig zog ich den altmodischen Schlüssel aus dem Loch und lugte hindurch. Jetzt verstand ich.

Zwei Polizisten rieben sich die Nase, während der Dritte Jesus ein paar Geldscheine überreichte. Dann verabschiedeten sie sich.

Ich wartete, bis mein Herzschlag sich normalisiert hatte und die Luft rein war. Dann schnappte ich meinen Rucksack und machte mich auf die Suche nach einem kompletten Neustart in diesem Land, das in fast allen Punkten komplett anders war als meine österreichische Heimat.

Nach und nach verbesserten sich meine Spanischkenntnisse. Anstatt der geplanten drei Monate blieb ich ein volles Jahr und bereiste währenddessen sämtliche Länder Lateinamerikas. Da ich kaum Geld besaß, trampte ich oder fuhr mit dem Bus. Ich ernährte mich an Straßenständen von Empanadas, Hotdogs oder Arepas, den leckeren gefüllten Maisfladen. An Palmenstränden oder in der Wildnis schlief ich in meiner Hängematte, und in den Städten übernachtete ich in billigen Pensionen oder bei jungen Damen, die mir manchmal bereitwillig Unterkunft gewährten.

Mit den vielfältigen Eindrücken und Abenteuern meiner einjährigen Reise zwischen Anden, Amazonas, Atlantik- und Pazifikküste, Salzwüsten, Regenwäldern, alten Inkastätten und modernen Metropolen könnte ich drei dicke Romane füllen. Sie hatten meinen Horizont so nachhaltig erweitert, dass ich mich bei meiner Rückkehr in mein Heimatdorf Plainfeld ebenso verloren fühlte wie ein Jahr zuvor bei meiner Ankunft in der Millionenstadt Caracas.

»Wo bleibst du denn so lange?«, fragte Pilgerbruder Rainhard und holte mich in die Gegenwart zurück. Der agile Zweiundsiebzigjährige war wie immer Stunden vor mir in der Herberge angekommen. Vor dem Eingang saß er zusammen mit drei Engländerinnen seines Alters und trank ein großes Bier, das mir nach der langen Etappe durch die staubig heiße Meseta so vorkam, als hätte es die Farbe von purem Gold. Ich verschob Check-in, Duschen, Wäschewaschen und den Facebook-Bericht auf unbestimmte Zeit und gesellte mich zu der lustigen Seniorentruppe.

16

Hontanas – Boadilla del Camino

Am nächsten Morgen ging es ausnahmsweise im Gleichschritt mit Pilgerbruder Rainhard los. Mittlerweile hatten wir uns arrangiert. Er respektierte meinen Wunsch, meist alleine zu laufen, aber wir besprachen Etappenziele, Herbergswahl und andere Angelegenheiten gemeinsam, schließlich war er zu meinem primären Ansprechpartner am Weg geworden. Ich profitierte von der Erfahrung des bald mehrfachen Jakobswegbezwingers. Im Gegenzug fungierte ich als sein Dolmetscher und sorgte für Abendunterhaltung und reichlich Nachschub an Pilgerdiesel. Ein Vorteil für mich war, dass ich mir um die Unterkunft keine Sorgen zu machen brauchte, weil er immer lange vor mir in der Herberge war und dort ein Bett für mich mit reservierte. Freie Betten konnten vor allem im Hochsommer ein Problem werden. Zum Glück jedoch war der Weg im Oktober nicht so überlaufen, und ich konnte mir in der zweiten Tageshälfte ruhig Zeit lassen.

Zunächst ging es jedoch in Rainhards strammem Tempo durch die Meseta. Wir passierten ein verfallenes Kloster und liefen durch den Ort Castrojeriz, wo ich im Supermarkt meinen Proviant um Brot, Käse und Rotwein aufstockte. Heute wollte ich nicht in einer Bar am Wegesrand rasten, sondern mir einen schönen Platz zum Picknicken suchen. Drei Kilometer hinter der Ortschaft erreichten wir einen Tafelberg, vor dem Rainhard mir schon seit zwei Tagen Angst machen wollte. Der Anstieg war zwar steil, aber nicht sehr lang, und so ein Hindernis juckte mich definitiv nicht mehr. Wir stiegen den Berg so zügig hoch, dass wir zwei Mountainbiker überholten. Oben angekommen bot sich uns ein spektakulärer Rundblick über die Meseta. Die Landschaft war in ihrer Monotonie schon wieder pittoresk. Die Fernsicht reichte bis zum Kantabrischen Gebirge im Norden. Nach dem Abstieg lief Rainhard vorneweg, während ich es etwas gemächlicher angehen ließ. Gut die Hälfte der heutigen Achtundzwanzig-Kilometer-Etappe lag hinter mir, und es war noch nicht mal elf Uhr vormittags. Also kein Grund zur Eile.

Ich schlenderte so langsam, dass mich sogar Peter aus Ungarn überholte. Der Zweimetermann schritt normalerweise ziemlich bedächtig durch die Gegend. Vielleicht wurden seine Schritte neuerdings von seiner Begleitung beflügelt. Seit Tagen sah ich ihn und Julia aus Düsseldorf zusammen marschieren. Dabei hatte mir Pfefferspray-Julia nach ein paar Kilometern gemeinsamen Wanderns verraten, dass auch sie am liebsten alleine laufe. Ich vermutete, dass sich da eine Pilgerromanze anbahnte, aber ich wollte mich nicht um Caminoklatsch kümmern, sondern die gestrigen Gedanken über die wichtigsten Wegweiser in meinem Leben fortsetzen.

Ohne meinen Kameraden im österreichischen Bundesheer wäre ich nicht für ein Jahr nach Lateinamerika gelangt, wo ich eine neue Kultur und Sprache kennengelernt hatte, selbstständiger, weltoffener und schlichtweg erwachsen geworden war. Zugleich hatte sich mein Blick auf meine alte Heimat völlig verändert. Nach meiner Rückkehr aus Südamerika hatte ich erst gedacht, meine alten Weggefährten hätten sich zwischenzeitlich verändert, bis mir klar wurde, dass ich es war, der sich verändert hatte.

Ich schrieb unzählige Bewerbungen an heimische Firmen, die eine Zweigniederlassung in Südamerika unterhielten, bekam aber nur Absagen, in denen es hieß, dass die jeweilige Dependance vor Ort die Personalentscheidungen treffe. Dabei wollte ich schnellstens zurück nach Venezuela. Ich hatte es jemandem versprochen. Sie hieß Elizabeth, war für mich das schönste Mädchen der Welt und meine ganz große Liebe. Ich hatte ihr versichert, ich würde spätestens in drei Monaten zurück in ihren Armen sein. Wollte ich mein Versprechen halten, blieben mir noch zwei Wochen. Doch ohne Job und Geld hatte ich keine Möglichkeiten, Elizabeth wiederzusehen.

Mein erstes Liebesdrama nahm seinen Lauf. Leider war ich zu jener Zeit im Umgang mit Herzschmerz noch nicht so routiniert wie in diesen Tagen, in denen ich eine geplatzte Hochzeit runterschluckte wie einen Liter Bier nach einer sengend heißen Dreißig-Kilometer-Etappe.

Damals war mir nichts anderes übriggeblieben, als eine Arbeit in Österreich anzunehmen. Jeff, ein Freund meines Vaters aus demselben Wohnort, hatte mich in seiner Firma eingestellt, die Kindergärten mit Möbeln und Spielzeug ausstattete. Ich gab mein Bestes, besuchte Fortbildungen und Seminare und machte viele Überstunden, die ich mir nicht ausbezahlen ließ. Nach anderthalb Jahren hatte ich genug Zeitausgleich gesammelt, um in Kombination mit dem angesparten Urlaub vier Monate lang reisen zu können. Ich kaufte mir ein Round-the-world-Ticket und klapperte im Zeitraffermodus Thailand, Malaysia, Hongkong, China, Singapur, Taiwan, Australien, Neuseeland, Tonga, Western Samoa, Hawaii und Los Angeles ab. Nur nach Venezuela verschlug es mich nicht mehr. Ein Jahr nach meiner Rückkehr hatte ich einen Brief von Elizabeth erhalten, in dem stand, dass sie nicht länger auf mich warten werde und nun mit einem Deutschen ausgehe.

Anstatt lange zu hadern, handelte ich mir im südpazifischen Paradies von Western Samoa gleich mein nächstes Liebesdrama ein – und stieß auf eine verlockende Jakobsmuschel, der ich liebend gerne gefolgt wäre.

Mein Reiseplan hatte einen einwöchigen Aufenthalt auf Western Samoa vorgesehen, ich hatte aber keine Ahnung, wo auf der Insel ich diese Zeit verbringen sollte. Die Hauptstadt Apia schien mir nicht besonders einladend, aber in meinem Reiseführer stand etwas von einem neu erbauten Guest House direkt an einem traumhaften Strand im Südosten der damals touristisch noch kaum erschlossenen Insel. Das klang gut. Am Busbahnhof in Apia fragte ich mich zum entsprechenden Bus durch, was nicht einfach war, weil kaum jemand Englisch sprach und noch niemand von diesem Urlaubsparadies gehört hatte. Schließlich führte mich ein Einheimischer wild gestikulierend zu einem Bus, der anscheinend gerade losfahren wollte. Ich stieg ein und hielt dem Chauffeur mein Buch unter die Nase, woraufhin dieser etwas auf Samoanisch sagte und dabei nickte. Ich zuckte mit den Achseln, fügte mich meinem Schicksal und suchte mir einen Platz, was in dieser Arche Noah nicht einfach war. Die Zahl der Tiere im Bus überwog die der Menschen. Hühner, Papageie, Schweine und anderes Kleinvieh bedachten mich, den blonden blauäugigen Exoten aus der Fremde, mit argwöhnischen Blicken. Ich glotzte ebenso skeptisch zurück.

Die Fahrt führte über eine Stunde durchs Hinterland und über ein Vulkangebirge auf die Südseite der Insel. Die Richtung stimmte also. Als wir auf der anderen Seite an einem Dorf hielten, in dem die meisten Frauen mitsamt ihren Tieren ausstiegen, begann der Fahrer eine lebhafte Diskussion mit mir. Ich verstand kein Wort, nahm aber an, dass ich ebenfalls aussteigen sollte, denn sein Finger zeigte erst auf mich und dann auf die Bustür. Dabei lag das Guest House laut Reiseführer viel weiter im Südosten der Insel.

Ich blieb stur und weigerte mich auszusteigen, schließlich konnte hier noch nicht Endstation sein. Drei Frauen, ein Dutzend Hühner in Käfigen, drei niedliche Schweinchen und ein Papagei, der ständig etwas kreischte, das verdächtig nach »Fuck you!« klang, warteten ebenfalls auf die Weiterfahrt. Der Busfahrer stieß einen samoanischen Wortschwall aus, bei dem es sich nur um einen Fluch handeln konnte, und setzte sein qualmendes Gefährt in Bewegung – allerdings nicht in Richtung Südosten, sondern in den Südwesten der Insel.

Die letzten Seiten des Reiseführers widmeten sich der Landessprache. Dort fand ich die Übersetzungen für *Stopp, Falsch, Hilfe, Zurück* und schrie meinen ersten samoanischen Satz durch den Bus. Der Fahrer blickte kurz in den blinden Rückspiegel und ignorierte mich dann ebenso wie den Papagei auf der Lehne des Vordersitzes, der sich schon seit der Abfahrt fürchterlich aufregte – wahrscheinlich über das fehlende Bordcatering. Es half nichts. Ich würde beim nächsten Halt aussteigen und den Bus in die entgegengesetzte Richtung nehmen müssen.

Allerdings schien mir hier das öffentliche Verkehrsnetz nicht so gut ausgebaut zu sein wie in meiner Heimat. Genaugenommen hatte ich seit der Abfahrt an der Bushaltestelle in Apia in dieser dünn besiedelten Gegend noch keinen anderen Bus und auch kaum ein Auto gesehen. Ich blieb also besser bis zur Endstation sitzen und fuhr dann mit demselben Bus wieder zurück. Bei den Salzburger Verkehrsbetrieben machte ich das schließlich genauso, wenn ich meine Haltestelle verpennt hatte. Die verlorene Zeit verbuchte ich als preiswerte Inselrundfahrt.

Nach einer weiteren Stunde holpriger Fahrt entlang zerklüfteter Vulkanausläufer und menschenleeren Stränden hielt der Bus endlich an. Die Schotterpiste endete vor einer Felsenklippe. Ich hatte seit dem letzten Halt keine Anzeichen von Zivilisation gesehen. Auch hier schien das nicht anders zu sein, außer dass ein paar nackte Kinder um den Bus tanzten. Die drei verbliebenen Samoanerinnen packten ihr Kleinvieh und stiegen aus. Der Busfahrer warf mir einen letzten wütenden Blick zu und ließ mich alleine zurück. Ich blieb sitzen. Irgendwann musste der Bus ja wieder zurückfahren, dachte ich.

Lächelnd winkte ich nach draußen, wo Kinder herumsprangen und Grimassen schnitten. Die Erwachsenen waren nur mit Lendenschurz bekleidet und trugen die typischen polynesischen Maori-Tattoos. Sie wiesen mit dem Finger auf mich und beratschlagten wohl, was sie mit mir anfangen sollten. Beängstigende Bilder von einem Feuer und einem riesigen Kochtopf erschienen vor meinem inneren Auge.

Nach einer Weile stieg eine junge Frau in den Bus. Ich musste sofort an den Film *Meuterei auf der Bounty* denken. Sie trug eine Blume im langen schwarzen Haar, hatte ein buntes Tuch um den Körper gewickelt, und ihr Lächeln strahlte wie ein Sonnenaufgang in der Südsee. Stiegen nun die ersten Passagiere ein, die zurück nach Apia fahren wollten? Die exotische Schönheit kam auf mich zu und fragte mich auf Englisch, was ich hier wolle. Ich erklärte Miss Bounty das geografische Missverständnis und fragte sie, wann der Bus wieder nach Apia zurückfuhr. »In one week«, lautete ihre Antwort. Ich muss sie völlig perplex angestarrt haben, denn sie erklärte mir nun, dass der Chauffeur ihr Onkel und gar kein richtiger Busfahrer sei. Er fuhr nur jeweils samstags die Frauen zum Markt in die Hauptstadt und brachte sie anschließend von dort wieder zurück. Bis zum nächsten Samstag würde der Bus hier parken. Ein Blick durch das Fenster sagte mir, dass ich die junge Dame erst gar nicht nach der Taxizentrale fragen musste.

Überhaupt war ich noch nie so fernab jeglicher Zivilisation gewesen. Etwas landeinwärts befand sich auf einem Stück gerodeten Regenwalds eine kreisförmig angelegte Siedlung mit einem Dutzend ovaler Hütten. Die Größte davon stand in der Mitte. Die Behausungen bestanden aus einem Holzfundament mit acht Pfosten, die ein Dach aus Bambusrohr stützten. Da es weder Wände noch Türen gab, konnte ich hineinsehen. Drinnen fand sich kein einziges Möbelstück, nur Strohmatten lagen am Boden verstreut.

Ansonsten wies in diesem »Dorf« nichts darauf hin, dass sich die Menschheit seit geraumer Zeit in der industriellen Revolution befand: kein Strom, keine Fahrzeuge oder technischen Geräte, keine Plastik- oder Glasflaschen, Coladosen, Besteck oder Geschirr, kein Laden, keine Bar und natürlich auch kein Hotel. Der rostige Bus schien so deplatziert wie ein abgestürztes Raumschiff. Das fortschrittlichste Utensil war eine Machete, die ein muskelbepackter Samoaner bei sich trug.

Ich stieg aus dem Bus und hockte mich an den Strand. Umringt von einer Schar Kinder, mit denen ich kein Wort sprechen konnte, fühlte ich mich wie eine Zirkusattraktion. Die einzige Option wäre, den langen Weg zurückzulaufen. Doch daran verschwendete ich – über zwanzig Jahre, bevor ich hunderte Kilometer pilgern sollte – bei den tropischen Temperaturen keinen zweiten Gedanken.

Die exotische Perle erklärte mir nach einer Weile, dass sich das Dorf besprochen habe und ich bleiben dürfe, bis am nächsten Samstag der Bus zurück nach Apia fuhr. Ja, aber …? Wie stellten die sich das vor? Wo sollte ich schlafen? Was sollte ich essen, wenn es kein Restaurant gab? Mangels Alternativen blätterte ich zum Ende meines Reiseführers und sagte zum Dank: »Fa'afetei.«

Ich erntete ein freudiges Gejohle und stellte mich mit dem samoanischen Zungenbrecher »O lo'u igoa 'o Eduard« vor. Ab sofort war ich für eine Woche lang Mitbürger dieser südpazifischen Steinzeitkommune. Der Dorfvorsteher erwies mir die Ehre und lud mich zum Schlafen in seine Hütte ein. Er war zugleich der Vater der englischsprachigen Schönheit. Sie übersetzte für mich und verriet mir, dass sie ebenfalls dort schlief – zusammen mit Vater und Mutter, Großvater und Großmutter, einer Schwester, drei Brüdern, zwei Schwägerinnen und fünf Neffen. »And a handsome Austrian«, fügte sie lächelnd hinzu.

Meine Schritte verlangsamten sich vor Wehmut. Rückblickend waren das die wunderbarsten sieben Tage meines Lebens gewesen. Würde mir am Camino eine Fee über den Weg laufen, die mir erlaubte, nur eine einzige Woche erneut zu durchleben, würde ich die in Samoa wählen. Es wurde Zeit für eine Rast, aber die wollte ich nicht in einer lauten Kneipe im nächsten Ort verbringen, sondern dabei weiter meinen exotischen Gedanken nachhängen.

An einer römischen Steinbrücke stieg ich zum träge fließenden Bachlauf hinunter. Es war zwar nicht die Südsee, aber für die Meseta ein ziemlich idyllischer Ort. Ich zog Schuhe und Socken aus, trank einen Schluck Wein, legte mich auf das Feld und setzte meine Zeitreise fort.

Damals in Western Samoa hatte ich einige Zungenbrecher aus meinem Reiseführer auswendig gelernt. Die Kinder hatten sich bei jedem meiner Worte in ihrer Sprache vor Lachen geschüttelt. Sie hatten mir gezeigt, wie man auf Palmen kletterte, um Kokosnüsse zu ernten, denn nichts anderes gab es dort zu trinken. Oder wie man mit primitivsten Mitteln angelte. Zu essen gab es Fisch oder Huhn mit Brotfrucht oder Kochbananen. Getreide, Reis und Nudeln gab es ebenso wenig wie Essbesteck. Gespeist wurde im Kreis der gesamten Gemeinde, man aß mit den Fingern aus Holzschalen. Ich schlief die erste Nacht in der Hütte inmitten der Großfamilie, aber die erwiesene Gastfreundschaft war mir unangenehm, deshalb verlegte ich mein Quartier für den Rest des Aufenthalts an den Strand. Tagsüber wich die Tochter des Dorfvorstehers nicht von meiner Seite, und ab der dritten Nacht kam sie mich am Strand besuchen, wenn ihre Familie schlief.

Unter einem Sternenhimmel, wie man ihn in unserer Hemisphäre kaum zu sehen bekommt, und einem Vollmond, der durch die Palmenwedel auf den Strand schien, genossen wir die romantische Zweisamkeit, die es am Tag nicht gab, weil ständig eine Horde Kinder um uns herumschwirrte. Ich fühlte mich längst wie ein Meuterer der Bounty, der alles zurücklassen würde, wenn er im Paradies bleiben konnte. Aber sie tat etwas Verbotenes. Sie dürfe nicht alleine hier bei mir sein, sagte sie immer wieder, konnte sich aber doch nicht von mir trennen und blieb meist bis zum Morgengrauen. Erst in unserer letzten Nacht liebten wir uns, allerdings kam es dabei nicht zum Äußersten. Die Tradition ihres Stammes sah vor, einen Mann aus ihrem Kulturkreis zu heiraten und ihn unbefleckt zu empfangen. In jener Nacht versuchte ich sie zu überreden, mit dieser Tradition zu brechen, und machte mit zweiundzwanzig Jahren meinen ersten Heiratsantrag, wenn auch etwas improvisiert. Aber es half nichts. Der Preis wäre zu hoch gewesen. Ihre Familie hätte sie verstoßen und bis zum Lebensende geächtet.

Am nächsten Morgen stieg ich in den Bus. Das gesamte Dorf kam, um mich zu verabschieden. Die Kinder hängten mir eine Blumenkette um. Nur sie kam nicht zu meiner Verabschiedung. Ihre Tränen hätten sie wohl verraten. Auch meine Tränen flossen reichlich, als ich aus diesem Paradies vertrieben wurde, weil ich an der verbotenen Frucht geknabbert hatte. »Tofa«, stammelte ich. Auf Wiedersehen. Dabei wusste ich genau, dass es zu einem Wiedersehen nicht kommen würde.

Hätte die exotische Schönheit, an deren unaussprechlichen Namen ich mich nicht mehr erinnern konnte, damals »'ioe« gesagt, was Ja bedeutete, wäre ich womöglich der Liebe wegen an einem Ort gestrandet, wo es keinen Strom gab, man seine Morgentoilette im Regenwald erledigte, ausschließlich Kokosnussmilch trank und sich im Pazifik wusch.

Eine nicht unbedeutende Jakobsmuschel am Rand meines Lebenswegs, dachte ich an meinem Rastplatz neben der römischen Brücke. Gesetzt den Fall, ich wäre in Western Samoa geblieben – was wäre aus mir geworden? Ein glücklicherer Mensch? Ich bezweifelte es. Bald schon wäre das Paradies zur Normalität geworden, und ich hätte fernab jeglicher Zivilisation die wunderbaren Erfahrungen meiner nächsten beiden Lebensjahrzehnte nicht gemacht und jede Menge wichtiger Wegweiser versäumt.

Zurück am Flughafen in Apia, wo ich damals auf den Weiterflug nach Honolulu wartete, traf ich erneut auf Peter aus Hannover, auf den ich schon in Auckland getroffen war. Er hatte ebenfalls einen einwöchigen Aufenthalt auf Samoa hinter sich. Ich hatte ihn bei unserer Ankunft gefragt, ob er mit mir zusammen auf die Südseite der Insel fahren wolle. Aber er hatte vorgezogen, in einem schicken Hotel in der Hauptstadt zu bleiben. Nach dieser Woche fragte ich ihn, wie er die Insel fand. »Der schlimmste Ort meiner gesamten Reise«, erklärte er empört. Das Essen im Hotel sei schrecklich, die Stadt laut und verdreckt, und am Marktplatz war ihm die Brieftasche geklaut worden.

Ein kleines Eiland und zwei komplett unterschiedliche Meinungen, dachte ich, während ich am Bachlauf saß, einen Schluck Wein trank und ein Käsebrot aß. Ich wurde oft gefragt, welches der Länder, die ich bereist hatte, mir am besten gefiel. Meine Antwort lautete: Die Länder waren meist Nebensache und dienten nur als Kulisse für das wirklich Entscheidende – für meine Erfahrungen und Erlebnisse im jeweiligen Land. Das galt auch für den Camino.

Nicht wenige, mit denen ich in den Pyrenäen losgelaufen war, schliefen längst wieder in ihren heimischen Betten – vom Jakobsweg abgekommen durch schlechte Erfahrungen oder überzogene Erwartungshaltungen.

Ich beendete meine Rast und machte mich an die letzten Kilometer nach Boadilla del Camino. Dabei stellte ich mir die Frage, was für mich konkret den Reiz des Jakobswegs ausmachte. Die tolle Landschaft? Nun ja, es war schon eine reizvolle, abwechslungsreiche Gegend – wenn man mal von der Meseta absah. Aber mal ganz ehrlich: Durch die Salzburger oder Tiroler Alpenregionen zu wandern wäre wesentlich schöner. Auch das Essen wäre um kulinarische Welten besser als die pampigen Pilgermenüs aus billigsten Zutaten. Und heimische Pensionen waren Luxushotels verglichen mit den Pilgerherbergen. Was also gefiel mir so sehr am Camino?

Die Antwort war simpel: Weil er ein Abenteuer darstellte und ich Abenteuer liebte. Allerdings waren für mich Abenteuer und Komfort unvereinbar. Meine schönsten Erlebnisse hatte ich sicherlich nicht in Fünf-Sterne-Hotels, sondern in Hängematten, Zelten und auf Isomatten unter dem Sternenhimmel – und natürlich auch in Fünf-Euro-Herbergen entlang des Camino. Hätte ich ein größeres Budget zur Verfügung, würde in vorausgebuchten komfortablen Hotels übernachten und mir den Rucksack per Camino-Trans nachsenden lassen, wäre der Weg für mich nicht länger ein Abenteuer und hätte seinen Reiz verloren.

Was machte ihn für mich außerdem zu einem einzigartigen Erlebnis? Dass ich aufmerksam auf das Hintergrundrauschen meiner Gedanken lauschen konnte. Manchmal kamen sie so still wie die Umgebung, oder aber sie strömten schrill wie eine sechsspurige Pekinger Stadtautobahn dahin. Meine konfusen Gedanken erstmals in geordneten Bahnen fließen zu lassen, bedeutete meine bislang größte innere Errungenschaft am Camino. Dagegen verblasste selbst die sportliche Leistung, bald die Hälfte des Camino ohne größere Blessuren an den Füßen zurückgelegt zu haben.

Angesichts der Flüchtlingskrise, die in diesen Tagen und Wochen die Nachrichten aus meiner Heimat beherrschte, wurde mir an der Grenze zwischen den beiden Provinzen Burgos und Palencia bewusst, was für mich den größten Reiz des Camino ausmachte. Ich hatte das Glück, eine Vielzahl von Menschen kennenlernen zu dürfen – aus mehr als zwanzig Ländern aller Kontinente, verschiedenen Glaubensrichtungen und aus allen sozialen Schichten. Die Bandbreite reichte von Tom, einem Schotten, der sich die Reise damit finanzierte, auf Hauptplätzen größerer Städte einen Handstand zu machen und gleichzeitig Mundharmonika zu spielen, bis zu einem reichen spanischen Fabrikanten, der drei Villen in Marbella besaß. Und alle aßen am Abend dasselbe Pilgermenü, schliefen im gleichen Schlafsaal und schnarchten in derselben Sprache. Kurz: Der Jakobsweg war der mir bis dato einzig bekannte Ort, an dem *alle* gleich waren, alle demselben Weg folgten und alle dieselben Entbehrungen und Mühen auf sich nahmen.

Beim Überschreiten der Grenze zwischen den beiden Provinzen wurde mir bewusst, dass es für mich unerträglich gewesen wäre, wenn dort ein Stacheldrahtzaun gestanden und man nur manche von uns durchgelassen hätte …

17

Boadilla del Camino – Carrión de los Condes

Der gestrige Abend war in fröhlicher Runde ausgeklungen. Ich hatte mich jedoch mit dem Pilgerdiesel zurückgehalten und bis sieben Uhr morgens durchgeschlafen, weshalb ich mich fit und voller Tatendrang fühlte. Als Etappenziel hatten Pilgerbruder Rainhard und ich Carrión de los Condes vereinbart, das mir mit einer Strecke von siebenundzwanzig Kilometern fast zu nah erschien. Ich hatte zu Beginn des Camino auf den Rat des Schweden Mats gehört, es gemütlich anzugehen, aber mittlerweile war mein Körper das viele Wandern gewohnt, und ich konnte ihm locker Etappen von über dreißig Kilometern zutrauen. Aber wozu eigentlich?

Ich startete noch vor sieben Uhr morgens ohne Frühstück, denn das gedachte ich im sechs Kilometer entfernten Ort Frómista zu mir zu nehmen. Die ersten Kilometer führten an einem Kanal entlang, der im Reiseführer als Meisterwerk der Baukunst des 18. Jahrhunderts gepriesen wurde und ursprünglich als Transportweg gedacht war. Nun diente er als Bewässerung der sogenannten Tierra de Campos. Nebelfelder lagen über den Äckern, Dunst waberte auf dem Kanalwasser, zu hören waren nur die eigenen Schritte und das Zirpen der Vögel. Die Luft war kalt und rein. Ich machte viele Fotos vom Sonnenaufgang und ging langsam und ehrfürchtig vor Glück.

Schließlich erreichte ich Frómista, das immerhin so groß war, dass der Supermarkt zwei verschiedene Pastasaucen zur Auswahl hatte. Statt wie geplant im Ort zu frühstücken, kaufte ich Proviant für ein Picknick und trank einen Tee in der örtlichen Kneipe. Wie üblich lief der Fernseher so laut, dass man sich ihm nicht entziehen konnte. Eine Nachrichtensendung. Ein junges Mädchen war ermordet worden. Verstörte Eltern. Schockierte Nachbarn. Tatmotiv. Tatverdächtiger. Gerichtsverhandlung. Mir kamen die Tränen. Ich konnte die Bilder nicht ertragen und trank den Tee draußen in der Kälte aus. Adiós, friedliche Stimmung.

Der weitere Weg führte über Kilometer neben einer Hauptstraße entlang. In meinem Guide wurde dieser Abschnitt als »Pilgerautobahn« bezeichnet. Die Bilder aus dem Fernseher verfolgten mich noch immer. Es würde mir schwerfallen, meinen Facebook-Amigos irgendwelche neuen Einsichten zu präsentieren. Schließlich lagen sie nicht am Weg verstreut wie Herbstlaub. Nach achtzehn weiteren Kilometern gab es zwei Möglichkeiten: entweder weiter an der Pilgerautobahn entlangzulaufen oder einem Bachlauf durch herbstliche Wälder zu folgen und dafür einen Umweg in Kauf zu nehmen.

Nach einem kurzen inneren Disput entschied ich mich für die schönere Strecke. Dort war ich alleine unterwegs, weil Pilger eher ihre Blasenpflaster verspeisen, als Extrakilometer zu laufen. Zur Mittagszeit kletterte ich die Böschung zum Bach hinab, breitete mein Handtuch aus und holte mein Picknick aus dem Rucksack. Während ich aß, starrte ich auf das klare Wasser und fragte mich, ob die Entscheidung zwischen zwei verschiedenen Wegen, die beide gleichermaßen ans Ziel führten, für mich wohl eine tiefere Einsicht bereithielt als nur den banalen Schluss, dass der längere Weg manchmal der schönere ist. Aber ich kam nicht darauf. Ich machte ein Nickerchen und las in einem mitgeführten Buch, ehe ich nach zwei Stunden Rast weitermarschierte.

Der Waldweg mündete wieder in die Pilgerautobahn und folgte ihr für neun Kilometer durch endlose Ackerflächen. Der Rhythmus meiner Schritte und das Klackern meiner Gehstöcke hatten etwas Meditatives. Meine Gedanken wurden leicht und hoben ab. Ich sah einige Dinge aus der Distanz, und plötzlich kam eine Erkenntnis.

Ich blieb so abrupt stehen, dass mir von hinten beinahe eine Koreanerin in den Airbag gelaufen wäre. In Frómista hatte ich, ohne es zu wissen, an einer Weggabelung gestanden, und eine überdimensionale Muschel hatte mich in eine völlig neue Richtung gewiesen, doch ich war achtlos daran vorbeigelaufen. Diesmal war es um meinen Weg als Schriftsteller gegangen, und erst jetzt, einige Zeit später, wurde mir klar, was da eigentlich passiert war.

Das Ganze hatte etwas mit dem Mord an dem jungen Mädchen zu tun, von dem ich aus dem Fernseher in der Kneipe erfahren hatte. Das Mordopfer war so alt wie meine Tochter gewesen, und die schrecklichen Bilder hatten mich während der folgenden Stunden meiner Wanderung regelrecht verfolgt.

Mir kam die simple und traurige Erkenntnis, dass ich die falsche Art von Büchern schrieb und seit Beginn meiner literarischen Laufbahn den falschen Weg beschritt – nämlich den hässlichen und nicht den schönen. Ich fragte mich, warum ich eigentlich vor sieben Jahren damit begonnen hatte, Bücher über Mord und Totschlag, Leid, Drama, Unrecht und Unglück zu schreiben. Warum hatte ich mich nicht für positive Romane entschieden, die meine Leserschaft erfreuen, anstatt ihnen Angst zu bereiten? Ich glaubte mich zu entsinnen, dass mein damaliger Entschluss für Kriminalromane auf einer Studie fußte, die besagte, dass Krimis das Genre mit der größten Zielgruppe darstellten. Ich hatte also kommerzielle Hintergedanken gehabt und mich beim Schreiben nicht davon leiten lassen, welcher literarische Weg mir am meisten Freude bereitet hätte.

Ich konnte noch nie gut mit Gewalt in jeglicher Form umgehen. Die Redewendung, »er kann keiner Fliege etwas zuleide tun«, traf auf mich zu, und zwar im wahrsten Sinne des Wortes. Nervte mich ein Brummer, etwa beim Schreiben, schlug ich zu. Allerdings so zögerlich und sachte, dass selbst der lahmsten Fliege noch genug

Zeit für die Paarung geblieben wäre, ehe meine Hand sie traf. Und ausgerechnet ich, der Gewalt zutiefst verabscheute, schrieb seit Jahren Bücher darüber.

Ich fasste den Entschluss, nach meiner Rückkehr keine Kriminalromane mehr zu schreiben, sondern das Genre zu wechseln. Die fünf Pilger, die ich inzwischen gedanklich ermordet hatte, würde ich ganz einfach begnadigen. Während der verbleibenden Kilometer dachte ich über meinen neuen Weg nach, und er fühlte sich mit jedem Schritt besser an. Allerdings gab es ein Problem: Ich konnte diese Neuigkeit abends nicht einfach kommentarlos auf Facebook posten. Wie sollte ich diese Richtungsänderung meinen Fans beibringen, die sehnsüchtig auf einen vierten Krimi aus meiner Feder warteten – und das schon ziemlich lange?

Ein Jahr lang hatte ich keine einzige Seite des geplanten vierten Andalusienkrimis produziert, weil mir die Erkenntnis, das falsche Genre zu bedienen, wohl bereits unbewusst klargeworden war und mir jegliche Motivation geraubt hatte. Ich war sogar kurz davor gewesen, meine Autorenlaufbahn an den Nagel zu hängen. Nun jedoch fühlte ich neue Energie in mir aufsteigen. Ich wollte eine Nacht über meine Entscheidung schlafen und dann meiner Fangemeinde weitere Bücher versprechen, die zwar keine Gänsehaut mehr verursachten, dafür aber liebevoller, tiefgründiger und geistig wertvoller geschrieben waren. Dabei wollte ich meinen Schreibstil beibehalten und auch weiterhin spannend schreiben. Nur sollte die Spannung nicht länger durch Gewalt und Intrigen generiert werden. Wie genau das aussehen könnte, wusste ich am Ende der Etappe noch nicht, aber ich vertraute darauf, dass mir dazu schon etwas einfallen würde.

Im letzten Drittel der Etappe stieß ich auf Omar aus den USA, Florence aus Kanada und Paula aus Berlin. Die drei waren jeweils für sich in Saint-Jean-Pied-de-Port gestartet und liefen seit einigen Tagen zusammen. Ich pilgerte mit ihnen, bis wir in der nächsten Kneipe Rast machten und Wein bestellten. Paula hatte ein wirklich loses Mundwerk und fragte mir Löcher in den Bauch, und ich erzählte ihr von meinen Krimis, meinem Leben in Spanien und dass meine Tochter ebenfalls Paula hieß. Seitdem mich meine Ex-Verlobte in den Singlestatus degradiert hatte, achtete ich nicht nur auf schöne Landschaften, sondern auch auf hübsche Weggefährtinnen. Paula lief in Klamotten herum, die so aussahen, als würde sie sie zu Hause als Pyjama tragen, und hatte beim Packen wohl ihre Haarbürste vergessen, trotzdem fand ich sie süß. Leider hatte sie nicht nur denselben Namen wie meine Tochter – nein, sie hätte auch vom Alter her meine Tochter sein können, weshalb sich kein Pilgerflirt entwickelte, zumal ich in dieser Hinsicht ohnehin etwas aus der Übung war.

Die Truppe wollte bis zum Kap Finisterre gehen – ein Vorhaben, von dem mir schon andere Pilger erzählt hatten. Im Mittelalter glaubte man, dass die Erde am westlichsten Zipfel der Iberischen Halbinsel endet. Die frühen Pilger aus allen Teilen Europas wollten nach dem Erlass ihrer Sünden in Santiago auch noch das Ende der Welt sehen. Heutzutage weiß man zwar, dass das in Washington liegt, trotzdem beschloss auch ich, dass ich versuchen würde, nach Finisterre zu gelangen. Das wären zusätzliche hundert Kilometer zu laufen und hätte eine Verlängerung meiner Pilgerreise um drei oder vier Tage bedeutet. So lange würden meine Probleme zu Hause bestimmt auf mich warten.

Omar streckte dem Kellner erneut vier Finger entgegen, doch ich winkte ab. Meine drei neuen Freunde wurden zunehmend fröhlicher, aber vier Gläser Vino zur Rast langten mir völlig. Ich wollte lieber die letzten Kilometer bis zur Herberge hinter mich bringen, obwohl mich Paula zum Bleiben überreden wollte.

Pilgerbruder Rainhard hatte ein Zimmer in einem richtigen Kloster organisiert. Es war das erste Mal, dass ich in einem Konvent schlief, und es war so, wie ich es mir vorgestellt hatte: Der winzige Raum verfügte über zwei kleine Betten. Abgesehen von einem Kruzifix an der Wand gab es keine weiteren Einrichtungsgegenstände. Am Abend ging es zum Abendessen in den Ort. Heinz, ein älterer sympathischer Schweizer, schloss sich uns an.

Als wir gerade beim Dessert saßen, kamen Omar, Florence und Paula singend am Restaurant vorbeigetorkelt. Fünf Stunden waren vergangen, seitdem ich die drei in der Kneipe zurückgelassen hatte. Sie hatten immer noch ihre Rucksäcke umgeschnallt und waren sturzbetrunken. Paula sah mich am Fenster sitzen und kam auf mich zu, schloss die Augen, küsste die Scheibe, die uns trennte, geriet ins Wanken und fiel der Länge nach hin.

18

Carrión de los Condes – Terradillos de los Templarios

Gleich nach dem Ortsausgang von Carrión de los Condes wartete ein achtzehn Kilometer langes Teilstück, das schnurgerade durchs Nichts führte und sich immer wieder am Horizont verlor. Rainhard war früher aufgebrochen, und ich spürte, dass ich diesen Teil der Etappe nicht alleine gehen wollte. Zum Glück spülte mir der Weg sogleich die passende Begleitung zu. Von hinten schloss ein flink marschierender Spanier auf, mit dem ich ins Gespräch kam. Erst war es nur Small Talk über den Weg, aber als ich die richtigen Fragen stellte, wurde es bald tiefgründiger. Elesio ging mit seinen vierundsiebzig Jahren den Camino, um göttlichen Beistand für zwei seiner Töchter zu erbitten. Eine war vor Kurzem durch tragische Umstände zur Witwe geworden, der Mann seiner anderen Tochter war an Leukämie erkrankt. Er selbst hatte in jungen Jahren seine Frau durch einen Autounfall verloren und war mit vier Kindern im Alter zwischen sechs und zehn Jahren zurückgeblieben.

Heute freute er sich wie ein kleiner Junge, weil ihn am nächsten Tag die beiden Töchter mit vier seiner Enkelkinder für einige Etappen mit dem Fahrrad begleiten wollten. Eine schöne Geschichte. Nach achtzehn Kilometern trennten sich unsere Wege, weil er dort auf seine Familie traf. Trotzdem hatte ich das Gefühl, Elesio besser zu kennen als manch andere Zeitgenossen, denen ich seit Jahren über den Weg laufe und mit denen ich über ein »Hallo, wie geht's dir?« nicht wirklich hinauskam.

Den Rest der Etappe pilgerte ich alleine. Die Landschaft bot keinerlei Abwechslung, also meditierte ich eine Weile im Gehen. Doch schon bald beendete ich meinen Versuch, weil mir ganz assoziativ eine Begebenheit einfiel, die sich vor zwei Jahrzehnten in einer ganz ähnlichen Umgebung ereignet hatte und ebenfalls mit Wandern zu tun hatte. Damals war ich als verantwortlicher Skipper mit einer Chartercrew auf unserem Segelschiff Orion vor der Küste Venezuelas unterwegs gewesen. Wir ankerten vor La Blanquilla, einer flachen unbewohnten Insel von etwa zehn Kilometern Länge. Unsere Ankerbucht befand sich im Westen des Eilands, wo drei Palmen und ein traumhafter Sandstrand als Fotomotiv dienten. Ansonsten gab es keine Anzeichen einer Zivilisation, nicht mal eine Bretterbude.

Die Insel befand sich zweihundert Seemeilen nördlich der Küste Venezuelas, und wir waren das einzige Boot in der Bucht. Keine Menschenseele war zu sehen. Wir hatten La Blanquilla am frühen Morgen von der Isla Margarita kommend angesteuert und wollten am Nachmittag wieder auslaufen, in Richtung Puerto La Cruz auf dem venezolanischen Festland. Den Tag wollten wir mit Tauchen und Faulenzen am Strand verbringen. Soweit der Plan.

Nach dem Bordfrühstück schipperten wir mit dem Beiboot an den Strand. Wenig später kam ein grüner Jeep auf einer Piste angefahren, die zwischen Kakteen und Gestrüpp ins Landesinnere führte. Zwei Militärs kamen auf uns zu. Sie zeigten auf den Außenbordmotor unseres Beiboots und baten uns, ihn für zwei Stunden zu verleihen. Sie sagten, auf der anderen Inselseite befinde sich eine Militärbasis, und der Motor des Militärboots sei kaputt. Sie benötigten dringend einen Ersatzmotor, um die mit einem Versorgungsschiff eingetroffenen Waren zur Militärstation überzusetzen. Mir war das nicht recht, aber die beiden ließen keinen Zweifel, dass sie hier die Autorität besaßen und keine Widerrede duldeten. Ich überließ ihnen unseren Außenbordmotor und rang ihnen zumindest das Versprechen ab, ihn bis spätestens vierzehn Uhr zurückzubringen, weil wir dann auslaufen wollten.

»Claro que sí, Señor«, versicherten mir die Uniformierten und brausten mit unserem Motor davon.

»Claro que sí, haben die verdammten Blödmänner mir versprochen«, schimpfte ich um halb vier, als ich den Motor noch immer nicht zurückhatte. Dabei hätten wir längst auslaufen sollen, um am nächsten Tag, dem Silvestertag, zurück in der Zivilisation zu sein. Die Chartergäste zeigten sich wenig erfreut über die Planänderung, und so blieb mir nichts anderes übrig, als mich auf die Suche nach der Militärbasis zu begeben. Das bedeutete einen Marsch von zehn Kilometer unter brennender Sonne in Badehose und Sandalen durch die Einöde der Insel.

Mit jedem Meter stieg meine Wut auf die Militärs, die meine Hilfsbereitschaft schamlos ausgenutzt hatten. Anderthalb Stunden später traute ich meinen Augen nicht. Die Militärbasis war größer als gedacht, und bei dem Versorgungsschiff handelte es sich um einen Frachter von fünfzig Metern Länge, der eine halbe Seemeile vor dem Landungssteg in der Bucht ankerte. Dazwischen pendelte ein vollbeladener Kahn von zehn Metern Länge mit meinem bereits rauchenden und maßlos überforderten Außenbordmotor. Unser dafür viel zu schwacher Motor vermochte kaum das Holzboot voranzubringen. Am Steg standen ein Dutzend Militärs und waren damit beschäftigt, Kisten in die Basis zu schleppen. Wenn das in diesem Tempo so weiterging, würde das noch Stunden dauern, falls der Motor nicht zwischenzeitlich kaputtginge. Selten war ich so wütend gewesen. Ich rannte auf den Steg, wo das mit Waren überfüllte Boot gerade anlandete, und schrie: »¡Alto!, ¡Alto!, ¡Alto!«

Kaum war das Boot am Steg vertäut, sprang ich auf den Kahn und schraubte die Befestigung des Außenbordmotors auf.

»Wir sind noch nicht fertig«, erklärte einer der Militärs.

»Das ist mir sowas von scheißegal, Freunde«, murmelte ich zur Sicherheit in meiner Sprache. Mit dem Motor auf den Schultern kletterte ich auf den Steg und sah mich in Sandalen und Badehose einer Truppe bewaffneter und finster blickender Offiziere gegenüber, die mir den Weg versperrten.

Ich sagte, dass ich den Motor zurückhaben müsse, weil wir nach Puerto La Cruz auslaufen wollten. Jemand sollte mich bitte auf die andere Seite der Insel zurückfahren. Die Militärs, offensichtlich belustigt vom dreisten Auftreten des Gringos in Badehose, dachten gar nicht daran. Der wohl Ranghöchste trat vor, nahm mir den Außenbordmotor ab und tadelte mich: »Dies ist eine militärische Aktion. Der Motor bleibt so lange Eigentum des Verteidigungsministeriums des souveränen Staats Venezuela, bis diese wichtige Mission abgeschlossen ist. Danach können Sie ihn mitnehmen.«

Denkste, Amigo. Vom Marsch durch die Insel völlig erschöpft und dehydriert, dazu auf hundertachtzig und am Ende meiner Geduld, entriss ich dem Befehlshaber unter wütenden Protesten und Beschimpfungen den Motor. Das ließ sich die Truppe natürlich nicht bieten. Sie nahmen mir den Motor wieder ab und »begleiteten« mich zur Militärbasis. Dabei zählte der Befehlshaber meinen Schuldenkatalog auf: Übergriff auf die Staatsmacht, Sabotage einer Militäraktion, Behinderung der Amtsausübung eines hochrangigen Beamten des souveränen Staats Venezuela. Sollte ich mich nicht beruhigen, würde mir eine mehrjährige Gefängnisstrafe blühen. Ich wurde in einen Raum gestoßen, und die Tür wurde von außen verriegelt. Zum ersten Mal war ich eingesperrt. Das hatte man nun von seiner Hilfsbereitschaft.

Zwei Jahrzehnte später war mir klar, dass ich damals auf Deeskalation hätte setzen sollen. Doch ich hatte gegen die Tür gehämmert und sämtliche Schimpfwörter durch die Kaserne gebrüllt, die mir auf Spanisch geläufig waren. Niemand reagierte darauf. Anscheinend waren die Uniformierten erneut mit Abladen beschäftigt und ruinierten dabei den Außenbordmotor meines Beiboots. Einen neuen zu kaufen wäre finanziell nicht möglich gewesen. Also galt es, darum zu kämpfen wie ein Löwe – der nun mal mein Sternzeichen war. Zum Glück handelte es sich um keinen

Gefängnisraum, wie ich sie aus dem Fernsehen kannte – jedenfalls war das einzige Fenster nicht vergittert. Heute wäre der Raum für mich trotzdem ausbruchssicher, weil ich zu der engen Öffnung in zwei Meter Höhe erstens nicht hochkommen und zweitens nicht hindurchpassen würde. Damals schaffte ich es zum Glück gerade so. Mit Schrammen und Abschürfungen an Schultern und Hüften plumpste ich auf der anderen Seite kopfüber in ein Gestrüpp. Mein erster Gefängnisausbruch schien gleich von Erfolg gekrönt zu sein. Nun musste nur noch die Flucht gelingen.

Ich umrundete die Kaserne und spähte um die Ecke. Die Militärs waren gerade dabei, die Kisten aus dem Boot zu laden. Als der Kahn abgeladen war, blieb er am Steg vertäut. Ich lugte um die Ecke und beobachtete, wie die Waren in die Kaserne getragen wurden. Die Männer kamen jedoch nicht wieder heraus. Waren sie mit dem Abladen fertig, oder machten sie nur eine Pause? Egal. Momentan war niemand zu sehen. Aber für wie lange? Und wann würde meine Flucht auffallen?

Mein Herz pochte so laut, dass ich fürchtete, es könnte mich verraten. Ich spähte ein letztes Mal um die Ecke, sprintete zum Steg, sprang ins Boot, schraubte den Außenborder ab, kletterte auf den Anleger zurück, warf einen Blick in Richtung Kaserne, atmete auf und spurtete ins Innere der Insel.

Ich hatte die Befürchtung, dass ich nicht sonderlich weit kommen würde. Es dämmerte bereits, und ich dachte an Hunde, an bewaffnete Suchtrupps und an die Möglichkeit, mich im Dunkeln zu verirren, weil ich nicht der Piste folgen durfte, auf der sie mich mit ihrem Jeep sicherlich bereits suchten. Zudem könnte ich irgendwann schlapp machen. Ich hatte seit Stunden in dieser Gluthitze nichts getrunken, und nun stand ich vor der Aufgabe, einen unhandlichen, fast fünfzig Kilogramm schweren Außenbordmotor im Dunkeln über Geröll und Felsen, durch Gestrüpp und Kakteen hindurch auf die andere Inselseite zu schleppen, wo sich meine Chartergäste bestimmt längst um mich sorgten.

Und wenn ich es tatsächlich bis dorthin schaffte, ohne unter dem Motor zusammenzubrechen, warteten bestimmt schon die Militärs auf mich. Sie würden ihrerseits so wütend auf mich sein, dass sie mich tatsächlich für Jahre ins Gefängnis stecken könnten – wenn sie mich nicht vorher erschossen. Ein Gringo mehr oder weniger kümmerte in diesem Land niemanden.

Am Ende musste ich den Außenbordmotor alle zehn Meter absetzen. Ich trug ihn abwechselnd auf den Schultern oder mit beiden Händen vor dem Bauch. Meine Schultern waren blutig geschürft, meine Innenarme wund, zweimal war ich in der Finsternis auf einem Stein umgeknickt und gestürzt, konnte mich jedoch wieder aufraffen und weiterschleppen. Mehrmals dachte ich, bereits halb im Delirium, mich verlaufen zu haben, und einmal lief ich in einen Kaktus.

Irgendwann nach Mitternacht erreichte ich die westliche Inselseite. Ob dort die Militärs nach mir Ausschau hielten, war mir längst egal. Mit letzter Kraft montierte ich den Motor ans Beiboot und setzte zu unserem Segelboot über, wo mich die Chartergäste erwarteten und mit Fragen löcherten. Ich ignorierte sie, wankte in die Kombüse, schnappte mir eine anderthalb Liter große Wasserflasche und trank sie beinahe auf Ex aus. »Lasst uns von hier verschwinden«, sagte ich, als ich wieder zu Atem gekommen war.

Damals hatte ich gedacht, auf solche Erfahrungen könnte ich getrost verzichten. Sie war nur eine von vielen grenzwertigen Erlebnissen gewesen, die mir auf meinen abenteuerlichen Reisen widerfahren war. Heute denke ich jedoch, dass das Leben rückblickend gerade aus solchen Anekdoten besteht, die es wert sind, erzählt oder aufgeschrieben zu werden. Im Nachhinein war ich sogar dankbar, manche Situationen erlebt zu haben, die ich beim jeweiligen Durchleben liebend gerne vermieden hätte. An einen langweiligen Fernsehabend konnte ich mich schon eine Woche später nicht mehr erinnern. Aber diese Begebenheit in Venezuela vor zwanzig Jahren werde ich niemals vergessen.

Besteht nicht das ganze Leben im Grunde aus Erinnerungen? Führte man diesen Gedanken fort, müsste man über jede Gelegenheit froh sein, die einen an die eigenen Grenzen treibt. Demnach sollte ich für alle künftigen Situationen dankbar sein, für deren Bewältigung ich all meine körperlichen und geistigen Kräfte aufwenden müsste. Erst einprägsame Momente machen das Leben unvergesslich. Einen heftigen Sturm auf See abzuwettern ist ungemütlicher als mit einem Cocktail am Pool zu liegen. Aber bei welcher von beiden Optionen fühle ich mich lebendiger? Klarer Fall: mitten im Sturm. Und woran werde ich mich auch in einigen Jahren noch erinnern? Natürlich an meinen Kampf gegen die Elemente.

Ein Anbieter von Adventure-Reisen hat mal in seinem Werbeslogan treffend formuliert: »Schreibe deine Besitztümer auf, und du hast eine Liste. Schreibe deine Erlebnisse auf, und du hast eine Geschichte.«

Mein Handy klingelte. Verdammt. Gerne hätte ich diesen Gedanken weiterverfolgt. Es war Rainhard. Natürlich war er längst am Zielort angelangt und hatte bereits die Herberge für mich mitgebucht und einen Tisch für Heinz, mich und sich selbst reserviert. Ich antwortete einsilbig und beendete das Gespräch bald wieder. Es begann mich zu nerven, dass Rainhard, so gut er es meinte, einen solchen Einfluss auf meinen Jakobsweg hatte. Ich wollte meinen eigenen Weg gehen und nicht seinen Fußstapfen folgen. Dabei organisierte er mit der Erfahrung von vier Jakobswegen alles hervorragend. Trotzdem wollte ich für mich entscheiden, wo ich schlief, wo ich zu Abend aß und mit wem ich am Tisch saß. Deshalb entschied ich mich diesen Abend für einen Kompromiss. Ich nahm das Pilgermenü zusammen mit Rainhard und Heinz zu mir, gesellte mich danach aber mit einer Flasche Wein an den Tisch von Omar, Florence, Paula und Johanna aus Bulgarien. Paula konnte sich natürlich nicht mehr erinnern, dass sie mich gestern durch eine Glasscheibe geküsst hatte – was mir auch ganz recht war.

Ich unterhielt mich an diesem Abend länger mit Johanna aus Sofia, die neben mir saß. Sie war gutaussehend und wesentlich älter als Paula. Von ihr hätte ich mich gerne küssen lassen – allerdings ohne eine Glasscheibe dazwischen. Trotzdem zog ich mich bald zurück. Ich wollte meinen Herzschmerz wegen Tatiana loswerden und mir nicht neuen aufladen – denn das würde passieren, wenn ich mich in eine hübsche Bulgarin verguckte und mich hinterher am Busbahnhof von Santiago für immer von ihr verabschieden musste. So ging ich um zehn Uhr abends schlafen, denn ich hatte einen perfiden Plan: Morgen würde ich Pilgerbruder Rainhard zurücklassen und fortan meinen eigenen Weg gehen.

Um dem alten Camino-Helden davonzulaufen, brauchte es allerdings eine Marathonleistung.

19

Terradillos de los Templarios – Reliegos

Leider schlief ich kaum und wälzte mich die halbe Nacht verschwitzt im Bett herum. Noch vor dem Morgengrauen schaltete Rainhard das Licht an und beendete damit die Nachtruhe für uns beide. Er wollte mit mir frühstücken und dann mit mir zusammen aufbrechen. Ich trödelte und sagte, ich würde nachkommen. Ich hatte von Johanna aus Sofia geträumt und wertete das als eindeutiges Zeichen. In der Hoffnung, mit *ihr* zu frühstücken und danach die Etappe an *ihrer* Seite zu pilgern, betrat ich die Cafeteria der Herberge. Doch außer Rainhard und Heinz war niemand zu sehen. Draußen regnete es. Der Himmel war dunkel und wolkenverhangen. Ich trank einen Tee und aß ein Marmeladenbrot. Heute kostete es mich große Überwindung, nach draußen zu gehen und den Muscheln zu folgen. Aber es gab auch einen Grund zu feiern: Ich hatte mittlerweile die Hälfte der Wegstrecke überschritten. Eigentlich ein Grund zur Freude, wäre da nicht dieser hinterhältige Dämon in meinem Kopf, der mich daran erinnerte, dass mir damit noch ein Weg von derselben Länge bevorstand. Ein ziemliches Horrorszenario.

Ich schnallte meinen Rucksack um und schleppte mich hinkend an abgeernteten Weizenfeldern entlang. Zu Beginn einer Etappe war meine Beinmuskulatur meist übersäuert, und die Hüfte schmerzte. Meine Gangart glich längst nicht mehr der eines Supermodels auf dem Laufsteg. Nach dreizehn Kilometern kam ich in der Kleinstadt Sahagún an einem Hotel vorbei. Eine Kreidetafel warb mit dreißig Euro für ein Einzelzimmer. Sauna und Spa-Benutzung inklusive. Pilgersupersonderpreis. Es war erst elf Uhr vormittags, und ich stand an der Rezeption wie ein Teenager ohne Kohle vor einem Apple-Store. Eine Auszeit für meinen müden Körper klang sehr verlockend. Allein das Wort Einzelzimmer war nach zwei Wochen im Schnarchsaal ein gutes Verkaufsargument. Ich versuchte die Empfangsdame auf zwanzig Euro runterzuhandeln. Vergeblich. Für dreißig Euro hätte ich sechs Nächte in einer städtischen Herberge schlafen können, also ging ich weiter.

Im nächsten Hotel trank ich einen Tee und traf auf Peter aus Ungarn. An der Rezeption fragte ich nach dem Preis für ein Einzelzimmer. Fünfundvierzig Euro. Wie bitte? Missmutig setzte ich meinen Weg durch den Regen fort. Was war in meinem Leben die letzten zehn Jahre nur alles falsch gelaufen? Damals hatte ich im Hotel Hilton in Venedig das Zehnfache für eine Familiensuite gezahlt und war eine Woche lang geblieben. Und das hatte mich noch nicht mal gejuckt.

Doch dann besann ich mich wieder auf meine gestrige Einsicht. Auch wenn mein innerer Schweinehund bellte bis zur Heiserkeit, so wusste ich doch, dass ich den Jakobsweg ewig in guter Erinnerung behalten würde, wenn ich jetzt nicht aufgab – trotz der physischen und psychischen Strapazen, der Schmerzen, der eintönigen Pilgermenüs, der überfüllten Schlafsäle und der fehlenden Privatsphäre. Von der teuren Reise nach Venedig ist jedoch nur hängengeblieben, dass meine damalige Frau und ich uns ständig wegen Belanglosigkeiten gezofft hatten. Rückblickend hatte ich meine besten Erlebnisse in Hängematten, Herbergen, Schlafsäcken oder Zelten – und nicht in komfortablen Hotels, in denen ich natürlich ebenfalls genächtigt hatte.

Während ich durch die Meseta pilgerte und mich langsam besser fühlte, fragte ich mich, ob ich ehrlich zu mir war oder ob ich mich nur über meine derzeitige missliche Finanzlage hinwegtröstete. Würde ich am Jakobsweg in erstklassigen Hotels absteigen, wenn ich genügend Budget zur Verfügung hätte? Etwa in einem Parador mit flauschigem Bett, Spa-Bereich und überladenen Frühstücksbüffet? Ich dachte darüber nach, doch das Ergebnis war ein klares Nein.

Die Pilgergemeinschaft machte einen Großteil des Flairs am Jakobsweg aus, und die gab es nun mal nicht im Speisesaal eines Fünf-Sterne-Hotels, sondern beim gemeinsamen Kochen in einer Herberge. In den siebzehn Tagen, die ich nun schon unterwegs war, hatte ich Rechtsanwälte, pensionierte Banker, Ärzte, Unternehmer und viele andere kennengelernt, die sich natürlich ein tolles Hotel hätten leisten können und trotzdem eine spartanische Herberge für wenig Geld bevorzugten.

Hatte ich mich am frühen Morgen noch kraftlos gefühlt, ging es ab Mittag mit jedem Kilometer besser voran. Gegen fünfzehn Uhr erreichte ich El Burgo Ranero. Rainhard hatte mich bereits angerufen und mir den Weg zur Herberge beschrieben. Ich müsse am Ortseingang nach links gehen, hatte er gesagt.

Ich »muss« gar nichts, dachte ich bei mir und erinnerte mich an meinen ehrgeizigen Plan, Rainhard einfach davonzulaufen, weil ich mir nicht länger den Weg von ihm vorschreiben lassen wollte. Aber für heute hatte ich genug vom Wandern. Trotzig suchte ich in meinem Führer nach einer alternativen Herberge. Am besten dieselbe, in der auch die hübsche Bulgarin absteigen würde. Aber wie sollte ich das vorher wissen? Ich marschierte planlos durch den Ort und kam an einer Kneipe vorbei, die mit einem Schild für einen Teller Pasta und eine Karaffe Wein für nur fünf Euro warb. Das Angebot klang so überzeugend, dass ich es mir gleich zweimal gönnte.

Kaum trat ich aus dem Lokal, traf ich auf Elesio, mit dem ich am Vortag das lange schattenlose Teilstück gelaufen war. Wir begrüßten uns, und ich fragte ihn, wie es seinen beiden Töchtern gehe, die ihn per Rad begleiteten. Elesio erzählte, sie seien bereits in Reliegos angekommen, deshalb müsse er sich nun sputen. »Ist es nicht schon etwas spät dafür?«, erkundigte ich mich. Bis nach Reliegos waren es etwa dreizehn Kilometer. Ich fragte ihn, von wo aus er heute Morgen losgelaufen sei. Aus Terradilla de los Templarios, erzählte er. Donnerwetter. Genau wie ich. Nur war ich dreißig Jahre jünger als er.

Vollgestopft von zwei großen Tellern Pasta und ein wenig beschwipst vom Wein, entschied ich, es Elesio gleichzutun und nach Reliegos weiterzulaufen. Damit hätte ich erst mal eine Weile Ruhe vor Rainhard. Zudem hätte ich die Marathondistanz meines Lebens absolviert. Am Ende des Tages wäre ich insgesamt dreiundvierzig Kilometer gewandert. Das war insofern bemerkenswert, als ich mich im Laufe der Jahre bereits dreimal für einen Marathon angemeldet hatte. In Berlin, Rom und Madrid. Gelaufen war ich keinen einzigen, weil ich in allen Fällen die Trainingsphase wegen Knieschmerzen schon nach jeweils kurzer Zeit abbrechen musste. Für einen Langstreckenlauf war ich nun mal zu schwer.

Oder ich hatte meinem Körper diese Strecke bislang nur nicht zugetraut. Seit etwas über zwei Wochen war ich nun zehn Marathons am Stück gelaufen. Mit Rucksack. Das war ein Beweis dafür, dass man mit dem richtigen Willen beinahe alles schaffen konnte, auch wenn ich es mir vorher niemals zugetraut hätte. Was waren gegen diese Erkenntnis schon ein paar Blutflecken an den Wandersocken?

Ich begleitete Elesio die ersten Kilometer und ließ mich dann zurückfallen. Der Vierundsiebzigjährige verfügte über eine bewundernswerte Fitness. Die letzten zehn Kilometer dieser Rekordetappe führten über einen Schotterweg, der parallel zu einer wenig befahrenen Landstraße verlief. Es fing wieder an zu regnen, und nach der Einzelzimmer-Versuchung für dreißig Euro erfolgte nun die zweite moralische Prüfung des Tages. Eine Spanierin in meinem Alter mit einem Kind auf dem Rücksitz hielt mit ihrem Kleinwagen neben mir und fragte mich, wohin ich ginge.

»Nach Reliegos«, antwortete ich.

»Na, da hast du aber Glück. Steig ein!«

Das ist aber nett von dir, sagte mein innerer Dämon und hielt mir die Beifahrertür auf.

»Muchas gracias, aber ich laufe lieber«, sagte ich.

»Aber es regnet und es ist noch weit bis Reliegos.«

Da hat sie verdammt noch mal recht, Amigo, insistierte mein Dämon. Außerdem bist du für heute schon genug gelaufen.

»Schon, aber ich bin Pilger und muss zu Fuß laufen«, erklärte ich ihr.

»Ach, Quatsch. Ich hab schon viele Pilger mitgenommen«, meinte die Frau hinter dem Steuer.

Ich zögerte einen kurzen Moment. Das Angebot war nun mal sehr verlockend.

Steig endlich ein, du sturer Vollidiot!, schimpfte die Stimme in meinem Kopf.

»Das ist wirklich sehr freundlich, aber ich gehe lieber zu Fuß«, sagte ich und wandte mich ab.

Spinner!, rief mein innerer Dämon, als die Frau kopfschüttelnd davongefahren war.

»Halt die Klappe!«, erwiderte ich.

Da kam die Sonne zum Vorschein. Ich zog mein Handy hervor und schoss ein Foto vom Regenbogen. Bei der Gelegenheit sah ich, dass mein ziemlich bester Kumpel Walter angerufen hatte. Ich rief zurück, und wir plauderten eine Weile. Stolz verkündete ich, dass ich nun bei der Hälfte der Wegstrecke angelangt sei. Ich erklärte ihm, dass der Jakobsweg Ähnlichkeiten mit der ersten Atlantiküberquerung mit unserem Segelschiff Orion vor über zwanzig Jahren hätte – neu, aufregend und anstrengend. Walter wünschte mir viel Glück für die zweite Hälfte des Camino.

Das Gespräch mit meinem Freund hallte eine Weile nach. Walter war die wohl wichtigste Muschel auf meinem Lebensweg, und ich wüsste nicht, wo ich heute ohne ihn wäre. Ich hatte ihn nach meiner einjährigen Südamerikareise und der monatelangen Weltreise kennengelernt. Damals war ich dreiundzwanzig Jahre alt, arbeitete in einer Firma für Kindergartenausstattung, wohnte bei meinen Eltern, hatte keine feste Freundin, ging am Wochenende mit meinen Kumpels feiern und träumte von der großen weiten Welt. Eines Abends in der Salzburger Weißbierbrauerei stellte mir Fritz, mein anderer wunderbarer Kumpel auf Lebenszeit, seinen Chef Walter Daxer vor. Fritz arbeitete damals in der Wiener Filiale eines Salzburger Planungsbüros für Lüftungs- und Heiztechnik, das von Walter geleitet wurde.

Walter war vom Typ Jeans, Lederjacke und Timberland-Boots, hatte einen gutbezahlten Job, einen BMW als Firmenauto, einen Brustkorb wie Arnold Schwarzenegger, eine tolle Wohnung, war österreichischer Karatemeister und hatte natürlich eine hübsche Freundin – also alles, wovon man als junger Österreicher eigentlich träumte.

Doch Walter träumte von anderen Dingen. Eines seiner Hobbys war das Segeln. Zwei Wochen zuvor hatte er an der Adria den Segelschein erworben und plante jetzt eine Weltumsegelung. Ich hätte alles gegeben, um dabei sein zu können, dachte ich. Mit einem Segelboot durch die Weltmeere zu schippern war seit genau drei Minuten mein neuer größter Traum.

Beim nächsten Bier fragte ich Walter, mit welcher Segelyacht er denn die Reise antreten wolle und mit welcher Crew und ob die Route schon feststehe.

Ein Schiff habe er noch nicht, meinte er, aber es stünden genug zum Verkauf. Er habe auch noch keine Crew beisammen, weil keiner seiner Kumpels so verrückt sei oder die Zeit dafür hätte. Die Route würde sich schon ergeben – erst mal Richtung Westen über den Atlantik in die Karibik.

Das klang nach einem bis ins kleinste Detail durchdachten Plan. Ich erzählte ihm kurz von meinen Reisen und erklärte, dass ich ihn für sein Vorhaben bewunderte – und ein klein wenig beneidete, weil ich auch von solch abenteuerlichen Reisen träumte.

Der nächste Satz aus Walters Mund sollte meinem Leben eine

völlig neue Wendung geben. »Na, dann kommst du halt einfach mit«, sagte er.

»Wie bitte ... du meinst ... auf die Weltumsegelung?«, stotterte ich.

»Klar. Zu zweit segelt es sich ohnehin entspannter, wegen der Wachgänge.«

»Superidee. Klar fährst du mit, das wird bestimmt geil!«, rief mein Kumpel Fritz, der das Gespräch in der lauten Kneipe verfolgt hatte.

Die Euphorie ließ meinen Puls in die Höhe schnellen, aber sie verflog leider ebenso rasch. Eine Weltumsegelung war für mich so realistisch wie ein Flug zum Mond. Ich verdiente mit meinem Bürojob gerade genug zum Leben, und mein Erspartes war bei meinen Reisen aufgebraucht worden. Auf meinem Konto befanden sich nicht mal zehntausend Schilling – weniger als tausend Euro.

»Ich wäre gerne dabei, aber ich hab grad keine Kohle. Eine Segelyacht ist bestimmt nicht billig, und unterwegs müsste ich ja auch von irgendwas leben«, sagte ich frustriert.

»Daran soll es nicht scheitern«, sagte Walter. »Ich verkaufe meine Wohnung an meinen Vater, und davon kaufen wir uns ein billiges Schiff. Du schuldest mir dann einfach die Hälfte davon. In der Karibik machen wir Segelcharter. Von den Einnahmen können wir bestimmt gut leben, und du zahlst mir die Hälfte vom Kaufpreis zurück, wenn du kannst.«

»Im Ernst?«

Walter nickte und streckte mir seine Hand entgegen. Ohne lange darüber nachzudenken, schlug ich ein. Ich kannte den Typen noch keine Stunde und hatte gerade beschlossen, mit ihm rund um die Welt zu segeln. Mein Vater würde sich riesig über diese vernünftige und sorgfältig abgewogene Entscheidung freuen. Und mein Boss und Mentor Jeff ebenso, wenn ich ihm morgen kündigte und er einsehen musste, dass die in mich investierten Seminare umsonst gewesen waren.

Endlich tauchte der Kirchturm von Reliegos auf. Es dämmerte schon. Obwohl ich eigentlich in einer von meinem Guide empfohlenen Herberge in der Ortsmitte schlafen wollte, nahm ich gleich die erstbeste am Ortseingang. Ich war tatsächlich dreiundvierzig Kilometer gelaufen.

In der Herberge angekommen, breitete ich meinen Schlafsack auf dem Bett aus, grüßte durch die Runde, sah aber kein einziges bekanntes Gesicht. Der Speisesaal war rappelvoll mit Pilgern, von denen ich keinen einzigen kannte. Ich zog mich in die Bar der Herberge zurück. Die beiden Teller Pasta vom Nachmittag mussten bis zum Frühstück anhalten, also bestellte ich mir nur ein Bier, sortierte meine Gedanken und erstellte meinen heutigen Eintrag bei Facebook.

Gerade mache ich mir Gedanken über Bekanntschaften und Freundschaften auf dem Jakobsweg und im Allgemeinen. Den Jakobsweg muss man sich wie einen Zug aus etwa dreißig Waggons vorstellen. Jeder Waggon steht für eine Etappe. Zu Beginn steigt man in den letzten Waggon und nimmt Fahrt auf. In der Regel legt man zwischen zwanzig und fünfundzwanzig Kilometer pro Tag zurück. Am nächsten Tag sitzt man bereits im vorletzten Waggon, weil hinten die Neuankömmlinge angekoppelt wurden. Der vorderste Waggon hingegen wird abgekoppelt, weil für diese Fahrgäste in Santiago Endstation ist. In jedem Waggon sitzen ein paar Dutzend Reisende. Bis gestern befand ich mich ein Stück hinter der Hälfte des Zugs, was bedeutet, dass man seine Mitreisenden mittlerweile gut kennengelernt hat, weil man sich auf der Strecke trifft und am Abend in den Herbergen zusammen isst, lacht und trinkt.

Heute habe ich jedoch mit einer Rekordetappe von dreiundvierzig Kilometern meinen Waggon verlassen und bin während der Fahrt in den Waggon davor marschiert. In meinem bisherigen Waggon kannte ich alle, und auch mich kannte jeder als »Eddy, the Austrian guy«. Hier kenne ich niemanden.

Im Nachhinein frage ich mich, warum ich das getan habe. Denn dadurch habe ich viele Pilger zurückgelassen, an die zu sehen ich mich mittlerweile gewöhnt hatte. Außerdem nutzen manche den Jakobsweg (durchaus mit Erfolg) als Singlebörse. Für einen frisch entliebten Single wie mich ein durchaus interessanter Aspekt.

Auch in meinem alten Abteil saßen zwei, drei Pilgerschwestern, bei deren Anblick so mancher Priester vor den Toren des Vatikans lautstark gegen das Keuschheitsgelübde protestiert hätte. Auch diesen Damen bin ich heute davongelaufen. Mal etwas ganz Neues. Normalerweise ist es umgekehrt.

Es gab allerdings einen Grund, warum ich heute intuitiv gleich zwei Tagesetappen am Stück gelaufen bin: weil ich meinen eigenen Weg gehen und finden möchte und weil jemand aus dieser Gruppe angefangen hatte, meinen Weg zu bestimmen. Ein erfahrener deutscher Pilger, durchaus ein netter Kerl, entschied plötzlich für mich das jeweilige Etappenziel, den Ort, wo die Rast stattfinden sollte, die Herberge, in der wir schlafen, in welcher Kneipe das Pilgermenü eingenommen wird, welche Sehenswürdigkeiten vor Ort besichtigt werden müssen etc.

Nach vier Jakobswegen ist er das Wikipedia des Jakobswegs. Ein Perfektionist mit durchgetaktetem Etappenterminkalender. Ich hingegen zähle mich eher zur Spezies der Chaotenpilger. Seinem Weg weiter zu folgen wäre einfach und bequem, weil ich mich um nichts Organisatorisches kümmern müsste. Aber für jemanden, der hergekommen ist, um seinen eigenen Weg zu gehen – und zu finden –, ist es mühsam, ständig den Spuren von jemandem mit mehr Jakobswegerfahrung zu folgen. Auch wenn es mir gerade leid tut, denn er war ja nett und meinte es nur gut mit mir. Aber als Individuum muss man manchmal seine eigenen Wege gehen, auch wenn man dadurch mal auf die Nase fällt – eine sehr wichtige Erkenntnis, gerade für mich als Vater einer zwölfjährigen Tochter.

Ich hängte ein paar Fotos an und postete den Eintrag. Dann ging ich zu Bett. Sollte ich doch Sehnsucht nach Pilgerbruder Rainhard oder den anderen bekommen, müsste ich es die nächsten beiden Tage einfach ruhiger angehen lassen, und schon befände ich mich wieder bei der alten Truppe in »meinem« Waggon des Jakobswegs.

20

Reliegos – León

Nach der gestrigen Marathonetappe ging es heute nur vierundzwanzig Kilometer in die Provinzhauptstadt León. Ich wollte dort am frühen Nachmittag ankommen, damit ich Zeit hatte, die Kathedrale und die historische Altstadt zu besichtigen. Hätte ich gestern das Teilstück zwischen El Burgo Ranero und Reliegos nicht mitgenommen, müsste ich heute siebenunddreißig Kilometer bis León laufen, würde dort erst spätabends eintreffen und hätte sicher keine Lust, noch durch die Stadt zu latschen. So zumindest beruhigte ich mein schlechtes Gewissen. Denn jemandem davonzulaufen war nicht meine Art.

Etwas wehmütig nahm ich den Camino inmitten unbekannter Gesichter in Angriff. Jetzt vermisste ich doch die eingeschworene Gemeinschaft, die sich in der ersten Hälfte des Wegs gebildet hatte. Ich kramte sogar mein Handy hervor, rief Pilgerbruder Rainhard an, wünschte ihm eine schöne Etappe und fragte ihn nach seinem Tagesziel. Er sagte, er würde León erst morgen erreichen, und das fand ich fast ein wenig schade. Oh Gott, wir waren schon wie ein altes Ehepaar.

Eine neue Pilgergemeinschaft hatte aber auch ihre guten Seiten. Ich würde andere Menschen kennenlernen und konnte alles frei entscheiden.

Die Beschreibung der heutigen Wegstrecke in meinem Reiseführer war allerdings eher ernüchternd: Es war die Rede von »einer Piste links neben der vielbefahrenen N-601«, von Gewerbegieten und Industrievierteln. Zudem regnete es erneut. Ich wollte die Etappe so schnell wie möglich hinter mich bringen und schaltete den Santiago-Turbo dazu. Das bedeutete etwa fünf Stundenkilometer. Damit wäre ich um dreizehn Uhr in León, rechnete ich mir aus, während die Autos an mir vorbeirasten, die bei dieser Geschwindigkeit in einer Viertelstunde in León sein würden.

Bestimmt gehörte Reliegos – León zu den Etappen, die von manchen Pilgern übersprungen und stattdessen per Bus zurückgelegt wurden. Von Pilgern, die sich nicht so dämlich stur an die Regeln hielten wie ich. Mittlerweile hatte ich herausgefunden, dass sich meine Gedanken der Umgebung anpassten wie ein Chamäleon. Wanderte ich bei Sonnenschein durch eine idyllische Landschaft, waren meine Gedanken zumeist heiter. Schleppte ich mich hingegen durch triste Vororte und Industrieviertel, verdüsterten sie sich wie der Himmel über León.

Heute war ich überhaupt nicht zu vernünftigen Gedanken fähig. Im Wort Chamäleon steckte das Wort León. Und dorthin führte mich mein Weg. Hatte ich entlang des Camino nicht schon bedeutendere Erkenntnisse erlangt? Doch daran war heute nicht zu denken. Stattdessen dachte ich an die verblüffenden Parallelen zur zwölften Etappe. Es schien, als wäre mittlerweile eine Ewigkeit vergangen, dabei war ich erst vor sechs Tagen von Agés in die Provinzhauptstadt Burgos marschiert. Die Etappe war mit vierundzwanzig Kilometern genauso lang gewesen wie die heutige, es hatte ebenso geregnet, und es kam mir so vor, als würde ich gerade neben derselben vielbefahrenen Hauptstraße und durch dieselben öden Vororte, Industrieviertel und Gewerbegebiete laufen. Ich erinnerte mich an den Geldautomaten, der kein Geld ausgespuckt hatte, ich dachte daran, wie ich an einem Computer in einer Fernfahrerkneipe durch meine besorgniserregende Realität gesurft war und die Reise beinahe abgebrochen hätte. Die zwölfte Etappe nach

Burgos war für mich die schwerste Prüfung bislang gewesen – und sie hatte nur in meinem Kopf stattgefunden.

Heute waren die Bedingungen ähnlich prekär, weil meine Gedanken immer wieder zum Danach wanderten. Wie würde es nach dem Jakobsweg weitergehen? Ich hatte keine Ahnung, sondern nur ein Ziel vor Augen: Santiago de Compostela. Anschließend würde ich vielleicht noch zum Kap Finisterre laufen, ans Ende der Welt.

Ein ganz und gar unwillkommener Gedanke schlich sich ein. Ich war schon einmal dort gewesen. Nachdem sich meine Frau wegen eines anderen Typen von mir getrennt hatte, packte ich die Satteltaschen meines Choppers und begab mich auf einen Road Trip um die Iberische Halbinsel. Nach ein paar Tagen stand ich auf den Klippen von Kap Finisterre und überlegte für einen Moment ernsthaft, ob ich nicht einfach runterspringen sollte. Zehn Jahre später befand ich mich nun erneut auf dem Weg ans Ende der Welt.

Ich kann mit Fug und Recht behaupten, dass ich schon sehr viel erlebt habe, mehr als mancher Achtzigjährige. Durch meine Pilgerreise würde ich in Santiago angeblich von meinen Sünden rein gewaschen, mit den Frauen funktionierte es bei mir offenbar genauso wenig wie mit Job und Business, und meine Autorenkarriere könnte ich wohl nur noch durch einen spektakulären Abgang wie diesen ankurbeln – schließlich sind die Werke toter Künstler begehrter als die von lebenden Zeitgenossen. Außerdem befände ich mich in bester familiärer Gesellschaft: Mein Onkel hatte sich vor den Zug geworfen, Jahre später hatte meine Mutter es ihm gleichgetan, und mein Großvater war aus der vierten Etage in die Tiefe gesprungen.

Solche Gedanken hegte ich zehn Kilometer vor León. Doch ich drängte sie gleich mit einem Aufschrei zurück: Nein, niemals!

Ich musste an die Beerdigung meiner geliebten Mutter denken, die in der Kirche meines Heimatorts Plainfeld bei Salzburg stattfand. Meine Mutter war eine in der Dorfgemeinschaft äußerst beliebte Frau gewesen. Sämtliche Einwohner schienen zur Trauerfeier gekommen zu sein. Manche mussten sie über Lautsprecher vor der Kirche verfolgen, weil nicht alle darin Platz fanden. Zum Ende hin stellte ich mich neben den Sarg und richtete meine letzten Worte an sie.

Liebe Mama, ich möchte gerne in meinem Namen und im Namen unserer Familie noch einige letzte Worte an dich richten. Worte, die am schwersten Tag unseres Lebens nicht leicht zu finden und auch nicht leicht auszusprechen sind. Es gäbe noch so vieles zu sagen, aber durch deinen plötzlichen tragischen Tod, durch deinen Entschluss, uns für immer zu verlassen, kommen diese Worte nun leider zu spät. Du musst wissen, dass wir dich gerade jetzt bräuchten, so wie du uns immer gebraucht hast. Dass wir dich bewundern, so wie du uns immer bewundert hast. Dass wir dich lieben, so wie auch du uns immer geliebt hast. Und dass wir gerade jetzt stolz auf dich sind, so wie du immer stolz auf uns warst.

Denn du warst eine Mutter und Ehefrau, wie man sie sich nur wünschen kann. Du warst uns ein Vorbild, wie man kein besseres haben kann. Du gabst uns Kraft, wie man sie aus keiner Quelle schöpfen kann. Du gabst uns Liebe, wie man sie inniger nicht fühlen kann. Und du gabst uns Lebensfreude – die man jedoch nicht auf schlimmere Weise verlieren kann. Denn du hast uns so viel geholfen – und wir konnten dir nicht mehr helfen ...

Wir möchten dir ein letztes Mal für alles danken, was du in deiner aufopfernden, liebenden Art für uns getan hast. Und wir bitten dich um Verzeihung, weil wir es dir in deinem irdischen Leben vielleicht nicht oft genug gesagt haben. Aber wir hoffen, du kannst es jetzt noch hören, genauso wie unser aller Gebet. Wir lieben dich und wünschen dir die ewige Ruhe in Frieden.

Danach hatte ich mich zurück in die Kirchenbank gesetzt, wo mich mein Vater zum ersten Mal im Leben umarmte.

Ich vernahm das Schniefen der versammelten Trauergemeinde, den Priester eingeschlossen, und schwor bei allem, was mir heilig war, dass ich, egal wie schlimm es käme, keinesfalls den Notausgang nehmen würde.

Meine Gedanken kreisten weiter um meine Mutter. Sah sie gerade auf mich herab? Verfolgte sie meinen Weg? War sie gar der Schutzengel, der mich seit Jahren begleitete? Leider hatte ich keine Möglichkeit gehabt, mich von ihr zu verabschieden. Zu plötzlich kam ihr Tod – zumindest für mich.

Ich erfuhr davon, als ich gerade mit dem Auto nach Hause fuhr. Seit zwei Wochen besaß auch ich endlich eines dieser sich rasant verbreitenden Mobiltelefone, die noch lange nicht so smart waren wie heutzutage. Deshalb war es noch etwas Besonderes, als mein Handy klingelte. Obendrein war es mein Vater, der mich zum ersten Mal auf der neuen Nummer anrief.

»Hallo, Papa! Schön, von dir zu hören. Wie geht's dir? Wie ist das Wetter in Österreich?«, plapperte ich drauflos. Stille in der Leitung, unterbrochen von einem Schniefen.

»Paps? Alles klar?«

»Ich habe leider schlechte Nachrichten«, sagte er mit monotoner Stimme. Vor diesem Anruf, als ich noch nicht bei jedem Klingelton aus der Heimat zusammenzuckte und gleich das Schlimmste befürchtete, hätte ich gedacht, es handele sich um eine Lappalie. Ich winkte einem entgegenfahrenden Freund zu und fragte: »Welche denn?«

»Deine Mutter ... Sie ist ... heute Morgen ... sie ist tot.«

»Was redest du da? Wieso tot?«

»Sie hat sich heute Morgen vor einen Zug geworfen.«

Mein Handy fiel zu Boden. Während der Fahrt tastete ich danach, kam dabei von der Fahrbahn ab und rammte blind vor Tränen einen Müllcontainer. Am liebsten hätte ich das Scheißtelefon zertreten, aber es war wohl unter den Sitz gekullert. An einer Haltestelle blockierte ein Bus meine Weiterfahrt. Ich raste stattdessen eine Parallelstraße entlang. Ein Auto kam mir entgegen. Der Fahrer hupte und gestikulierte. Es war ihm nicht zu verübeln, schließlich fuhr ich gegen eine Einbahnstraße. Ich schrie, schlug auf das Armaturenbrett und fuhr weiter, sodass der Mann schleunigst rückwärts aus der Straße fuhr und den verrückten Verkehrsteilnehmer passieren ließ.

Irgendwie schaffte ich es unfallfrei nach Hause. Dort fiel ich weinend in die Arme meiner damaligen Freundin. Sie tröstete mich und goss vorsorglich sämtlichen Alkohol in den Abfluss. Aber das war das Letzte, wonach mir der Sinn stand. Ich musste funktionieren. Ich musste nach Hause. Meine Freundin fuhr mich ins Reisebüro, und am nächsten Morgen flogen wir zusammen nach Salzburg. Ich war froh, dass sie mir in diesen schweren Stunden beistand. Wir waren seit über einem Jahr ein Paar. In wenigen Wochen hatten wir gemeinsam nach Österreich reisen wollen, damit ich sie meinen Eltern vorstellte. Meine Mutter hätte sie bestimmt gemocht. Leider war es dafür nun zu spät. Es war zum Heulen.

In Salzburg angekommen erfuhr ich nach und nach die Hintergründe. »Deine Mutter litt seit Monaten unter schweren Depressionen und war sogar in stationärer Behandlung in der Nervenklinik gewesen«, erzählte mir eine Tante. »Deine Mutter hatte bereits einen Suizidversuch hinter sich. Mit Tabletten. Man hatte sie gerade noch rechtzeitig gefunden«, berichtete mir eine ihrer Freundinnen beiläufig.

Ich konnte es kaum fassen und war stinksauer auf alle. Ich, ihr ältester Sohn, schien der Einzige zu sein, der von ihren Depressionen nichts mitbekommen hatte. Niemand – nicht mein Vater, nicht mein Bruder, nicht ihre Schwester – hatte es für nötig befunden, mich darüber zu informieren. Und sie selbst hatte es auch nicht getan. In unseren Telefonaten hatte sie, wohl aus Scham, ihre Krankheit mit keinem Wort erwähnt. Wahrscheinlich hätte ich den Tod meiner Mutter nicht verhindern können – aber hätte ich von der Krankheit und dem ersten Suizidversuch erfahren, wäre ich sofort nach Österreich geflogen und hätte es zumindest versucht. Dieser Gedanke begleitet mich bis heute.

Nach der Beerdigung ging es zum Kirchenwirt von Plainfeld, wo die Trauergäste zum traditionellen »Leichenschmaus« geladen waren. Allein von der makabren Bezeichnung hätte ich kotzen können. Nach dem aufwühlenden Abschied von meiner Mutter stand mir nicht der Sinn nach Geselligkeit. Ich saß mit den engsten Angehörigen an einer erhöhten Tafel im überfüllten Saal, sodass uns sämtliche Gäste gut im Blick hatten und uns bemitleiden konnten. Auch der Schwiegervater eines Cousins hatte sich an diesen Tisch verirrt, obwohl ich ihm erst einmal im Leben begegnet war und er meine Mutter kaum gekannt hatte. Der Mann sprach ordentlich dem Alkohol zu und unterhielt unseren Tisch mit selten dämlichen Altherrenwitzen. Ich trauerte um meine Mutter und konnte sein Gerede nicht ertragen. Vermutlich fehlte mir damals das Selbstvertrauen, um ihm Einhalt zu gebieten, oder ich hatte erwartet, dass jemand anders das tat, mein Vater oder meine Tante. Aber nichts dergleichen geschah. Bis heute bereue ich zutiefst, diesem Mann damals nicht kräftig meine Meinung gegeigt zu haben und ihn wegen Respektlosigkeit aus dem Saal geworfen zu haben, selbst wenn ich damit für einen Eklat gesorgt hätte.

Drei Tage nach der Beerdigung trafen Simone und ich uns abends mit meinen Freunden. Ich musste am nächsten Tag zurück nach Spanien fliegen, während Simone von Salzburg aus mit dem Zug nach Hamburg fahren würde, wo sie Medizin studierte. Sie verbrachte die Ferien in Spanien, und ich besuchte sie gelegentlich in Hamburg. Simone war mütterlicherseits kroatischer Abstammung, hatte lange schwarze Haare, eine üppige Figur und war ein echter Hingucker – das zumindest versicherten mir meine Kumpels.

In den Tagen nach der Hiobsbotschaft vom Tod meiner Mutter hatte ich ganz neue Facetten an meiner Freundin entdeckt, die bislang unbekannte Gedanken in mir aufkeimen ließen. Ein wichtiger Teil meiner Familie war gestorben. Vielleicht war es nun an der Zeit, selbst eine Familie zu gründen? So wie mir Simone in diesen Tagen beigestanden war, mich umsorgte, mich tröstete, mir zeigte, dass in schweren Zeiten Verlass auf sie war, brachte sie sich als potenzielle Frau fürs Leben ins Spiel und ließ mich ernsthaft erwägen, demnächst um ihre Hand anzuhalten.

Oder waren meine spontanen Heiratsabsichten nur der Wunsch, rasch einen Ersatz für meine Mama zu finden? Ich beschloss, erst mal ein bisschen genauer darüber nachzudenken, ehe ich einen teuren Ring erwarb – doch so weit sollte es ohnehin nicht kommen.

Der Abschiedsabend im Kreis meiner österreichischen Kumpels brachte mich zum ersten Mal wieder auf andere Gedanken. Es war zugleich auch Simones und mein Abschied für längere Zeit. Ihre Sommerferien begannen in drei Monaten, und erst dann sollten wir uns in Andalusien wiedersehen – aber auch dazu sollte es nicht mehr kommen.

Zurück in Spanien, hörte ich in meiner Tauchschule den Anrufbeantworter ab. Das Büro war in meiner Abwesenheit geschlossen gewesen, weshalb sich zahlreiche Nachrichten angestaut hatten. Die erste war von einer Gruppe Spanier, die einen Tauchgang reservieren wollten. Die zweite von einem Vertreter eines Tauchausrüstungsherstellers, der um einen Termin bat, um den neuen Katalog zu präsentieren. Und die dritte Nachricht war ein Schock. Rauschen. Schweres Atmen. Dann eine leise Stimme. »Edi? Bist du da? Anscheinend nicht. Schade. Ich … wollte mich nur von dir … ach, nicht so wichtig. Tschüss. Und … mach's gut, mein Sohn.«

In diesem Moment betrat ein Kunde die Tauchschule. Ich bat ihn unter Tränen, wieder zu gehen, wir hätten geschlossen. Ich hörte die Nachricht ein zweites Mal ab, ein drittes und ein viertes. Einen kurzen Moment hatte ich geglaubt, meine Mutter lebte noch. War sie identifiziert worden? Und wenn ja, durch wen? Diese Fragen hatte ich in Österreich nicht gestellt. Vielleicht handelte es sich um eine Verwechslung? Denn wie sonst hätte Mama mir die Nachricht hinterlassen können?

Doch die Zeitanzeige des Geräts machte diese Hoffnung zunichte. Meine Mutter hatte mir am Vorabend ihres Todes auf Band gesprochen. Offensichtlich hatte sie sich von mir verabschieden wollen und mich spätabends im Büro nicht erreicht. Wieso hatte sie es nicht auf dem Handy versucht? Warum wollte sie nicht mehr leben, warum, warum, *warum nur*?

Die restlichen Nachrichten liefen durch, doch ich hörte nur mit halbem Ohr zu. Nur auf die letzte wurde ich aufmerksam. Ein Freund aus Österreich bat um dringenden Rückruf. Dabei hatten wir uns erst vor zwei Tagen bei der Abschiedsfeier gesehen. Was konnte denn zwischenzeitlich so Wichtiges vorgefallen sein? Nachdem ich mich von der Nachricht aus dem Jenseits etwas gefangen hatte, rief ich ihn zurück.

»Ich habe lange überlegt, ob ich es dir sagen sollte«, begann mein Freund. »Und ich bin mir auch jetzt nicht sicher. Aber du bist mein Kumpel und solltest die Wahrheit erfahren – auch wenn sie schmerzlich ist«, fügte er hinzu. Schließlich rückte er mit der Sprache heraus und erzählte mir, dass Simone ihm während unseres Treffens eindeutige Avancen gemacht habe. Während ich auf der Toilette gewesen war und die anderen Kumpels in ein Gespräch vertieft waren, habe sie ihm unter dem Tisch ihre Telefonnummer zugesteckt, ihn dabei am Schritt berührt und ihn in ihre Wohnung nach Hamburg eingeladen. Aber das komme für ihn natürlich keinesfalls infrage, versuchte er mich zu beruhigen.

Ich seufzte. »Hör zu, mir steht der Kopf gerade nicht nach solchen Scherzen.« Denn dass diese Geschichte ein übler Scherz gewesen sein musste, stand außer Frage. Nur wusste er eigentlich, wie auch meine anderen Freunde, wo sich die Gürtellinie befand.

Doch mein Kumpel blieb dabei und versicherte mir, dass es sich so zugetragen habe. Als Beweis gab er mir Simones korrekte Telefonnummer durch. Woher zum Teufel sollte er ihre Nummer haben, wenn nicht von ihr? Trotzdem wollte ich es nicht glauben. Ich kappte die Verbindung und wählte Simones Nummer. Sie versuchte erst gar nicht zu leugnen und gab zu, dass sie meinen Freund eben ziemlich süß fand.

Nie zuvor hatte ich mich in jemandem dermaßen getäuscht.

Und so hatte ich innerhalb einer Woche meine Mutter und meine Freundin verloren.

Mein Vater fand übrigens ein Jahr nach dem Tod meiner Mutter eine neue Partnerin. Auch Anneliese war Witwe – und zwar durch einen ähnlich tragischen Umstand. Sie und ihr Mann waren auf einer Familienfeier gewesen. Dort war es zu einem Streit gekommen, der eskaliert war. Am Ende holte der Gastgeber eine Flinte aus einem Nebenraum und erschoss Annelieses Mann vor ihren Augen. Auch sie wollte er töten, doch der Schuss ging daneben, und sie konnte flüchten.

Es freute mich für meinen Vater und für Anneliese, dass es das Schicksal doch noch gut mit ihnen meinte – und das mittlerweile schon seit vielen Jahren. Außerdem war mein innerer Familienkreis durch diese Verbindung von Annelieses Seite aus um gleich drei äußerst liebenswürdige Geschwister samt sympathischem Anhang gewachsen. Der wunderbaren Familie Pongratz ist dieses Buch gewidmet.

Eine kleingewachsene grauhaarige Pilgerin überholte mich und wünschte mir einen »buen Camino«. Mir war beim Nachgrübeln gar nicht aufgefallen, in welches Schneckentempo ich auf den letzten beiden Kilometern verfallen war. Dabei wollte ich auf dem Weg nach León, trotz der öden Umgebung, eigentlich positive Gedanken hegen. Zudem wollte ich es schlauer anstellen als bei der Etappe nach Burgos. Ich hatte noch gut hundert Euro in der Tasche, deshalb musste ich mich nicht vor dem Geldautomaten fürchten, und ich würde mich hüten, in León ein Internetcafé zu betreten.

Da mir keine erfreulichen Dinge einfallen wollten, griff ich in die Zeitreise-Kiste und kramte nach Erinnerungen – nach Jakobsmuscheln, die meinen Lebensweg beeinflusst hatten. Ich beschloss, mit meiner Rückblende dort weiterzumachen, wo ich gestern Abend bei der Ankunft in der Herberge aufgehört hatte, und rief mir auf den letzten Kilometern nach León einige Episoden meiner ersten Segelreise ins Gedächtnis, was mich hoffentlich in bessere Stimmung brächte.

Wie befürchtet, waren meine Eltern und mein Chef nicht gerade begeistert gewesen, dass ich alles zurücklassen wollte, um mit einem Typen um die Welt zu segeln, den ich erst am Vorabend in einer Kneipe kennengelernt hatte. Zumal ich kein Geld hatte und sich meine seemännischen Kenntnisse auf Surfbretter und Schlauchboote in den Seen des Salzkammerguts beschränkten. Aber die Reise war nun mal beschlossene Sache, und ich war so aufgeregt, dass ich kaum noch eine Nacht durchschlief.

Ich erwarb stapelweise nautische Literatur und Bücher über Weltumsegelungen und träumte mich in der Wartezeit vor unserer Abreise auf einsame Südseeatolle. Walter verkaufte wie vereinbart die Wohnung an seinen Vater. Der Erlös war zugleich unser Budget für den Bootskauf. Wir durchforsteten die Kleinanzeigen in verschiedenen Wassersportmagazinen. Das Internet war wohl bereits erfunden, aber es sollte noch Jahre dauern, ehe wir beide davon erfuhren, sodass sich die Suche etwas aufwändig gestaltete. An einem Wochenende fuhren wir nach Norditalien, um in den dortigen Marinas nach zum Verkauf stehenden Segelbooten Ausschau zu halten, aber wir fanden nur »Plastikschüsseln«. Uns schwebte jedoch ein robustes Stahlschiff vor, ein unverwüstlicher Kahn, mit dem wir heftigen Stürmen, gefährlichen Riffen, Kollisionen, Piraten und anderen Gefahren trotzen konnten. Ein solches Schiff fanden wir wenig später in einer Kleinanzeige.

Es gehörte einem Deutschen und stand in einem Hafen bei Empuriabrava, nördlich von Barcelona. Die Segelyacht hieß Orion, war über zwölf Meter lang und hatte zwei Masten. Kaufpreis achtzigtausend D-Mark. Ein Schnäppchen. Und gerade noch im Rahmen unserer Möglichkeiten. Mehr Informationen als die vier Zeilen der Kleinanzeige hatten wir nicht. Nicht einmal ein Foto des Dampfers hatten wir gesehen. Trotzdem machten wir uns auf den Weg nach Nordspanien. Wir trafen den Verkäufer, der uns sein »unsinkbares Segelboot« präsentierte. Das war erst mal schwer nachzuprüfen, denn die Orion stand am Trockendock. Sie hatte einen roten Rumpf, ein weißes Deck und schwarze Masten, die mit außergewöhnlich vielen starken Drahtseilen, den Wanten und Stagen, am Deck gesichert waren. Die Segel waren verschmutzt und abgescheuert, aber wenigstens nicht löchrig. Das Schiffsinnere benötigte einen Frühjahrsputz, aber viel wichtiger war, dass der Stahlrumpf in Ordnung zu sein schien – zumindest hörten wir ein dumpfes »Klonk«, als wir mit der Faust von außen gegen die Schiffshaut hämmerten.

Es war Liebe auf den ersten Blick. Das hatte wohl auch der Verkäufer bemerkt und war daher keine Mark von seinem Preis runtergegangen. Eine Stunde später hatten wir den Vertrag unterzeichnet und eine Anzahlung geleistet. Als stolze Besitzer einer eigenen Yacht betraten wir die nächste Hafenkneipe und feierten den Kauf unserer Orion, mit der wir fortan sämtliche Weltmeere erobern wollten. Walter Daxer und Eduard Freundlinger würden neben Christopher Kolumbus, Ferdinand Magellan, Captain Cook und anderen Entdeckern in die Geschichtsbücher der Seefahrt Eingang finden, so viel stand schon mal fest.

Die Realität sah dann etwas anders aus. Sechs Wochen später waren die Vorbereitungen abgeschlossen. Wir hatten der Orion einen neuen Anstrich verpasst und sie liebevoll auf Vordermann gebracht. Unsere Freunde hatten wir mit einem rauschenden Fest verabschiedet, und nun gab es kein Zurück mehr.

Unsere erste Fahrt mit der eigenen Segelyacht führte in den Nachbarort Rosas, wo ein Kran das Boot für eine allerletzte Reparatur am Unterwasserschiff herausheben sollte. Zwei Kumpels von uns, Roland und Manfred, wollten uns eine Woche lang begleiten. Außerdem befand sich Wolfgang an Bord, ein Chartergast, der für die Reise über den Atlantik bezahlt hatte. Gemeinsam stießen wir mit einem Glas Cava an und tuckerten mithilfe des Motors aus dem Hafen. Vor den Hafenmauern wandten wir uns Richtung Backbord, was auf einem Boot links bedeutete. So viel theoretisches Wissen hatte ich mir immerhin schon angeeignet. Dabei mussten wir gegen eine leichte Strömung und niedrige Wellen ankämpfen, die aus der Richtung anrollten, in die wir schippern wollten.

Leider kamen wir nur etwa eine Seemeile voran, dann ging nichts mehr. War unser Motor dafür etwa zu schwach? Es handelte sich laut dem Vorbesitzer um einen alten, aber extrem robusten Traktormotor, aber sonderlich viel Leistung konnte das dröhnende Teil im Schiffsbauch nicht haben, wenn wir nicht mal gegen eine leichte Strömung ankamen. Es blieb uns nichts anderes übrig, als umzukehren und zurück in den sicheren Hafen zu manövrieren.

Kaum hatten wir gewendet, nahmen wir wieder Fahrt auf. Was wir nicht wussten, war, dass der Vortrieb ausschließlich von der Strömung kam. Die Schiffschraube stand längst still, weil etwas am Getriebe defekt war. Als wir um die Kurve der Hafeneinfahrt bogen, nahm das Drama seinen Lauf. Die Strömung trieb die Orion auf die Wellenbrecher an der Hafeneinfahrt zu. Es fehlten nur noch wenige Meter, dann würde unser Schiff daran zerschellen. Ich stand am Vorschiff und wandte mich zu Walter am Steuerrad um. Hatte er nicht behauptet, einen Segelschein zu haben? Wild gestikulierend wies ich mit der Hand in Richtung Hafeneinfahrt, aber der Skipper machte eine Was-soll-ich-tun-Geste und steuerte uns direkt ins Verderben.

Niemals werde ich das Geräusch des ersten Aufpralls vergessen. Die Orion wurde von den Wellen an einem Wall aus Steinblöcken hochgeschleudert. Die Schiffsmasten schlugen um sich und drohten die Menschen zu erschlagen, die uns zu Hilfe eilen wollten. Kaum zog sich eine Welle zurück, schlitterte unser Sechzehn-Tonnen-Kahn an den Brechern hinab, bis er von der nächsten erneut hochgeschleudert wurde. So etwas hielt kein Schiff aus. Ein Crewmitglied sprang ins Innere der Yacht, um unsere Reisepässe und das Geld zu holen.

Ich umklammerte den Mast und dachte an die Blamage, die mich zu Hause erwartete. Unsere geplante Weltumsegelung war in drei Salzburger Lokalzeitungen angekündigt worden. Jeder wusste von unserem tollkühnen Vorhaben. Und nun war die Orion nach nicht einmal einer halben Stunde im Begriff zu sinken. Ich stellte mir bereits die Schlagzeilen vor: *Salzburger Abenteurer Walter Daxer und Eduard Freundlinger kentern und ertrinken auf ihrer Weltumsegelung – direkt an der Hafenausfahrt!*

»Edi! Fass mit an! Schnell!« Roland riss mich aus meinem Tagalbtraum. Er hatte einige Jahre Segelerfahrung und brüllte Kommandos, die mich aus der Lethargie holten. Zum Glück hatte er einen Plan, wie wir das Schiff retten könnten. Am Bug wurde der Anker zu Wasser gelassen und am Heck ein langes Tau befestigt. Mit dem anderen Tauende ruderten Manfred und ich per Beiboot zur gegenüberliegenden Hafeneinfahrt, wo bereits ein hilfsbereiter Deutscher mit seinem Wohnmobil wartete. Hektisch verknoteten wir das Seil mit der Anhängerkupplung, und der Mann sprang in seinen Caravan.

Es war ein gefährliches Unterfangen, schließlich war unser schlingerndes Boot bestimmt viermal so schwer wie das Wohnmobil und hätte es über die Mole ins Hafenbecken reißen können. Aber wir hatten Glück. Der Caravan straffte die Leine und zog das Heck der Orion langsam von den Wellenbrechern fort. Das Schiff hing nun zwischen dem Anker am Bug und dem Tau am Heck fest und blockierte die gesamte Hafeneinfahrt von Empuriabrava. Zumindest schwamm die Orion noch – was einem Wunder glich, weil es zwanzig Minuten lang gegen die grobkantigen Brecher geschleudert worden war.

Am Nachmittag wurde unser havariertes Schiff vom Roten Kreuz in die Marina von Rosas geschleppt. Dort kam der kompetent wirkende Juniorchef einer Werft an Bord, der in Deutschland Schiffsbau studiert hatte. Der Rumpf war zum Glück nur an einigen Stellen eingedellt und zerkratzt. Donnerwetter, was der Kahn alles aushielt, dachte ich. Eine Kunststoffyacht hätte das bestimmt nicht überstanden. Wir fragten den Mann nach den Reparaturkosten für den Rumpf. Er sagte, das koste nicht viel. »Wunderbar«, meinten wir. »Dauert es lange? Wir planen nämlich eine Weltumsegelung und haben keine Zeit zu verlieren.« Der Blick des Experten war schwer zu deuten – entweder fand er diese gebündelte Naivität bemitleidenswert, oder er versuchte sich das Lachen zu verkneifen.

Es gebe da ein kleines Problem, meinte er schließlich. Problem? Welches Problem denn? Der Herr Bootsbauingenieur umkreiste mit dem Zeigefinger eine imaginäre Weltkugel und sagte, dass wir unser Vorhaben bei diesem Zustand unserer sogenannten Yacht vergessen könnten. Dann malte er mit dem Fuß einen Kreis auf den Boden und sagte, dass wir mit der Orion bestenfalls eine Runde vor dem Hafen drehen könnten. Aber selbst dabei würde er aus Sicherheitsgründen lieber von Bord gehen.

Der Typ wurde uns langsam unsympathisch. Walter wiederholte die Kreisbewegung um den Erdball und fragte den Mann, der uns sicher nur das Geld aus der Tasche ziehen wollte, was es denn bräuchte, damit wir unser Vorhaben mit der Orion umsetzen könnten.

Nur ein paar Dinge, meinte der Mann und zählte auf: zum Beispiel einen neuen Motor, neue Bordelektrik, neue Batterien, einen neuen Autopiloten und einige andere wichtige Kleinigkeiten.

Walter und ich sahen uns an und schluckten erst mal. »Und was soll das bitteschön kosten?«, fragten wir unisono. »Kommt am Nachmittag ins Büro«, meinte der Mann und rieb sich im Geiste wohl die Hände.

Als wir uns später dort einfanden, befürchteten wir das Schlimmste und wurden nicht enttäuscht. Der Juniorchef schob uns einen mehrseitigen Kostenvoranschlag über den Tisch und versicherte uns, dass diese Arbeiten absolut notwendig – ja sogar überlebensnotwendig seien, wenn wir vorhätten, den Atlantik zu überqueren. Alles andere wäre grob fahrlässig.

Wir nickten abwesend und blätterten zur letzten Seite. Ich starrte auf den Gesamtbetrag. 7.254.178 Peseten. Mit zitternden Fingern zog ich den Taschenrechner des Halsabschneiders zu mir herüber und rechnete den Betrag in Schilling um.

»Was? Aber ... aber ... das ist ja mehr, als das ganze Schiff gekostet hat!«, rief ich.

»Das glaube ich Ihnen gerne«, erwiderte der Werftschnösel, der sogar fließend Deutsch sprach. »Es taugt auch nur der Rumpf etwas. Der ist in Ordnung. Alles andere ist, verzeihen Sie mir bitte den Ausdruck, Schrott!«

Mit dem Kostenvoranschlag kehrten wir beiden Schiffbrüchigen zur Orion zurück. Kaum hatten wir sie gekauft, mussten wir sie bereits generalüberholen. Nur stellte uns dies vor eine Reihe von Problemen. Erstens: Wir hatten kein Geld dafür. Zweitens: Wir hatten bereits eine stattliche Anzahl von Reservierungen für Charterreisen in der Karibik. Die Anzahlungen für diese Reisen hatten wir längst in das Schiff investiert. Das hieß wiederum, wir *mussten* unbedingt in die Karibik. Drittens: Wir hatten einen Chartergast an Bord, der für die Überfahrt von Nordspanien über Gibraltar und die Kanarischen Inseln bis in die Karibik teures Geld bezahlt hatte. Trotzdem hatte er uns bislang bei allen Wartungsarbeiten geholfen und war sogar die Schiffsmasten hochgeklettert, um sie zu streichen. Der Mann hieß Wolfgang, war dreißig Jahre älter als ich und ein Freund meines Ex-Chefs. Jetzt wollte er natürlich wissen, wie es nun weiterginge.

»Leider gar nicht. Wir haben nämlich ein kleines Problem«, sagte Walter und schilderte ihm die heikle Situation. Die Orion sei hochseeuntauglich, und uns fehle das Geld für eine entsprechende Nachrüstung.

Wolfgang strich sich durch den grauen Bart und schüttelte den Kopf. »Na, dann bleibt mir wohl nichts anderes übrig, als hier auszusteigen, Jungs. Wann bekomme ich mein Geld zurück?«

»Tja ... hmm ...«, setzte Walter an.

»Ihr habt es bereits ausgegeben?«, folgerte unser Chartergast messerscharf.

Walter und ich nickten betreten. »Ich sagte doch, wir hätten ein kleines Problem«, meinte Walter kleinlaut.

»Ein kleines Problem nennst du das? Ich nenne das Betrug, Freundchen. Zwanzigtausend Schilling habe ich für die Reise bezahlt. Dafür musste ich an Bord wie ein Galeerensklave arbeiten, und schon bei der ersten Ausfahrt wären wir beinahe abgesoffen. Jetzt stellt sich heraus, dass ihr ein rostiges Wrack gekauft habt, bei dem rein gar nichts funktioniert, die Reise damit zu Ende ist und ihr mir mein Geld nicht zurückzahlen könnt. Also das ist doch wirklich eine Frechheit!«

»Moment mal«, versuchte ich es mit Diplomatie und Charme. »Es tut uns furchtbar leid, aber das konnten wir doch im Voraus nicht wissen. Du bist ein netter Kerl, und wir wollten dich echt nicht enttäuschen ... Außerdem muss die Reise noch gar nicht zu Ende sein, ehe sie angefangen hat. Wenn du uns vielleicht ... das Geld ... na ja ... vorstrecken ...«

»*Ich* soll euch die Kohle borgen?«, krächzte Wolfgang und pochte mit dem Zeigefinger gegen seine Brust.

»Du bekommst es auch wieder zurück«, versicherte ich ihm.

»Genau. Inklusive Zinsen«, stimmte Walter zu.

Derart in Erinnerungen versunken, hatte ich inzwischen die Stadtmauern Leóns erreicht. Mein Pilgermanager Rainhard war mir abhanden gekommen, also musste ich mich höchstpersönlich um meine Unterkunft kümmern. Mein schlaues Büchlein hatte einen Geheimtipp parat. Im katholischen Studentenwohnheim Hermanas Trinitarias bekomme man Einzelzimmer zu einem »sehr günstigen Preis-Leistungs-Verhältnis«.

Da sich die Pilgergemeinschaft in großen Städten ohnehin zerstreute, beschloss ich, mir heute ausnahmsweise diesen Luxus zu gönnen. Die freundliche Nonne am Empfang nannte mir einen Preis von fünfzehn Euro, Frühstück inklusive. Dann musterte sie mich durch ihre Brillengläser von einem Zentimeter Stärke und senkte den Preis auf zwölf Euro. Ganz ohne zu verhandeln. Ich musste mittlerweile erbärmlich aussehen. Anschließend zeigte sie mir den Raum. Acht Quadratmeter purer Luxus. Ein Einzelzimmer mit *eigenem* Bad! Verglichen mit den bisherigen Herbergen wirkte es wie ein Pilger-Business-Upgrade, ja, fast wie ein Nobelhotel.

»Bleibst du eine oder zwei Nächte?«

Gute Frage. Ich musste mich erst mit meinem inneren Dämon beratschlagen. Aber der hüpfte und tanzte bereits vor Freude wie eine Cheerleaderin bei dem Super Bowl. Er streckte der Nonne vierundzwanzig Euro hin und wollte sie gerade auf den Mund küssen, als ich dazwischenfuhr.

»Das überlege ich mir noch«, antwortete ich.

Hast du einen an der Jakobsmuschel?, zürnte mein Dämon. Wir sind fünfhundert Kilometer gepilgert und brauchen dringend einen Tag Erholungspause in diesem Einzelzimmer. Zum Kraft tanken und Wunden lecken. Und außerdem könnte dann die hübsche Pilgerschwester Johanna aus Bulgarien zu dir aufschließen. Die hatte dich doch beim letzten gemeinsamen Abendessen angehimmelt, als wärst du ein direkter Nachfahre des Apostels Jakob.

»Ich denke darüber nach«, wiederholte ich und ignorierte erst mal meinen Dämon. Ich verarztete meine Füße und ruhte mich etwas aus. Dann ließ ich mich durch die Stadt treiben. Die laut Guide »vielleicht schönste Kathedrale Spaniens« war zwar sehenswert, aber der Eintritt teuer, und sie war so voll von lärmenden Touristen, dass keinerlei innere Einkehr möglich war.

Der historische Stadtkern war interessant, aber die Menschentrauben vor lauten Kneipen und der dichte Verkehr behinderten mein Vorwärtskommen. Ich wurde angerempelt, angemotzt und angestarrt, fühlte mich in meinen Pilgerklamotten unter schick angezogenen Passanten und Businessleuten wie ein Fremdkörper, den die Stadt möglichst schnell wieder ausspucken wollte. Da man am Camino meist von einem idyllischen Hundert-Einwohner-Dorf zum nächsten wanderte, war ich mit der lärmenden Großstadt schlichtweg überfordert. Ich schaffte es nicht mal, zu Abend zu essen. Um die höheren Kosten für die Unterkunft auszugleichen, musste ich beim Essen sparen. Um Viertel nach neun Uhr abends betrat ich eine Dönerbude und bestellte mir ein Falafel-Menü mit Pommes und Cola für vier Euro neunzig. Vor mir hatte jedoch eine Gruppe Jugendlicher das volle Kebab-Programm bestellt, sodass mein Falafel um kurz vor zehn Uhr nicht mal in Arbeit war. Da auch die Pforten dieser Herberge um zweiundzwanzig Uhr schlossen, musste ich mit leerem Magen abziehen.

Zurück im Studentenwohnheim erklärte ich der Nonne, ich würde nur eine Nacht bleiben. Mein innerer Dämon erging sich in Schimpftiraden. Ich stopfte mir imaginäre Ohrstöpsel rein und ignorierte ihn. Ein weiterer Tag in León würde den ganz besonderen Fluss von Körper, Geist und Seele, den ich am Camino erleben durfte, nur unnötig gegen ein Hindernis leiten, hinter dem es zu Verwirbelungen kommen könnte.

Mit der Gewissheit, mich richtig entschieden zu haben, schlief ich ein.

21

León – Villavante

Um sechs Uhr morgens wachte ich auf und fühlte mich so fit wie schon lange nicht mehr. Das Frühstück war reichhaltig. Es gab Marmeladenbrote und sogar Müsli. Noch vor sieben Uhr war ich bereit, die einunddreißig Kilometer lange nächste Etappe in Angriff zu nehmen. Vor der Herberge umklammerte ich meine Wanderstöcke wie einst Hermann Maier seine Skistöcke im Starthäuschen der Kitzbühel-Abfahrt. Ich rannte fast aus León hinaus und blieb erst nach neun Kilometern zum ersten Mal stehen. Dort gab es nämlich eine Entscheidung zu treffen.

Der Hauptweg führte geradeaus und ähnlich wie gestern auf der gesamten Länge an einer vielbefahrenen Hauptstraße entlang. Mein Guide meinte dazu treffend: *Diese Route ist nur ausgesprochenen Masochisten, eingefleischten Autoliebhabern und Menschen, die auf dem Jakobsweg besonders große Sünden abbüßen wollen, zu empfehlen.*

Nach links hingegen führte ein weitaus schönerer Weg über die Weite der kastilischen Felder, über Äcker, Wiesen, Maisfelder, herbstliche Wälder und an einem idyllischen Bach entlang. Über neunzig Prozent der Pilger beschritten den Weg an der dröhnenden Hauptstraße, weil der laut Reiseführer drei Komma vier Kilometer kürzer war. Ich warf einen raschen Blick auf meinen inneren Dämon, der sicher der Masse gefolgt wäre, aber er kauerte wegen gestern noch schmollend in der hintersten Ecke meines Bewusstseins. »Ach, leck mich doch«, knurrte er. »Seit wir diese bescheuerte Pilgerreise angetreten haben, hörst du ohnehin nicht mehr auf mich. Dabei war ich von Anfang an dagegen. Von wegen, du willst hier etwas finden. In dieser gottverdammten Einöde? Ich lach mich krumm. Schon mal was von Google und Amazon gehört? *Dort* kann man alles finden!«

Ich ignorierte sein Gerede und ging in bester Stimmung den längeren und schöneren Weg. Denn heute hatte ich wieder eine wichtige Erkenntnis erlangt – und das schon zu früher Stunde.

Pilgerbruder Rainhard war ich regelrecht davongerannt, weil er zusehends meinen Weg bestimmt hatte. Gestern und heute war mir allerdings so richtig bewusst geworden, dass es einen weiteren Pilgerbruder gab, der mir ständig meinen Weg vorzeichnen wollte. Aber ihm konnte ich niemals davonlaufen, selbst wenn ich hundert Kilometer am Tag ginge. Er war ständig bei mir, auch schon vor der Pilgerreise, und er wird es nach dem Jakobsweg noch immer sein. Die Rede ist von meinem inneren Dämon. Erst am Jakobsweg wurde mir seine Existenz so richtig bewusst – vielleicht weil ich täglich mehrere Runden gegen ihn kämpfen musste. Und er konnte ein echter Klitschko sein.

Zu Hause hatte ich mich leider allzu oft kampflos geschlagen gegeben. Na gut, wenn du meinst, hatte ich gedacht oder: Einverstanden, dann machen wir das so. Ich bereute vieles, was ich ihm zuliebe getan hatte, und ich bereute einiges, was ich seinetwegen *nicht* getan hatte. Jetzt bereute ich, so oft auf ihn gehört zu haben. Mein Dämon war mir in diesen Tagen derart präsent geworden, dass ich ihm heute sogar einen Namen verpasste: Amancio Vázquez. So hieß der Bösewicht meines dritten Kriminalromans *Im Schatten der Alhambra*. Das fand ich passend.

Amancio hat tausende Gesichter. Mal manifestiert er sich als Linienbus und flüstert mir: »Steig ein!« ins Ohr, mal nimmt er die Gestalt eines Geldautomaten an, vor dem er mich auffordert:

»Na, komm schon, zieh dir ein paar Scheinchen raus, und gönn dir mal was Anständiges«, oder als Speisekarte mit dem Abbild eines saftigen Achthundert-Gramm-Steaks. Und das waren nur seine Gesichter am Jakobsweg. Doch er würde sich nach meiner Rückkehr etwas Neues einfallen lassen müssen, um mich vom richtigen Weg abzubringen. Einen Autobesitzer juckte nun mal kein Linienbus. Und nach meiner Trennung von Tatiana würde das Einzelzimmer zu einer solch deprimierenden Realität werden, dass ich mir schon nach kurzer Zeit ein Dutzend schnarchender Pilger herbeisehnen würde.

»Aber ich habe dich auf dieser Reise nun gut kennengelernt, Amigo Amancio Vázquez, und in welcher Form auch immer du in Zukunft auftreten wirst, ich werde dich erkennen«, sagte ich halblaut. »Und eines lass dir gesagt sein: Du wirst mich zwar mein Leben lang begleiten, aber du wirst mich nicht mehr führen oder gar meinen Weg bestimmen. Ab sofort bin ich hier der Boss, und du bekommst einen Maulkorb verpasst und wirst an der kurzen Leine hinter mir her traben, verstanden?«

Hatte ich am Vortag zwischen Industrieviertel und Gewerbegebieten noch daran gedacht, dass es gut zur Dramaturgie meines Lebens passen würde, mich vom Kap Finisterre zu stürzen, erlebte ich heute in dieser faszinierenden Weite ein Hochgefühl, dass ich vor Glück hätte schreien mögen. War das noch normal? Oder würde ein Psychologe mir bereits eine bipolare affektive Störung diagnostizieren?

Egal, von Psychologen würde ich mich Zeit meines Lebens ohnehin fernhalten. Meiner Mutter hatte die Psychotherapeutin auch nicht helfen können, als sie Hilfe am nötigsten gehabt hätte. Und nachdem Mama bereits freiwillig aus dem Leben geschieden war, hatte die gute Dame eine horrende Rechnung ins Haus der trauernden Familie geschickt. Inklusive vorab vereinbarter Sitzungen, an denen sie jedoch nicht mehr teilnehmen konnte, weil sie bereits verstorben war. Daraufhin hatte ich der Frau Psychologin einen bitterbösen Brief in die Praxis geschickt.

Heute verspürte ich eine unglaubliche Energie und ein unerschütterliches Selbstvertrauen, wie damals während meiner Jahre auf der Segelyacht Orion, als Walter und ich wegen unserer gemeinsam erlebten Abenteuer vor Euphorie und Testosteron nur so strotzten. Nichts hätte uns etwas anhaben können. Wir fühlten uns unbesiegbar, und unser Schiff hielten wir für unsinkbar. In manchen Situationen hatten wir allerdings nur pures Glück gehabt. Zum Beispiel mit unserem Chartergast Wolfgang. Er hatte sich tatsächlich bereit erklärt, uns die stattliche Summe zu borgen, die nötig war, um die Orion technisch auf den letzten Stand zu bringen und neu zu motorisieren. Danach hatte unser Abenteuer endlich beginnen können.

Zwei Jahre später hatten wir den Kredit samt Zinsen abgezahlt, und Wolfgang gehört heute noch zu den Menschen, die ich bewundere – obwohl wir uns damals an Bord oftmals gezofft haben und verschiedener Meinungen waren.

Unser vorläufiges Ziel war die Karibikinsel Grenada gewesen, wo wir zu einem gewissen Zeitpunkt eintreffen mussten, weil sich dort bereits die ersten Chartergäste angekündigt hatten. Also konnten wir nicht länger herumtrödeln. An der gesamten spanischen Küste herrschte Flaute, und wir mussten mithilfe unseres neuen Motors gen Süden steuern. Die Gefahren lauerten eher an Land. In einer Kneipe in Torrevieja verliebte sich Skipper Walter gleich unsterblich in ein schwedisches Model, was ihm in weiterer Folge Dutzende Liebesbriefe, teure Telefonate und Reisen nach Skandinavien bescheren sollte. Im Hafen Marina del Este bei Almuñécar im Süden Spaniens mussten wir längere Zeit auf ein Ersatzteil warten. Wir fanden Gefallen an diesem idyllischen, noch nicht vom Massentourismus befallenen Küstenabschnitt. Damals ahnten wir noch nicht, dass wir hier vier Jahre später eine Tauchschule gründen würden.

Dass wir da überhaupt noch am Leben waren, verdankten wir dem Meeresgott Neptun, der wegen uns Chaoten zu jener Zeit so manche Überstunde schieben musste. Zum Beispiel in der Straße von Gibraltar. Frühmorgens waren wir ausgelaufen und hatten die Meerenge bei Einbruch der Dunkelheit passiert. Wir hielten Kurs auf Gran Canaria. Es war das erste Mal seit unserer Abreise aus Rosas, dass wir die volle Besegelung gesetzt hatten und uns so weit vom Land entfernt befanden, dass man ringsum nur Wasser sah.

Walter teilte die Nachtwachen ein. Ich war von Mitternacht bis halb drei Uhr morgens dran. Während der Wache musste ich auf kreuzende Schiffe achtgeben und die Segelstellung im Auge behalten. Aye, aye, Captain. Mittlerweile wusste ich natürlich längst, dass ein Schiff nachts an seiner Steuerbordseite ein grünes Licht und an Backbord eine rote Erkennungsleuchte hatte, mit deren Hilfe man die Fahrtrichtung eines anderen Boots erkennen konnte. So viel zur Theorie.

In der Praxis zog während meines Wachgangs allerdings Seenebel auf, sodass man kaum die Positionslichter am eigenen Schiff ausmachen konnte. Und über ein Radargerät verfügte die Orion nicht. Dafür über einen neuen Autopiloten, der das Schiff ohne mein Zutun steuerte. Während die Orion segelte wie beim Amerikas Cup, wurde ich schläfrig. In Gibraltar hatten wir neben der Luxusyacht des McDonald's-Lizenzhalters für ganz Rom gelegen, auf die wir uns selbst eingeladen und wo wir bis tief in die Nacht gefeiert hatten.

Ein mehrmaliges dumpfes Tuten weckte mich aus dem Halbschlaf. Was war das denn? Gebannt starrte ich in die Nebelsuppe vor dem Bug, aber es war nichts zu erkennen. Zur Sicherheit schaltete ich den Autopiloten aus und nahm das Steuer selbst in die Hand. Kurz darauf ertönte dasselbe Signal nochmals. Eindringlicher und näher, wie mir vorkam. Langsam war ich mit der Situation überfordert. Was sollte ich tun? Grüßend zurückhupen? Den Skipper wecken? Den Kurs ändern?

Gerade als ich die letzte Option näher in Betracht zog, wurde die Entscheidung ziemlich dringend. Plötzlich tauchte fünfzig Meter vor der Orion eine riesige Wand auf. Ein Tanker von solch enormen Ausmaß, dass ich nicht erkennen konnte, wo vorne und hinten war. Dann sah ich Lichter und einen Scheinwerfer. Das Ungetüm kreuzte unseren Weg von Steuerbord nach Backbord. Mangels eines Bremspedals wie beim Auto kurbelte ich das Ruderrad bis zum Anschlag nach Steuerbord. Die Segel knallten auf die andere Seite, und der Bootsrumpf schlingerte nun parallel auf das Monster zu.

Die Orion wurde von den meterhohen Wellen umhergeschleudert, die der Tanker auftürmte. Wir trieben weiter auf den vorbeiziehenden Frachter zu, aber irgendwann war dessen Heck unter einem wütenden letzten Tuten am Bug der Orion vorbeigezogen, ohne dass es zu einer Kollision gekommen wäre. Walter kam an Deck gestürzt. Ich zitterte am ganzen Leib. Eine Kollision mit einem Supertanker in voller Fahrt hätte selbst unsere Orion nicht überstanden.

Walter übernahm meine Wache und schickte mich schlafen. Doch die Nacht war noch nicht vorbei. Sie sollte uns einer weitaus härteren Prüfung unterziehen.

Immer noch unter Schock legte ich mich in meine Koje. Aufgrund meiner nautischen Inkompetenz fühlte ich mich miserabel, immerhin hatte ich gerade mein Leben – und das von Walter und Wolfgang gleich mit – aufs Spiel gesetzt. Vorhin an Deck hatte mir der Skipper leider zu spät erklärt, dass das vom Frachtschiff ausgesandte Signal bedeutete: »Ich mache Sie auf Ihre Ausweichpflicht nach Steuerbord aufmerksam.« Hätte ich das eher gewusst, wären wir erst gar nicht in diese Situation gekommen. Ich grämte mich und schlief schließlich ein.

Gefühlte fünf Minuten später weckte Walter mich mit den etwas beunruhigenden Worten: »Schnell! Alle Mann an Deck! Es geht um unser Leben!«

Träumte ich? Anscheinend nicht, zumal es mir vorkam, als befände ich mich auf dem Rücken eines bockenden Rodeopferds. Während ich Walter durch den Schiffsrumpf folgte, trat ich auf Geschirr, Bücher, Kleidung und anderen Kram, der am Boden verstreut lag. Als kleiner Junge hatte ich mich mal in eine Regentonne gelegt. Mein Cousin hatte ihr einen Tritt verpasst, und ich war darin einen Hügel hinabgerollt, lange bevor die Typen aus *Jackass* geboren waren.

Ähnlich hilflos fühlte ich mich in diesem Moment. Ich fiel zweimal hin, ehe ich an Deck klettern konnte.

Walter hatte keineswegs übertrieben. War das etwa ein Hurrikan? Soweit ich das im Mondschein erkennen konnte, türmten sich um unser plötzlich winzig erscheinendes Schiff Wellen so hoch wie der Besanmast auf. Walter brüllte Wolfgang und mir Kommandos zu, die ich wegen der Wellen und des tosenden Windes kaum verstehen konnten. Zum Glück fand ich keine Zeit, mich zu fürchten. Über Bord gespült zu werden hätte den sicheren Tod bedeutet. Wir legten den Sicherungsgurt an und kämpften uns vor bis zum Vorschiff. Es galt die Besegelung zu bergen und ein kleines Sturmsegel zu setzen. Währenddessen hoben die von hinten anrollenden Wellenberge die Orion hoch, als wäre sie aus Papier. Dann surften wir vom Wellenkamm ins Tal, was ein übles Geräusch verursachte, weil wir dabei die Rumpfgeschwindigkeit überschritten. Wir mussten das Schiff irgendwie bremsen und unter allen Umständen den Kurs halten. Keinesfalls durften wir längsseits der Wellen geraten, denn so würden wir von der ersten Welle überspült und zur Seite gekippt werden, die nächste hätte die Masten unter Wasser gedrückt, und die dritte hätte uns den Rest gegeben.

Nach einem Geistesblitz unseres Skippers kramten wir zwei lange Taue aus den Backskisten, befestigten sie an den Klampen und verknoteten zwei große Nudeltöpfe an den Tauenden, ehe wir sie ins Wasser warfen. Die Taue und die daran befestigten Pötte bremsten die Orion tatsächlich, aber die Gefahr war noch längst nicht gebannt.

Der Sturm hielt vier Tage an, in denen wir um unser Leben kämpften und weder schliefen noch aßen. Die Orion musste erstmals ihre Seetüchtigkeit beweisen. Der Druck im Ruder war immens. Würde das Seil der Ruderanlage reißen, wären wir den Wellen manövrierunfähig ausgeliefert.

Am fünften Tag legte sich der Sturm ein wenig, und am sechsten Tag liefen wir in Gran Canaria ein. Wir hatten Todesängste ausgestanden, aber wir hatten es geschafft. Vorerst zumindest. Immerhin lag noch eine fünfundzwanzigtägige Überfahrt von Gran Canaria in die Karibik vor uns. In jenen stürmischen Tagen und Nächten hatte ich jedenfalls segeln gelernt. Ich kam mir vor wie ein Fahranfänger, der an der Rallye Paris–Dakar teilnahm. Es waren meine ersten gesegelten Seemeilen, von denen mit den Jahren noch Zigtausende folgen sollten – aber ein solches Unwetter hatte ich nie wieder erlebt.

Vom Hafenbüro wurde uns ein Liegeplatz neben der Luxusyacht zugewiesen, deren Crew wir bereits in Gibraltar kennengelernt hatten. Sie hatten das Unwetter abgewartet und waren danach in nur zwei Tagen nach Gran Canaria geflitzt. Die Jungs hatten sich Sorgen um uns gemacht, und es gab ein großes Hallo, als wir die Orion neben ihnen vertäuten. Anstatt uns nach vier schlaflosen Nächten erst mal auszuruhen, kletterten wir am Vormittag auf einen Drink aufs Nachbarschiff. Dort feierten wir zusammen mit der befreundeten Crew bis zum Nachmittag des nächsten Tages durch, ehe ich in einen komatösen sechzehnstündigen Schlaf fiel.

Unglaublich, was ich damals ausgehalten hatte, dachte ich, als die Kirche von Villavante in Sicht kam. Der Sprung ins kalte Wasser damals im Atlantik war für mein Leben bezeichnend gewesen. Nicht lange probieren, zögern oder zaudern – just do it. Deshalb hatte ich das Segeln nicht in aller Ruhe im Binnengewässer gelernt, sondern während eines heftigen Sturms bei der Atlantiküberquerung. Ich absolvierte den Tauchlehrerschein, aber anstatt damit in einer Tauchschule zu arbeiten und Erfahrung zu sammeln, kaufte ich zusammen mit Walter nach unserer Rückkehr aus der Karibik eine Tauchschule. Mit den Immobilien und dem Schreiben war es ähnlich gewesen. Anstatt es erst mal mit einer Kurzgeschichte zu versuchen, hatte ich gleich einen Vierhundert-Seiten-Roman geschrieben. Und für meine erste längere Wanderung hatte ich nicht etwa ein Wochenende eingeplant, sondern einen ganzen Monat am Jakobsweg.

Um fünfzehn Uhr checkte ich in der Herberge ein. Fast fünfunddreißig Kilometer lagen hinter mir, und ich war nicht einmal müde. Langsam gewöhnte sich mein Körper an das tägliche Marschieren. Ich erledigte meine »Arbeit«, bestehend aus Wäschewaschen, Blogeintrag und Tagebuchschreiben. Nach dem Duschen meldete sich Amancio Vázquez zu Wort. Er meinte, er würde nach dem langen Marsch gerne ein kühles Bier trinken.

Wie schön, wenn man mit seinem Dämon ausnahmsweise mal einer Meinung war. Vamos, Amancio!

22

Villavante – Astorga

Heute lag eine Strecke von fünfundzwanzig Kilometern bis nach Astorga vor mir. Laut meinem Guide war diese Stadt seit dem Mittelalter eine wichtige Station auf dem Jakobsweg. Dort trifft der Camino Francés auf den aus Sevilla kommenden Jakobsweg Vía de la Plata.

Vor der Herbergstür wurde ich von der Kälte überrascht. Der Sonnenaufgang ließ auf sich warten, und mir froren die Finger. Ich hatte keine Handschuhe dabei, also stülpte ich mein zweites Paar Socken über die Hände und wanderte fünf Kilometer über Schotterpisten in den Ort Hospital de Órbigo, wo ich beim Frühstück abwarten wollte, bis es wärmer wurde. Zur Feier des Tages – ich befand mich mittlerweile im letzten Drittel des Camino – aß ich drei Eier mit Brot. Ich saß an einem Tisch mit Blick auf die spektakuläre römische Brücke von zweihundert Metern Länge. Würde man diese Brücke heute bauen, müsste sie nur fünf Meter lang sein, denn so breit war das Rinnsal, das darunter entlangfloss.

Der Weg führte durch malerische Landschaften. Ich schoss Fotos von Bäumen mit gelben und orangefarbenen Blätterkronen, von Schäfchenwolken über der kastilischen Weite und von einem Kreuz auf einer Anhöhe, vor dem ein graubärtiger Pilger kniete und betete. Ich tat es ihm gleich und war überrascht, dass ich mich noch an das Vaterunser erinnerte. Danach ließ ich die wunderbare

Aussicht auf mich wirken, ehe ich die letzten Kilometer nach Astorga wanderte, ohne zu ahnen, dass mich dort der emotionale Tiefpunkt der Reise erwartete und zugleich ein sehr wichtiger Mensch in mein Leben treten würde.

Eine Stunde später traf ich an der städtischen Herberge ein. Sie wurde von deutschen Pilgerfreunden geführt, die kein Spanisch sprachen. Am Empfang musste ich für eine Gruppe Spanier übersetzen, die sich hinterher beschwerten, dass der Camino mittlerweile so international sei, dass man mit seiner eigenen Muttersprache kaum weiterkäme.

Die Herberge verfügte über eine große Gemeinschaftsküche. Das wollte ich heute Abend ausnutzen und endlich wieder einmal selbst kochen. In meinem Zimmer traf ich auf einen Litauer, den ich vor einer Woche schon mal getroffen hatte. Er konnte kaum noch laufen. Der großgewachsene Mann war die letzten Etappen jeweils über vierzig Kilometer gepilgert und hatte sich dabei eine Sehnenscheidenentzündung am linken Bein eingehandelt. Seit zwei Tagen hing er nun in der Herberge fest und konnte nicht einmal die Stadt besichtigen. Seine Reise sei wohl vorbei, meinte er. Der Mann tat mir leid.

Die freundliche Dame an der Rezeption erklärte mir den Weg zu einem gut sortierten Supermarkt und drückte mir einen Stadtplan in die Hand. Ich ließ mich durch die Straßen treiben und kam an einem auf Pilgerausrüstung spezialisierten Laden vorbei, in dem ich mich nach einem Regenponcho und Handschuhen umschaute. Der Poncho schien von guter Qualität zu sein, kostete jedoch fünfzig Euro. Klarer Fall: Das letzte Drittel würde ich nun auch noch ohne Regenschutz schaffen. Die billigsten Handschuhe waren für fünfzehn Euro zu haben, doch auch das war nicht drin. Die nächsten Tage sollte es zwar in die Berge gehen, wo die Temperaturen frühmorgens schon mal um den Gefrierpunkt lagen, aber meine zu Handschuhen umfunktionierten Socken mussten reichen.

Ich schlenderte weiter zum Rathausplatz, wo sich auch der Supermarkt befand. Vor einer Kneipe warb eine Tafel mit einem Preis von drei Euro für ein großes Bier. Ich konnte auf einen Regenschutz und Handschuhe verzichten, aber nicht auf ein kühles Bier am Ende einer langen Etappe. Allerdings kosteten zwei Biere in dieser Kneipe mehr als die Nacht in der Herberge. Zum Glück verfügte der Supermarkt über eine Getränkekühlvitrine. Ich kaufte zwei Halbliterdosen für je einen Euro, freute mich über die Ersparnis von vier Euro, und setzte mich mit meinem Einkauf auf eine Parkbank neben der Kneipe. Ein Passant sah mich etwas verächtlich an. Ich zog meine Jakobsmuschel aus der Jackentasche und hängte sie mir um. Nun würde man mich wieder als Pilger erkennen und nicht mit einem Obdachlosen verwechseln, für den man mich, bärtig, unfrisiert, mit einem Schlapphut am Kopf und dem Dosenbier in der Hand, durchaus hätte halten können.

Ich zog mein Handy aus der Tasche und freute mich, dass ich endlich meinen Vater erreichte. Zu Beginn des Jakobswegs hatte ich ihn eingeladen, die letzten hundert Kilometer von Sarria nach Santiago zusammen mit mir zu pilgern. Leider hatte ich seitdem nichts mehr von ihm gehört. Mein Vater spielte beinahe täglich Golf und war fitter als manch anderer Zeitgenosse am Jakobsweg. Eine Wanderung von hundert Kilometern wäre für ihn nicht das geringste Problem, und im Ruhestand könnte er dafür durchaus Zeit erübrigen. Leider sagte er ab, was ich sehr schade fand. Ich versuchte seine Entscheidung zu verstehen, war aber trotzdem enttäuscht und traurig. Dann kamen wir auf mich zu sprechen. Mein Vater fragte mich, wie es mit mir nach dem Jakobsweg weiterginge.

»Keine Ahnung«, antwortete ich wahrheitsgemäß. Das war natürlich nicht die Antwort, die sich ein besorgter Vater von seinem erwachsenen Sohn wünschte. Deshalb ging es ans Eingemachte. Mein Vater redete Klartext mit mir und sprach die Probleme an, vor denen ich am Jakobsweg davonzulaufen versuchte. Nach einer halben Stunde war das Telefonat beendet. Ich wischte mir die

Tränen aus dem Gesicht, trank das Bier leer und holte zwei neue Dosen aus dem Supermarkt.

Ich musste mir eingestehen, dass mein Vater recht hatte. Ich war am Tiefpunkt angelangt und wusste nicht, wie es weitergehen sollte. So jedenfalls nicht. Auch die ständige emotionale Achterbahnfahrt am Camino war nicht leicht auszuhalten. Am Jakobsweg waren mir schon des Öfteren die Tränen gekommen, auch wie eben in aller Öffentlichkeit. Zum Schluss unseres Telefonats hatte mein Vater gemeint, dass er aufgrund meiner aussichtslosen Situation schlaflose Nächte haben würde. Offenbar hatte ich ihn sehr enttäuscht, was mir furchtbar leid tat. Ich trank die vierte Bierdose nur zur Hälfte leer und warf sie in einen Mülleimer.

In Astorga gab es eine beeindruckende Kathedrale sowie einen Bischofssitz zu besichtigen, den Gaudí im neogotischen Stil erbaut hatte. Vielleicht würde mich etwas Kultur auf andere Gedanken bringen. Ein wenig betrunken betrat ich die Kathedrale. Ich wanderte durch das Hauptschiff, zündete eine Kerze an, ohne den geforderten Euro in den Schlitz zu werfen, und schoss ein Foto. Ein junger Priester kam auf mich zu. Rasch steckte ich mein Handy weg. Vielleicht durfte man hier nicht fotografieren? Oder er hatte meinen Kerzenraub beobachtet? Doch der Geistliche wollte nur reden. Nachdem ich ihm von meiner Reise erzählt hatte, schilderte er mir die Geschichte der Kathedrale. Obwohl Astorga zur Zeit ihrer Erbauung nur zweitausend Einwohner gehabt hatte, baute man dreihundert Jahre lang dieses monumentale Werk. Ich war so überwältigt, dass mir erneut die Tränen kamen. Der Priester bemerkte das, und ich murmelte etwas von »problemas personales«. Er sagte etwas Tröstendes und umarmte mich, woraufhin ich noch heftiger weinen musste.

Verschämt stolperte ich aus der Kathedrale und wäre beinahe mit Pilgerbruder Rainhard zusammengestoßen. Wo kam der denn plötzlich her? Egal. Dafür, dass ich ihm noch vor drei Tagen davongerannt war, freute ich mich nun ungemein, ihn zu sehen. Ob ich schon den Bischofspalast besichtigt hätte?, wollte er wissen und übernahm sogleich wieder seine Rolle als mein persönlicher Camino-Guide. Gemeinsam besichtigten wir den Bischofssitz, der laut Rainhard eigentlich keiner war, weil der Bischof beim ersten Betreten des Palastes sofort geflüchtet war, so sehr hatte ihm die verspielte Bauweise missfallen.

Während der Besichtigung stellte ich einige Distanzberechnungen auf. Ich war zwar noch etwas benebelt, aber ich kam immer wieder auf dasselbe Resultat: Rainhard konnte unmöglich zu mir nach Astorga aufgeschlossen haben. Dafür waren meine letzten Etappen zu lang gewesen – es sei denn, der Gute hatte aus Sehnsucht zu mir ein wenig geschummelt und war zwanzig Kilometer oder weiter mit dem Bus gefahren. Wie auch immer – ich freute mich über unser Wiedersehen, unter anderem weil er mich nach dem Kulturprogramm auf ein Bier einlud. Noch mehr Bier?

Buena idea, amigo!

Es tat gut, Rainhard mein Leid zu klagen. Wie sich herausstellte, hatte er nicht nur für den Jakobsweg gute Ratschläge parat, sondern auch für andere Lebenslagen. Bei dem einen Bier blieb es natürlich nicht, und so wankte ich abends zurück zur Herberge, als hätte ich den ganzen Tag auf dem Oktoberfest verbracht. Rainhard nächtigte in einer anderen Herberge, aber wir hatten uns für den nächsten Tag am Zielort Foncebadón verabredet.

In der Gemeinschaftsküche packte ich meine Supermarkttüte aus. Darin befanden sich eine Familienpackung Nudeln, zwei verschiedene Pastasaucen, drei Tafeln Schokolade und zwei Weinflaschen. Aus Frust hatte ich beschlossen, das alles in mich hineinzustopfen. In der Küche und im Aufenthaltsraum herrschte gerade Rushhour, und ich musste auf einen freien Topf warten. Als endlich einer frei wurde, bereitete ich meine Spaghetti im Eilverfahren zu. Ludovica, eine bebrillte, brünette, kurzhaarige Italienerin an der Nachbarpfanne, starrte kopfschüttelnd auf meine Fertigsaucengläser und sagte: »Mamma mia!« Es waren auch keine Pfannen frei, damit ich meine beiden Saucen hätte aufwärmen können, also verrührte ich einen Teil der heißen Nudeln mit kaltem grünen Pesto und den anderen Teil mit kalter Tomatensauce. Am Ende geriet in dem kleinen Topf ohnehin alles durcheinander, sodass ich auch noch den Parmesan unter den Mischmasch rührte.

Ludovica wähnte sich bei der versteckten Kamera und versuchte mir zu erklären, dass man keinesfalls die Saucen mischen dürfe und dass der Parmesan als Letztes über die Nudeln gestreut würde.

Ich winkte ab und versicherte ihr, dass ich zu Hause mit mehr Platz, mehr Kochtöpfen, Gewürzen, Zutaten, Zeit, Lust und in nüchternem Zustand eine viel bessere Pasta zaubern könne. Gerne dürfe sie mich mal besuchen, und ich würde es beweisen. Mit einem energischen Kopfschütteln lehnte sie mein großzügiges Angebot ab.

Ich fand keinen Teller, der groß genug für meine Portion war, deshalb blieb mir nichts anderes übrig, als den Topf zu entführen und direkt daraus zu mampfen.

Ungläubig sah Ludovica mich an. »Please don't tell me, you will eat this all alone?«

Es mag schon sein, dass selbst Pavarotti mit diesem Berg Pasta überfordert gewesen wäre, aber ich war nun mal hungrig, frustriert und betrunken.

»You could have something«, bot ich ihr an, doch sie schlug auch dieses Angebot aus. Stattdessen fragte sie mich, woher ich stammte.

»Austria«, sagte ich und tat meinem Heimatland damit wohl keinen Gefallen.

Der Aufenthaltsraum war brechend voll und die Stimmung bestens. Nur mir war heute nicht nach guter Laune. Ich wollte alleine sein und in Selbstmitleid schwelgen. Eine Treppe führte auf eine Dachterrasse, die normalerweise zum Aufhängen von Wäsche genutzt wurde. Dort hockte ein wortkarger Finne alleine an einem Tisch, weil es nach Sonnenuntergang ungemütlich kalt geworden war. Ich setzte mich mit meinem Topf und einer Weinflasche zu ihm und verschlang mehr als die Hälfte meiner Pasta.

Nach und nach gesellten sich weitere Pilger an den Tisch.

Txema, ein bärtiger Spanier, Ludovica, die bestimmt wissen wollte, ob der gefräßige Österreicher inzwischen geplatzt war, Rosa, eine hübsche Mexikanerin, die nicht aussah, wie ich mir eine Mexikanerin vorstellte und bei der ich mir nicht sicher war, ob ich sie auch in nüchternem Zustand noch hübsch fände. Und dann war da noch Sandy, eine rothaarige Dresdnerin. Sie saß am anderen Ende des Tisches, doch ich schenkte ihr kaum Beachtung, weil sie selbst nach einer weiteren Flasche Wein nicht meinem Typ entsprechen würde. Allerdings war meine Sehschärfe im Dämmerlicht einer Fünf-Watt-Glühbirne auch nicht mehr die Beste.

Es hätte durchaus ein netter Abend werden können, aber das Telefonat mit meinem Vater ließ mich nicht los. Ich teilte den Wein und meine Schokoladetafeln mit den anwesenden Pilgern und zog mich in mein Stockbett zurück.

Die Nacht über konnte ich kaum schlafen. Um zwei Uhr morgens wachte ich auf. Mein Kopfkissen war nass. Entweder vom Schweiß oder von meinen Tränen. Ich musste im Schlaf geweint haben und tat es auch jetzt noch. Ich dachte an das Telefonat mit meinem Vater. Ich dachte an meine Probleme zu Hause. Ich dachte an die Klippen von Kap Finisterre. Ich war endgültig am emotionalen Tiefpunkt angelangt.

In einer solchen Situation war es sicher nicht ratsam, seine Gefühle mit tausenden Facebook-Usern zu teilen – ich tat es trotzdem. Um vier Uhr morgens postete ich einen Eintrag, den ich gleich danach bereute, schließlich outete ich mich darin vor aller Welt als ziemlicher Versager.

Gestern hat mir jemand den Spiegel der Realität vorgehalten. Es war kein Pilgerbruder, es war auch kein Dämon, es war mein Vater. Er sprach offen aus, was ich auf diesem Weg zu verdrängen versuche, wovon ich gerne davonlaufen möchte: Von meinen Büchern kann ich nicht leben, und meine Ein-Mann-Immobilienfirma läuft schlecht, weil dieser eine Mann seine Energie lieber in den Jakobsweg steckt oder, wie letztes Jahr, sein Geld in Segel-

reisen in die Karibik investiert. Ich bin fünfundvierzig Jahre alt, habe kein Geld, keine Aktien, keine Altersvorsorge, keine Immobilien, ich habe nichts Materielles, mal abgesehen von einem alten Auto, in dem ich notfalls schlafen könnte. Ich bin ein Nichts, ich bin ein Loser. Das hat er so natürlich nicht gesagt, aber das war meine gestrige schockierende Erkenntnis, als ich in diesen Spiegel sah. Damit hat er natürlich recht, und ich habe meinen Vater enttäuscht, der sich um mich mehr Sorgen macht, als ich es tue. Das tut mir sehr leid. Mein Vater liest hier mit, deshalb – sorry, Dad.

Auf der Habenseite der Bilanz meines bisherigen Lebens stehen zwar ein paar immaterielle Dinge wie eine wundervolle Tochter, Reisen in über fünfzig Länder, drei bei Piper verlegte Bücher, viele gute Freunde und das Glück, bislang ein tolles stressfreies Leben geführt zu haben. Aber davon kann man sich nichts kaufen. Daher zählt das wohl auch nichts.

Ich werde mich jetzt auf den Weg machen. Die psychisch schwierigste Etappe steht an. Zudem geht es in die Berge. Aber ich werde sie in Angriff nehmen, nachdem ich heute Nacht schon ernsthaft an Abbruch gedacht hatte. Genauso wie ich nach dem Jakobsweg mein Leben wieder auf die Reihe bekommen werde. Heute werde ich über Enttäuschungen nachdenken. Schließlich bin ich von mir selbst enttäuscht, weil ich meinen Vater enttäuscht habe. Und enttäuscht zu sein ist vergleichbar mit einem Steinchen im Wanderschuh. Mal sehen, wie ich dieses Steinchen aus dem Schuh bekomme.

23

Astorga – Foncebadón

Übermüdet, verkatert und emotional aufgewühlt ging es am nächsten Tag sechsundzwanzig Kilometer weit auf den zweithöchsten Punkt der gesamten Wegstrecke. Trotz allem kam ich gut voran. Allerdings wollte ich alle paar hundert Meter meinen nächtlichen Blogeintrag löschen, weil ich meiner Community eigentlich von positiven Dingen berichten wollte und sie nicht mit meinen Alltagssorgen belasten sollte. Doch dafür war es längst zu spät. Der Eintrag hatte bereits Dutzende Kommentare ausgelöst. Die meisten waren ermutigend, andere philosophisch, einige sorgten sich um mich, und jemand riet mir sogar, den Jakobsweg sofort abzubrechen, weil mich das Unterfangen offensichtlich psychisch überforderte. Da hatte die Person nicht einmal unrecht. Ich befand mich in einem emotionalen Ausnahmezustand. Bei einer Rast las ich einige berührende Kommentare, darunter einen von Peggy, einer guten Freundin meiner Mutter:

Deine Mama im Himmel würde sagen: Edi, ich hab dich sooo lieb und bin stolz auf dich, so wie du bist … deine Abenteuer haben dich zu dem gemacht, was dich ausmacht … Mein wunderbarer Sohn, du bist auf einem guten Weg! Ich spüre es!

Während der Lektüre saß ich gerade mit Txema, Rosa und Ludovica bei einem Tee. Daraufhin musste ich dringend zur Toilette –

und es war nicht die Blase, sondern die Tränendrüse, die mich dort eine Weile festhielt.

Der heutige Weg führte bergan durch eine karge Heidelandschaft. Ludovica hatte offensichtlich ihr Pastatrauma überwunden und fragte, ob ich mich der Gruppe anschließen wolle. Diesmal lehnte ich das Angebot dankend ab. Ich musste nachdenken, und zwar dringender denn je. Mittlerweile hatte ich die Standpauke meines Vaters als wichtiges und notwendiges Zeichen zum richtigen Zeitpunkt erkannt.

Die Sonne kam hervor, und langsam war ich besserer Dinge. Ich dachte über den Begriff Enttäuschung nach. Man konnte über sich selbst enttäuscht sein, weil man ein gewisses Ziel nicht erreicht hatte, wie etwa zehn Kilo abzuspecken, oder man konnte von einem Freund enttäuscht werden, weil dieser länger nichts von sich hatte hören lassen. Enttäuschungen können so viele Gesichter haben wie mein innerer Dämon Amancio Vázquez.

Ich selbst hatte in meinem Leben schon einige Enttäuschungen erfahren, größere und kleinere. Mich interessierte, was ich ändern könnte, um zukünftig besser mit Enttäuschungen umzugehen.

Enttäuschungen entstanden aus Erwartungen. Ein probates Hausmittelchen wäre, seine Erwartungen zurückzuschrauben. Hatte man sich zum Ziel gesetzt, zehn Kilo abzuspecken, dann war das vielleicht einfach zu viel. Wenn man sich stattdessen mit realistischen fünf Kilo begnügte, vermied man, enttäuscht zu werden.

Aber das konnte nicht die ganze Wahrheit sein. Schließlich sollte man sich doch hohe Ziele stecken und nicht das Mittelmaß anstreben. Seine Erwartungen an sich und andere zu reduzieren, konnte nur ein Drittel des Wegs sein, den man beschreiten musste, um Enttäuschungen zu verhindern.

Was bedeutete eigentlich Erwartung? Im Wort Erwartung steckte das Verb »warten«. Waren wir nicht oftmals enttäuscht, weil wir auf etwas warteten, das (noch) nicht eingetreten war? Vielleicht meldete sich der Freund nächste Woche, und alles wäre gut. Sollte man, anstatt enttäuscht zu sein, sich oder anderen einfach nur mehr Zeit einräumen oder eine zweite Chance geben?

Ich ahnte, dass auch das noch nicht der Königsweg zur Enttäuschungsbekämpfung war, aber zumindest das nächste Drittel der Strecke. Viele meiner Enttäuschungen wären weggefallen, hätte ich nur mehr Geduld gehabt und abwarten können. Doch manche Dinge würden nie eintreten, egal wie lange man auf sie wartete. Man hatte sich zum Beispiel für einen Job beworben, ihn aber nicht bekommen. Auch die Eheschließung mit meiner Ex-Verlobten Tatiana würde niemals eintreten. Sollte man nicht einfach darauf vertrauen, dass sich stattdessen ein besserer Job fand oder eine Frau, die eher zu einem passte? Ich wollte darauf vertrauen, dass rückblickend selbst schmerzliche Niederlagen und die daraus resultierenden Enttäuschungen am Ende einen Sinn ergaben.

Wenn ich meine Erwartungen etwas senkte, manches auch abwarten könnte und selbst in Niederlagen positive Zeichen erkennen würde, wären Enttäuschungen ähnlich überflüssig wie ein Steinchen im Wanderschuh. Das war zwar eine sehr simple Pilgerphilosophie, aber etwas Besseres war mir heute noch nicht eingefallen. Was meine eigene Enttäuschung anbelangte, so war ich das Steinchen im Schuh losgeworden. Denn wer die Disziplin aufbrachte, einen Monat lang täglich acht Stunden seinem Ziel entgegenzugehen, der würde auch zu Hause die Disziplin aufbringen, seine Probleme aus der Welt zu schaffen, oder? Ich konnte es jedenfalls kaum erwarten, damit zu beginnen.

Wieder einmal hatte ich es geschafft, mich an den eigenen Haaren aus einem psychischen Loch zu ziehen – dem tiefsten, in dem ich bislang am Camino gesteckt hatte. In Rabanal del Camino gab es leckeren Reis mit Gemüse zu Mittag. Währenddessen las ich sämtliche Reaktionen auf meinen Blogeintrag. Es war sensationell, wie sehr sich die Internetgemeinde öffnete, wenn man selbst es tat. Neben Dutzenden öffentlichen Kommentaren erhielt ich eine Vielzahl privater Nachrichten, in denen mir kaum bekannte User ihr Herz ausschütteten und mir ihre Gefühle und Probleme ebenso offen schilderten, wie ich das getan hatte.

Foncebadón war ein Bergdorf, das nur aus ein paar wenigen Steinhäusern bestand. Im Mittelalter war der Ort so bedeutend gewesen, dass dort laut meinem Reiseführer im zehnten Jahrhundert sogar ein Kirchenkonzil stattgefunden hatte. Die Häuser hatten bis zur Jahrtausendwende in Ruinen dagelegen. Erst nach und nach wurde der Ort wieder aufgebaut.

Als ich mich der Herberge näherte, winkte mir Pilgerbruder Rainhard bereits zu. Er saß auf der Terrasse davor und trank Bier. Rainhard hatte ein Bett für mich reserviert. Heute war ich ihm dafür dankbar, weil an dem Tag eine Menge Pilger unterwegs waren und die Herbergszimmer begrenzt waren. Das Natursteinhaus mit Schieferdach sah aus, als würden gleich Asterix und Obelix herausstürmen und zur Wildschweinjagd aufbrechen.

Am Abend gab es als Pilgermenü vegetarische Paella und Linsensuppe. Mit mir am Tisch saßen Rainhard und Martin, ein IT-Techniker aus Deutschland, der nicht viel redete, sowie eine Koreanerin, die außer in ihrer Heimatsprache kein einziges Wort verstand und mit der ich trotzdem scherzte. Und dann war da wieder Sandy aus Dresden, die mich erst mal daran erinnern musste, dass wir uns gestern in Astorga bereits kennengelernt hatten. Sandy absolvierte den Camino in drei Etappen und war erst kurz vor Astorga erneut eingestiegen, um das letzte Drittel zu gehen und den Jakobsweg damit abzuschließen. Sie war zwölf Jahre jünger als ich, machte eine Ausbildung zur Erzieherin und arbeitete in einer angesagten Kneipe in Dresden. Ihre Klamotten hatte sie laut eigenen Angaben aus den Lost&Found-Kisten der Herbergen. Ebenso unkonventionell wie ihre Kleidung waren ihr Auftreten und ihre Fragen – womit wir etwas gemeinsam hatten.

Sie fragte, ob ich am Camino schon mal geweint hätte. Ein cooler Typ wie ich und heulen? Blöde Frage. Natürlich nicht!, hätte ich geantwortet, wenn eine andere Frau diese Frage gestellt hätte.

»Klar. Gestern und heute. Sogar mehrmals«, gab ich zu. Dann

erzählte ich auch, warum. Und wie zum Beweis, dass mein Geständnis der Wahrheit entsprach, kamen mir gleich schon wieder die Tränen.

24

Foncebadón – Ponferrada

Was ich bei meiner hektischen Vorbereitung im heißen Andalusien nicht bedacht hatte, war die Kälte im Norden Spaniens. Morgens lagen die Temperaturen schon seit einigen Tagen um den Gefrierpunkt. Heute ging es in kurzen Hosen und Socken als Handschuhersatz auf die siebenundzwanzig Kilometer lange Etappe nach Ponferrada. Der Sonnenaufgang war spektakulär und für mich symbolisch. Etwas Neues brach an.

Ich schoss mehrere Fotos von den Steinhäusern, die in rötliches Morgenlicht getaucht waren. Nur ein laut quasselnder Amerikaner störte die perfekte Idylle. Ich versuchte seiner Tonfrequenz zu entkommen, aber immer wenn ich für ein Foto stehenblieb, kam der Mann erneut in Hörweite. Also trödelte ich und ließ mich zurückfallen, aber er blieb ebenfalls stehen und bewunderte lautstark das Panorama. Der Amerikaner und seine beiden Begleiterinnen verfolgten mich bis zur Passhöhe, die ich vierzig Minuten später erreichte.

Dort befand sich einer der symbolträchtigsten Punkte des Jakobswegs – das Cruz del Ferro. Dabei handelt es sich um einen riesigen Steinhaufen, auf dem ein Eichenstamm mit einem Eisenkreuz stand. Seit über tausend Jahren legten Pilger dort mit einem Stein symbolisch ihre Sorgen und Belastungen ab, um sie loszuwerden. Manche Pilger brachten eigens aus Übersee säuberlich beschriftete Steine mit, um fortan ein sorgenfreies Leben zu führen. Gute Idee, dachte ich, nur hatte ich von dieser Möglichkeit leider erst am Vorabend von Rainhard erfahren. Vergeblich suchte ich am Waldrand nach einem geeigneten Stein. Also hob ich ein paar Steine rund um das Cruz del Ferro auf und las die Beschriftungen.

Nach reiflicher Überlegung entschied ich mich für den einer Argentinierin. Deren Sorgen glichen, bis auf die ungewollte Schwangerschaft ihrer siebzehnjährigen Tochter, ungefähr den meinen. Auf der Rückseite kritzelte ich ein paar eigene hinzu, was mit dem Kugelschreiber nicht allzu gut funktionierte, und ließ den Stein feierlich am Cruz del Ferro zurück.

Während des Abstiegs drehten sich meine Gedanken um das Loslassen. *From this point I leave behind people and things that no longer serves me*, stand auf einem Schild neben dem Cruz del Ferro. Wunderbare Idee. Aber wer flüsterte einem, welche Dinge oder Menschen man besser zurücklassen sollte? Welche Maßstäbe sollte man dabei ansetzen?

Ein Anker gibt einem Schiff in einer ruhigen Bucht Halt und Sicherheit. Aber falls man auf stürmischer See Schiffbruch erleidet und zu ertrinken droht, sollte man sich besser nicht an einen Eisenanker klammern. Daher sollte man sich vielleicht auf die Dinge und Menschen konzentrieren, die einem auch in schlechten Zeiten beistanden. Oder braucht man in dieser Hinsicht gar keine Auswahl zu treffen, weil sich manche in schlechten Zeiten ohnehin von einem abwenden? Galt das womöglich auch für Orte? Das sonnige Spanien war mir zumindest in guten Zeiten ein sicherer Hafen gewesen – aber wie sah es jetzt aus? Täuschte ich mich womöglich, und mein Schiff hatte längst Schiffbruch erlitten? Versuchte ich gerade, mich über Wasser zu halten, indem ich mich am Anker festhielt, statt ihn loszulassen? Wollte mir der Weg etwa mitteilen, ich sollte wieder nach Österreich zurückgehen, weil dort meine Chancen besser stünden? Ich hoffte nicht.

Ich kam in meinem Gedankengang heute nicht weiter. Nach den

beiden aufwühlenden Tagen war es ohnehin an der Zeit, meinem Kopf eine Pause zu gönnen. Zudem bot die pittoreske, wenig bewaldete Berglandschaft erhabene Panoramablicke.

Ich marschierte heute die meiste Zeit in Begleitung von Rainhard, Martin und Sandy. Die beiden Männer hatten es eiliger als Sandy und ich, also pilgerten die rothaarige Dresdnerin und ich einige Kilometer gemeinsam. Eine derart angenehme Unterhaltung wie mit ihr hatte ich am Camino noch nicht geführt. Dabei stellte sich heraus, dass wir vieles gemeinsam hatten. Wir hatten dieselben Länder bereist, konnten über dieselben Dinge lachen und nahmen uns beide nicht so ernst.

Leider war von vornherein klar, dass ich nicht ihr Typ Mann und sie nicht mein Typ Frau war. Zwischen uns herrschte eine sexuelle Anziehungskraft wie zwischen Merkel und Putin. Und mit der Tatsache, dass es mit mir und den Frauen in diesem Leben auf Dauer wohl nicht mehr klappen würde, hatte ich mich bereits abgefunden. Trotzdem genoss ich die Wanderung an ihrer Seite und die Gespräche mit ihr.

In Molinaseca holten wir Rainhard und Martin ein. Sie saßen an einem Restauranttisch inmitten einer Wiese mit Blick auf eine römische Steinbrücke und den Fluss. Der Ort strahlte solch eine Ruhe aus, dass wir dort zwei Stunden pausierten und ich hinterher keine Lust hatte weiterzuwandern. Trotzdem brachten wir die verbleibenden sieben Kilometer irgendwie hinter uns, und zwar jeder in seinem Tempo. Rainhard eilte voraus, Martin folgte ihm ein paar hundert Meter dahinter, dann kam ich, und Sandy bildete das Schlusslicht. Unser Ziel in Ponferrada war die kirchliche Herberge mit hundertvierundachtzig Betten. Direkt am Eingang der Unterkunft befand sich die Küche, die von einer Horde Koreaner in Beschlag genommen war. Ich hätte mir gern etwas gekocht, bei dem Andrang beschloss ich aber, mir lieber erst mal Ponferrada anzusehen.

Es hätte zwar eine schöne Templerburg aus dem zwölften Jahrhundert zu besichtigen gegeben, aber mir war nicht danach.

Stattdessen schlenderte ich durch die Altstadt und besuchte die Kathedrale. In einem Supermarkt griff ich zu einer Packung Meeresfrüchtepaella für die Mikrowelle, weil ich es mir in der betriebsamen Küche einfach machen wollte.

Das Regelwerk für Pilger sieht folgendes vor: Man kann den Jakobsweg zu Fuß laufen, mit dem Fahrrad fahren oder mit dem Pferd reiten. Um die Compostela, die Nachweisurkunde, zu erhalten, muss man mindestens hundert Kilometer vor Santiago lospilgern. Deshalb machen viele Spanier den Jakobsweg zum Wochenendausflug und laufen mit ihrem iPod für drei Tage die letzten hundert Kilometer bis Santiago. Wenn man in León startet, hat man nur noch den halben Camino zu gehen, was in zwei Urlaubswochen zu bewältigen wäre. Am intensivsten ist das Erlebnis freilich, wenn man in Saint-Jean-Pied-de-Port in den Pyrenäen beginnt – also dem offiziellen Startort. Obwohl auch das nicht ganz korrekt ist. Durch ganz Europa führen Jakobswege, man könnte also noch viel länger gehen. Solche Pilgerfreaks waren zwar ebenso selten wie ein Fünfhundert-Euro-Schein in meiner Geldbörse – aber es gab sie.

Seit León war mir schon mehrmals ein Paar aufgefallen, das ich am Tag überholte und am Abend in der Herberge wiedertraf. Er war groß, schlank und sah aus wie ein Inder oder Pakistani, sie hingegen war vom Typ klein, blass, wohlgenährt – wahrscheinlich Engländerin. Optisch passten sie ähnlich gut zusammen wie ein großer kräftiger Österreicher und eine kleine zierliche Russin. Die beiden hielten ununterbrochen Händchen und gingen sehr langsam. Ich traf sie bei Astorga an einer Fußgängerampel. Bei Grün betraten sie den Zebrastreifen, und hätte ich mit meinen Wanderstöcken nicht zwischenzeitlich den Verkehr geregelt, hätte man die beiden überfahren. Trotzdem hatten sie am Ende des Tages dieselbe Strecke geschafft wie ich – was daran liegen mochte, dass die zwei Verliebten nicht an jeder zweiten Pilgerdiesel-Tankstelle haltmachten.

Der soziale Mittelpunkt einer Herberge ist die Gemeinschaftsküche. Dort traf ich die beiden Langsamen nach meinem Spaziergang durch Ponferrada an. Er schien den halben Rucksack voller exotischer Gewürze zu haben und kochte gerade ein leckeres Reisgericht für sich und seine Frau – und zwar in solchen Mengen, dass die zwei das unmöglich alleine verdrücken konnten. Ich hoffte, sie kochten für andere bedürftige Pilger mit. Mit meiner Mikrowellenpaella, in der sich ebenso viele Meeresfrüchte befanden wie in einem städtischen Thermalbad, setzte ich mich ihnen gegenüber und begann, um mich einzuschleimen, ein geistreiches Gespräch auf Englisch, das ich hier auf Deutsch wiedergebe:

»Und wo seid ihr losgegangen?«, fragte ich ihn, obwohl ich die Antwort bereits ahnte. Schließlich hatte ich sie erst seit León gesehen.

»In Rom«, sagte der Mann. Komisch. Wie Italiener sahen die nicht aus.

»Aha. Va bene. Ich bin Österreicher. Aber wo seid ihr losgepilgert?«, hakte ich nach und schielte auf die Reispfanne. Seine Frau besorgte gerade die Teller. Ich hoffte auf drei Stück.

»In Rom.«

»Du meinst León?«

»Nein, Rom.«

»Aber Rom liegt doch in Italien und nicht in Spanien!«

»Ich weiß.«

»Ja, aber … willst du damit behaupten, ihr habt den Jakobsweg in *Rom* begonnen? *Zu Fuß*?«

Um sprachlichen Missverständnissen vorzubeugen ging ich mit Zeige- und Mittelfinger auf die Reispfanne zu.

»Ja.« Er war ein lausiger Rhetoriker, aber vermutlich ein super Koch. Das Essen roch jedenfalls genial.

»Echt jetzt? In diesem … äh …« Ich wollte schon Schneckentempo sagen, aber das englische Wort dafür fiel mir zum Glück nicht ein. Wie ich erfuhr, hatte das Paar im Mai geheiratet und sich danach von Rom aus zu Fuß auf den Weg nach Santiago gemacht.

»Und warum macht ihr das?«

»Wenn wir diesen Weg gemeinsam hinter uns bringen, werden wir auch in Zukunft alles schaffen«, meinte er. Das war ein gutes Argument, und man wollte es ihm glauben.

Die beiden gingen mir lange nicht aus dem Kopf. Ich wünschte ihnen, dass sie recht behielten. Leider ist es so, dass Beziehungen häufig eher in guten als in schlechten Zeiten auseinandergehen. So war es jedenfalls bei der Mutter meiner Tochter und mir – und bei vielen Paaren in meinem Umfeld. Deshalb wünsche ich den beiden, dass sie sich auch in vielen Jahren noch an diese Erkenntnis auf dem Jakobsweg erinnern.

25

Ponferrada – Trabadelo

Wäre dies nicht der französische Jakobsweg, sondern die Tour de France, würde man bei der gestrigen und heutigen Wegstrecke von den beiden Königsetappen sprechen. Die erste hatte ich, abgesehen von etwas Pilgerdiesel, ganz ohne Doping hinter mich gebracht. Die Route, die ich mir für heute vorgenommen hatte, war laut meinen Berechnungen sechsunddreißig Kilometer lang und führte an manchen Teilstücken steil bergan. Dafür war reichlich Proviant nötig. In einem Supermarkt kaufte ich mir ein Baguette von einem halben Meter Länge, Käse, Tomaten und eine Flasche Wein, die ich in meine Bota umfüllte. Gut gerüstet nahm ich die für mich zweitlängste Etappe des Camino alleine in Angriff. Rainhard würde ich später über den Weg laufen und vielleicht auch Sandy, mit der ich mich gestern, als in der Herberge längst die Lichter ausgegangen waren, noch lange über dies und jenes unterhalten hatte.

Die Wegstrecke führte die ersten vierundzwanzig Kilometer durch hügelige Landschaften und ein Weinanbaugebiet. Die Gegend erinnerte mich an die Toskana. Ich naschte eine Menge roter Weintrauben und fühlte mich wie im Pilgerhimmel. Nachdem ich Navarra, Rioja, Burgos, Palencia und Kastilien-León durchwandert hatte, näherte ich mich der Autonomen Region Galicien, in der auch Santiago de Compostela liegt.

Um dreizehn Uhr war ich in Villafranca del Bierzo angelangt. Mittagspause. Ich setzte mich auf eine Parkbank und bereitete mir mein XXXL-Käsesandwich zu. Zwei Pilgerinnen, die im Restaurant gegenüber im Salat stocherten, fanden mein Picknick offensichtlich so interessant, dass sie ein Foto davon schossen. Nach und nach trudelten bekannte Gesichter ein. Rainhard und Martin etwa, die ich mit meinem zügigen Schritt tatsächlich überholt hatte. Die beiden suchten eine Herberge und machten für heute Schluss. Ich wollte noch bis Trabadelo laufen, aber mit vollem Bauch und einer halben Flasche Wein intus, kostete mich der Gedanke plötzlich große Überwindung. Zumal Villafranca del Bierzo ein schöner Ort mit vielen urigen Herbergen war. Er wurde auch das kleine Compostela genannt, weil man Pilgern im Mittelalter bereits hier ihre Sünden vergab, wenn sie am Weg erkrankt waren und die Reise nicht fortsetzen konnten. Galt das auch für meine einzige Blase an der linken Ferse?

Während ich auf der Parkbank saß, gesellte sich ein Mann zu mir und stellte sich als Markus vor. Ich bot ihm einen Schluck Wein an, und schon wurde er gesprächig. Er war fünfzig und bekleidete einen Managerposten bei BMW in München. Kürzlich hatte er eine Vasektomie durchführen lassen. Zwar hatte er das vorher mit seiner Frau besprochen, die ebenfalls keine Kinder wollte, nun aber haderten beide mit dieser Entscheidung. Langsam mauserte ich mich aufgrund meiner direkten Fragen zum Seelenklempner des Jakobswegs – schließlich war Markus nicht der Erste, der mir gegenüber schon nach wenigen Minuten die intimsten Dinge ansprach.

So hat jeder sein Päckchen über den Camino zu schleppen, dachte ich, schnallte mein Päckchen um und schüttelte Markus die Hand. Es war bereits halb drei, und mein innerer Schweinehund Amancio Vázquez sah natürlich keinen Grund, heute noch einen einzigen Schritt zu pilgern.

Im Grunde war es egal, ob ich in Villafranca del Bierzo blieb oder nach Trabadelo weiterwanderte, wo niemand auf mich wartete. Markus schien ein netter Typ zu sein. Er und die anderen würden hierbleiben. Es versprach also ein geselliger Abend zu werden.

Trotzdem raffte ich mich auf. Markus fragte mich beim Abschied nach meiner Handynummer, um am Camino in Kontakt zu bleiben. Ich kramte eine meiner very important aussehenden Visitenkarten mit dem Schriftzug »Freundlinger & Partners – International Real Estate Consultants« aus der Geldbörse und kritzelte auf die Rückseite: »Neu im Angebot: Samenspenden! Top Referenzen. Gute Qualität zum fairen Preis.«

Zum Glück schien der Bayer Humor zu verstehen.

Am Ortsausgang sah ich einen Geldautomaten. Ein überstürzter Kassensturz ergab siebzehn Euro und dreißig Cent in meiner Geldbörse. Ich steckte die Karte in den Schlitz und befürchtete wie immer das Schlimmste. Zum Glück spuckte der Geldautomat diesmal ohne lange Verhandlungen hundert Euro aus, und ich machte einen Luftsprung.

Hinter Villafranca del Bierzo stellte mein Guide mich vor zwei Wahlmöglichkeiten: im Tal neben einem vielbefahrenen Autobahnzubringer nach Trabadelo zu wandern – oder eine viel schönere Wegabzweigung über eine Anhöhe zu nehmen. Sie wurde in meinem Guide und im Volksmund als »Camino Duro« bezeichnet – der harte Weg. Diese Option war drei Kilometer länger und führte über anfangs steile Rampen. Noch ehe ich mich keuchend über meine Fehlentscheidung ärgern konnte, wurde ich mit einer wunderschönen Aussicht belohnt.

Ich wanderte gemächlich durch herbstlich bunte Kastanienwälder. Manchmal blickte ich hinab ins Tal, wo ein Dutzend Pilger direkt neben einer Hauptverkehrsader wanderte. Ging es denen tatsächlich nur ums Ankommen? Am Camino Duro traf ich jedenfalls während der drei Stunden dauernden Wanderung keinen einzigen anderen Pilger. Nur ein paar Einheimische waren mit der Kastanienernte beschäftigt.

Allerdings stand ich vor einem Problem. Mein Wasservorrat

war längst erschöpft, die Sonne brannte vom Himmel, und es gab keine Brunnen. Ich trank den Wein aus und aß rohe Kastanien, die ich vom Boden aufhob. Beides verstärkte meinen Durst nur noch. Wieder dachte ich an die Begebenheit auf der Insel Blanquilla vor Venezuela zurück, wo ich beinahe verdurstet wäre. So schlimm war es heute zum Glück noch nicht, und laut meinem schlauen Reiseführer konnte es nicht mehr weit ins Dorf Pradela sein, wo es eine Bar gab.

Ausgetrocknet wie eine Dörrpflaume im Backofen kam ich anderthalb Stunden später an. Ich malte mir bereits seit geraumer Zeit aus, wie ich einen Liter Radler auf Ex trinken würde, sobald ich die Bar fand. Das Kaff bestand aus einem Bauernhof und ein paar Häusern. Ein Hund streunte durch die Straße, und eine alte Frau musterte mich argwöhnisch aus einem Fenster. Die restlichen Einwohner schienen bei der Kastanienernte im Wald zu sein. Ich fragte die betagte Dame nach der Dorfkneipe. Die sei geschlossen, behauptete sie. Ich fluchte so laut, dass die Alte die Fensterläden verriegelte. Trotzdem machte ich mich auf die Suche nach der Kneipe, weil das einfach nicht wahr sein durfte. Bestimmt litt die Dorfälteste an Demenz, hatte mich nur falsch verstanden oder sich womöglich im Wochentag geirrt.

Zwei Hausecken weiter stand ich vor der geschlossenen Bar. Vor Zorn trat ich gegen die Kneipentür. Ohne etwas zu trinken konnte ich unmöglich ins Tal absteigen.

Ich durchstreifte den Geisterort und gelangte in den Innenhof des Gehöfts. Auch hier war außer gackernden Hühnern niemand zu sehen. Ich hoffte auf einen Brunnen und wurde tatsächlich fündig. Allerdings handelte es sich dabei nicht um einen Brunnen mit sauberem Quellwasser, sondern um eine Viehtränke, auf deren Inhalt ein Schwarm Wasserflöhe Samba tanzte. In einer Ecke schwamm gelblicher Schaum, und am Grund des Holztrogs lag eine ertrunkene Maus. Der Durst war größer als der Ekel, und so tauchte ich mein Haupt ein und soff wie ein Nilpferd nach einer Dürreperiode.

Kurz vor Einbruch der Dunkelheit erreichte ich Trabadelo. Ich hatte einen Elf-Stunden-Marsch hinter mir und wollte nur noch duschen, etwas kochen und schlafen. Zum Glück fand ich einen Lebensmittelladen, der war allerdings so groß wie die Fleischtiefkühltruhe meines heimischen Supermarkts. Dort traf ich erneut auf Ludovica aus Mailand, der ich schon ein paarmal über den Weg gelaufen war. Offenbar konnte sie sich noch an mein Frust-Spaghetti-Gelage in Astorga erinnern und sah mich nun schon wieder mit einer Großpackung Nudeln im Arm. Sie hatte ein Einsehen mit mir und erzählte, sie sei in der Herberge zufällig auf eine Gruppe Italienerinnen gestoßen. Heute Abend werde sie für alle ein schönes Risotto kochen, ob ich mitessen wolle?

Natürlich wollte ich! Nachdem ich gestern letztlich nichts von der Curry-Reispfanne abbekommen hatte, weil das verliebte Paar das übrig gebliebene Essen für den nächsten Tag eingepackt hatte, kam mir ein leckeres Risotto gerade recht. Dankend nahm ich die Einladung an, legte die Nudeln zurück und versprach Ludovica, den Wein beizusteuern. Ich ließ mich nicht lumpen und kaufte gleich zwei Flaschen Rotwein für je zwei Euro fünfzig die Flasche.

In der Herberge begann ich sofort mit den Vorbereitungen für mein Blind Date mit einem halben Dutzend Italienerinnen. Ich stellte sie mir wie in der Fernsehwerbung vor. Ramazotti, Giotto, Segafredo – oder vielleicht sogar etwas mit Unterwäsche. Meine Müdigkeit war längst verflogen. Ich rasierte meinen Pilgerbart ab, duschte mit Handcreme aus dem Seifenspender der Damentoilette, weil ich mein Duschgel in der letzten Herberge vergessen hatte, streifte mir das weniger schmutzige meiner beiden T-Shirts über und frisierte mich zum ersten Mal seit drei Wochen. Mit den Fingern, wohlgemerkt. Ein Kamm wäre zu schwer gewesen.

Derart aufgebrezelt ging es in die Gemeinschaftsküche. Dort fand ich Ludovica am Herd. Sie rührte in einem Topf voll köstlich riechendem Risotto. Daneben stand eine Pfanne mit Kastanien. Wieso das denn? Gab es etwa Kastanienrisotto? Auch egal. Der Tisch war liebevoll gedeckt. Sogar eine brennende Kerze stand

darauf. Von den Italienerinnen fehlte allerdings noch jede Spur. Dafür saß ein Italiener an der romantischen Tafel und las in einem Buch. Der Typ sah so unverschämt gut aus, dass ich ihm alleine deswegen schon mit der Spaghettizange die Ohren hätte lang ziehen können. Schon klar, wem die italienischen Pilgerschwesterherzen gleich zufliegen würden. Mir jedenfalls nicht!
Mein Widersacher ignorierte mich und las weiter in seinem dicken Buch. Wie bescheuert musste man sein, um einen derart dicken Schmöker über den Jakobsweg zu schleppen? Er lächelte fortwährend. Siegessicher, wie mir schien. Eine besondere Aura umgab ihn, und eines stand für mich jetzt schon fest: Wer so entspannt grinste, konnte keine Sorgen und Probleme haben. Bestimmt hatte er reiche Eltern und führte ein aufregendes Leben in Saus und Braus. Daraus wollte er eben mal ausbrechen, wohlwissend, dass es nur für eine kurze Weile war. Vielleicht entstammte er der Fiat-Dynastie? Oder einer Bankiersfamilie? Oder es handelte sich bei meinem Gegenüber um den Sprössling einer Mafiasippe? Natürlich! Genau so musste es sein. Ein Mafiamitglied auf dem Jakobsweg? Was für eine Schande! Zum Glück war für morgen schlechtes Wetter angesagt. Dann würde ihn der Blitz treffen.
Endlich kamen die Italienerinnen in die Küche. Sie sahen tatsächlich aus wie in der Fernsehwerbung. Allerdings wie in der Reklame für Zahnprothesenhaftcreme. Ein spanisches Paar kam noch dazu, dann wurde das Risotto verteilt. Die Pfanne mit den Kastanien stand weiterhin auf dem Herd. Ich wollte das Risotto schon gierig in mich hineinschaufeln, da bat der Sohn des Mafiapaten um Aufmerksamkeit. Er bat uns darum, uns an den Händen zu nehmen. Dann sprach er ein Gebet. Das Buch hatte er mittlerweile zugeklappt. Es handelte sich um die Bibel. Ich war perplex.
Es stellte sich heraus, dass der Mann Luca hieß. Und Luca sprach auch Spanisch. Meine Neugierde war geweckt. Hatte ich ihm Unrecht getan? Ich musste es wissen. Während die italienischen Kukidentdamen durcheinanderquasselten, stellte ich Luca jede Menge Fragen. Dabei erfuhr ich, dass er aus einem kleinen Dorf in Sardi-

nien stammte, in dem es kaum Arbeit gab. Seine Familie war arm, und auch er hatte kein Geld. Den Jakobsweg hatte er aus religiösen Gründen angetreten.

Er war tatsächlich der erste Pilger dieser Art, dem ich am Camino begegnete. Nun waren auch die Spanier interessiert. Sie fragten den Italiener, in welchem Schlafsaal er untergekommen sei. Er antwortete, dass er im Zelt schlafe, er habe nämlich kein Geld dabei. Mittlerweile war ich zutiefst beschämt wegen meiner Vorurteile, von denen ich zum Glück kein einziges laut ausgesprochen hatte.

»Und Kreditkarten auch keine?« Diese dämliche Zwischenfrage kam leider von mir. Nein, Luca hatte keinen Cent Geld dabei und auch keine Kreditkarten – und das schon seit er von der Fähre aus Sardinien gestiegen war. Per Anhalter war er nach Saint-Jean-Pied-de-Port gelangt, wo auch ich meinen Weg begonnen hatte, und war seitdem die Strecke ohne einen Cent in der Tasche gegangen. Ich war fasziniert von ihm.

»Aber wie machst du das mit dem Essen?«, wollte ich wissen.

»Gott gibt mir, was ich brauche«, sagte er und zeigte auf eine Tüte Kastanien.

Zumindest heute stimmte das. Obwohl Luca von zwei Tellern Risotto längst satt sein musste, stopften die fürsorglichen Italienerinnen ihn mit Schokolade und Keksen voll. Dabei hatte er sein eigentliches Essen – die Kastanien in der Pfanne, die er während des Tages am Weg aufgesammelt hatte – noch gar nicht angerührt. Auch ich war im Lauf meiner heutigen Wanderung über tausende Kastanien gestiegen, aber ich hatte nur an einen Supermarkt gedacht, wo ich mir Nudeln kaufen konnte. Ich fragte ihn, ob er sich denn keine Sorgen mache, dass er mal keine Kastanien oder anderes finden werde.

»Nein«, sagte er. »Gott hat mich auf diesem Weg so viel Nächstenliebe und Wärme erfahren lassen, dass ich mir darüber keine Sorgen machen muss.«

26

Trabadelo – O Cebreiro

Ich frühstückte in der Cafeteria der Herberge. Die kaugummikauende Kellnerin, die schon bei meiner Ankunft ziemlich genervt gewirkt hatte, war wieder griesgrämig und knallte mir wortlos Marmelade und Brot vom Vortag auf den Tisch. Dann kam Luca herein, etwas verfroren von der Nacht draußen.
»Mensch, hättest du nur etwas gesagt!«, schimpfte die Kellnerin mit ihm. »Für dich hätten wir bestimmt noch ein Bett gefunden. Hast du Hunger? Magst du Eier?«

Wenig später hatte er nicht nur drei Spiegeleier mit Brot vor sich stehen, sondern auch noch ausreichend Proviant für den Tag mitbekommen.

Während meiner heutigen Etappe ins Bergdorf O Cebreiro dachte ich viel an Luca. Er hatte mich gelehrt, dass Vorurteile unangebracht waren, weil die Menschen in den meisten Fällen anders waren, als man im Vorfeld geglaubt hatte zu wissen. Und er hatte mir das Kastanienprinzip mit auf den Weg gegeben: *Gott gibt mir, was ich brauche.* Das funktionierte offenbar nicht nur mit den Kastanien, sondern auch mit hilfsbereiten Menschen am Jakobsweg, dachte ich.

Aber zahlt Gott auch meine Hypothek, meine Autoversicherung und den Unterhalt für meine Tochter?, hätte ich Luca gerne gefragt. Wohl kaum. Oder etwa doch?

Ich dachte an die vergangenen Jahre zurück. Ich hatte mit der Orion Charterreisen in der Karibik veranstaltet, ich hatte eine Tauchschule besessen, ein Unternehmen für Solarenergie, eine Immobilienfirma, ich hatte Kamine aus Deutschland importiert und Bücher geschrieben. Einiges lief gut, manches schlecht, anderes gar nicht. Ich hatte viele Krisen zu bewältigen gehabt, aber es war immer wieder weitergegangen. Denn plötzlich hatte genau an der richtigen Stelle eine Kastanie gelegen. Erst durch Luca war mir bewusst geworden, dass es auch für mich seit über zwanzig Jahren Kastanien regnete und es deshalb überflüssig war, sich allzu viele Sorgen um die Zukunft zu machen – weil das auch während der nächsten zwanzig Jahre so bleiben würde. Das war für mich eine substanzielle Erkenntnis des Jakobswegs.

Vor anderthalb Jahrzehnten war ich schon einmal in einer ähnlichen Situation gewesen. Ich hatte mich aus persönlichen Gründen aus meiner Firma Solartex, Daxer & Freundlinger S.L. verabschiedet und meine Anteile ohne finanzielle Abfindung an Walter übertragen, mit dem ich das Unternehmen zwei Jahre zuvor gegründet hatte. Nun blieb mir nur noch ein Zwölf-Meter-Schiff, das ich manchmal im Auftrag des englischen Eigners segelte, damit die beweglichen Teile nicht einrosteten. In meiner Not veranstaltete ich damit Tagesausflüge für Touristen und verdiente einige Peseten dazu, bis der Eigner ein paar Monate später beschloss, sein Schiff zu verkaufen.

Danach verfügte ich über keine weiteren Einkünfte und hatte auch kein Geld übrig. Ich stand vor dem Nichts. Nein, nicht ganz: Virginia, meine damalige Freundin, war schwanger. Das war einerseits ein freudiger Umstand, andererseits raubte er mir den Schlaf. Kam man in Spanien in eine Schieflage, musste man ohne staatliche Unterstützung zurechtkommen. Es gab keine Arbeitslosenhilfe, keine Familien- oder Kinderbeihilfe oder ähnliches. Und siehe da – in dieser Zeit hatte ich durch Zufall Thomas kennengelernt. Er hatte die Idee, zusammen mit mir eine Immobilienfirma zu gründen – was wir dann auch mit Erfolg taten.

Leider war auch diese ehemals gut funktionierende Geschäftsbeziehung fünfzehn Jahre später Geschichte, aber es zeigte mir im Nachhinein, dass das Kastanienprinzip schon seit Längerem bestens funktionierte, ohne dass ich mir dessen bewusst gewesen war. Nun war ich sehr gespannt, welche richtungsweisende Kastanie mich demnächst auf meinem Lebensweg erwartete.

Zunächst allerdings musste ich mich mit Kuhfladen begnügen. Der Camino führte mich heute über die Grenze von Kastilien-León nach Galicien, der letzten Autonomen Region des Jakobswegs, was mir einen kurzfristigen Endorphinausstoß bescherte. Bis nach O Cebreiro waren zwar einige hundert Höhenmeter zu bezwingen, aber es gab keine richtig steilen Passagen. Landschaftlich fühlte ich mich in meine Kindheitstage zurückversetzt, als ich sonntags mit meinen Eltern manchmal auf eine Alm im wunderschönen Salzburger Land gehen durfte – beziehungsweise, nach meiner damaligen Einschätzung, gehen *musste*.

In Galicien begrüßten mich grüne Wiesen, Wälder und Felder, nebelverhangene Bergkuppen, der Geruch nach Kuhmist und das Rattern von Traktorenmotoren – nur Almhütten gab es in dieser Gegend nicht. Dafür eine Pilgerkneipe wenige Kilometer vor O Cebreiro. Es war erst Mittag, und ich hatte jede Menge Zeit. Ich aß ein hervorragendes Reisgericht, das zur Abwechslung mal nicht die Konsistenz von Spachtelmasse aus dem Baumarkt hatte. Wenig später trudelten Ludovica und Txema ein, der bärtige Spanier, der seit Tagen erfolglos um die Italienerin herumschwänzelte. Mit von der Partie war auch Rosa aus Mexiko, um die eigentlich ich herumschwänzeln sollte, wenn ich das Thema Frauen und Liebe nicht genauso abgehakt hätte wie Karriere und Erfolg. Einzig das Essen und Trinken funktionierte bei mir nach wie vor prächtig. Ich bestellte mir einen zweiten Teller Reis und ein weiteres großes Bier, ehe ich das letzte Teilstück in Angriff nahm.

Bei meinem Aufbruch begann es zu regnen, aber die Wetterkapriolen waren mir mittlerweile egal. Um fünfzehn Uhr erreichte ich O Cebreiro. Das Dorf lag auf tausendfünfhundert Metern Höhe und erinnerte mich an Asterix' Heimatdorf in Gallien. Kein Wunder, die teils gut erhaltenen Steinhäuser mit Strohdach gingen auf eine zweitausendfünfhundert Jahre alte keltische Bautradition zurück.

Laut meinem Reiseführer sollte sich in O Cebreiro ein Wunder zugetragen haben, was mich bei dieser mystischen, nebelverhangenen Umgebung gar nicht wunderte. Die Legende besagt, dass ein frommer Bauer trotz Sturm als Einziger den Berg hinauf zur heiligen Messe kam, die ein Mönch zelebrierte, der die Existenz Gottes anzweifelte und sich insgeheim über den dämlichen gläubigen Bauern lustig machte. Doch während der Messe wandelten sich Brot und Wein in Fleisch und Blut Christi – und der zweifelnde Ordensbruder war geheilt. Der Mönch lag in der Kirche Santa Maria aus dem achten Jahrhundert begraben, bei der es sich zugleich um die älteste Pilgerkirche am Jakobsweg handelte. Mir kam ein Besuch des Bauwerks lohnenswert vor, aber es hatte, wie viele Kirchen am Camino, leider seine Pforten geschlossen.

In der Herberge wurde mir Bett Nummer neunundzwanzig zugeteilt. Außer mir befand sich niemand in dem Schlafsaal, in den sechsundfünfzig Personen gepasst hätten. Ich inspizierte die Umgebung und war unzufrieden. Immer noch in triefenden Klamotten bat ich die Herbergsmutter, mir stattdessen Bett siebzehn oder siebenundvierzig zuzuteilen. Die resolute Dame, die ich mir gut als Gefängniswärterin hätte vorstellen können, musterte mich missbilligend von oben bis unten, kam aber schließlich meinem Wunsch nach und teilte mir die siebzehn zu. Die Betten waren allesamt gleich, aber Nummer siebzehn und siebenundvierzig hatten als einzige eine Steckdose zum Aufladen des Handys und ein Fenster in der Nähe. Bei einem so riesigen Schlafsaal mit entsprechend vielen Gästen war eine Position in der Nähe der Frischluftzufuhr natürlich optimal.

Im Ort überreichte ich einer Dame mit grauem Zopf, die in den Asterix-Heften sicherlich Persilfix geheißen hätte, meine Schmutzwäsche und hing den Rest des Nachmittags in der Herberge ab. Während ich meinen Blogeintrag erstellte, füllte sich der Schlafsaal mit Pilgern. Die meisten waren lärmende Spanier, die sich darüber unterhielten, wo und was sie zu Abend essen würden. Essen und Trinken war überhaupt das beherrschende Thema dieser Pilgerspezies.

Bald trafen auch meine deutschsprachigen Pilgerbrüder und Pilgerschwestern ein. Mit Rainhard, Sandy, Martin, Markus und Heinz, einem sechzigjährigen Dresdner, der mir bislang noch nicht untergekommen war, ging es zum Abendessen. Natürlich musste es heute die galicische Spezialität Pulpo a la gallega sein – ein zart gekochter und mit Paprika gewürzter Tintenfisch.

Das Restaurant hätte uriger nicht sein können. Von den Balken an der niedrigen Holzdecke hingen riesige mittelalterliche Kochtöpfe, Knoblauchgeflechte und getrockneter Paprika. Die Steinwände waren mit Keramiktellern, alten Fotografien und Bronzepfannen geschmückt. In einer Ecke brannte Feuer in einem offenen Kamin. Direkt davor war noch ein Tisch für sechs Personen frei. Der Apostel Jakob meinte es heute gut mit uns.

Sandy nahm neben mir Platz. Im Schein des Kaminfeuers bemerkte ich eine subtile Veränderung: Ihre grüne Wollmütze fehlte, und die roten Haare umspielten ihr Dekolleté, das ohne den weiten Pulli plötzlich interessante Konturen angenommen hatte. Sogar etwas geschminkt hatte sie sich.

Ich bekam einen leckeren Pulpo a la gallega und Weißwein in flachen Keramikschalen serviert. Wir führten Pilgertalk, bis Heinz und Markus anfingen, über Business, Politik und Aktienkurse zu reden. Das nervte mich nach einer Stunde derart, dass ich Heinz fragte, ob er nicht mal am Jakobsweg abschalten könne. Das wiederum hatte zur Folge, dass Sandy und ich eine Viertelstunde später alleine am Tisch saßen, weil die anderen plötzlich nicht mehr wussten, worüber sie reden sollten.

Ein Date wurde es trotzdem nicht, denn dazu musste nach meinem Verständnis wenigstens einer von beiden mehr wollen, als nur den Augenblick zu genießen. Und das war bei uns nicht der

Fall. Wir tranken einen Rum Cola nach dem anderen und vergaßen die Zeit. Erst nach zweiundzwanzig Uhr rannten wir lachend zur Herberge zurück, die zum Glück noch nicht geschlossen hatte. Der Schlafsaal war bis auf das letzte Bett gefüllt. Es miefte nach feuchten Klamotten und den Ausdünstungen von sechsundfünfzig Pilgern auf engstem Raum. Ich stopfte meine Ohrstöpsel in die Gehörgänge und vertrieb die Geräusche der knarzenden Betten, das Rascheln von Schlafsäcken, das Murmeln und Schnarchen, bis ich nur noch den Eigenton meines Kopfes vernahm. Er ähnelte dem eines Fernsehsenders in früheren Zeiten nach Programmschluss.

Sandys Bett lag keine drei Meter Luftlinie entfernt. Ich war selbst über meine letzten Gedanken vor dem Einschlafen überrascht: Was wäre, wenn wir beide uns stattdessen in einem Doppelzimmer eines Hotels befänden?

27

O Cebreiro – Triacastela

Der nächste Morgen war schlicht grauenvoll. Pilger mit Hightech-Regenschutz und Stirnlampen verließen die Herberge zu früher Stunde. Ich hatte weder das eine noch das andere zur Verfügung und bei Dunkelheit, strömendem Regen, Nebel und Kälte nicht die geringste Lust, vor die Tür zu treten. Und wegen der fünf Rum Cola am Vorabend hätte ich heute Morgen beim Casting für *Hangover 5* die besten Chancen auf die Hauptrolle gehabt.

Ich verkrümelte mich in den Aufenthaltsraum und schrieb in mein Tagebuch, bis mich um zehn Uhr die unbarmherzigen Damen vom Putztrupp aus der Herberge warfen. Sandy hatte mir einen Regenponcho geschenkt, den sie in einer Lost&Found-Kiste gefunden hatte. Sie war bereits um acht Uhr in der Frühe aufgebrochen. Wie weit sie heute gehen wollte, wusste sie noch genauso wenig wie ich. Gestern hatte ich mit ihr meinen wohl schönsten Abend am Camino verbracht, und doch war es ungewiss, ob wir uns je wiedersehen würden. Handynummern hatten wir nicht ausgetauscht, und auf Facebook konnte ich sie nicht finden, weil ich ihren Nachnamen nicht wusste. Aber auch das war der Jakobsweg: eine Art Leben im Zeitraffer. Menschen begleiteten mich eine Weile und verloren sich wieder – nur eben viel schneller als in der Wirklichkeit.

Es regnete den gesamten Tag. Sandys Regenponcho war so

dünn wie eine Mülltüte und bald an mehreren Stellen eingerissen. Bei der erstbesten Gelegenheit warf ich das nutzlose Teil in die Tonne – ich war ohnehin längst bis zur Unterhose durchnässt. Von der Landschaft war kaum etwas zu erkennen, und ich hatte in etwa so viele Erkenntnisse wie eine Miss-Idaho-Aspirantin in der Achterbahn. Zumindest ging es die meiste Zeit bergab. Weil ich als Allerletzter die Herberge verlassen hatte, war ich der einzige Pilger weit und breit. Wäre ich doch besser um acht zusammen mit Sandy losgelaufen, sagte ich mir. Vermisste ich sie etwa? Was wiederum ein Hinweis darauf sein könnte, dass ich mich ein bisschen in sie verguckt hatte ... Oder war mir nur nach charmanter Begleitung, um mich von dieser öden Etappe abzulenken?

Ich dachte eine Weile darüber nach und kam zu dem Schluss, dass es nichts Ernsthaftes sein konnte, wenn man überhaupt darüber nachdenken musste. An Tatiana musste ich hingegen kaum noch denken. Dabei waren wir bis vor zwei Wochen noch verlobt gewesen. Es kam mir so vor, als wäre das in einem anderen Leben gewesen.

So sehr ich den Jakobsweg zu lieben gelernt habe, so sehr wünschte ich mir nun auch, in Santiago anzukommen. Endlich mein Ziel zu erreichen, um mich danach neuen Zielen zuwenden zu können. Aber welche waren das? Mein Kopf war so benebelt wie die Landschaft, durch die ich mich schleppte, und doch wollte ich mich heute diesen Gedanken stellen. Früher hatte ich mir meist zur Jahreswende ehrgeizige Ziele gesteckt, sie dann aber rasch wieder aus den Augen verloren, weil sie scheinbar unerreichbar waren – oder der Preis für die Umsetzung zu hoch gewesen wäre. Irgendwann hatte ich darauf verzichtet, mir so hohe Ziele zu setzen. Zumal ich mir niemals sicher sein konnte, ob ich nach dem Erreichen eines Ziels oder der Erfüllung eines Traums glücklicher sein würde als davor. Gerade am Camino hatte ich gelernt, dass man das Glück unterwegs suchen muss und nicht erst am Ziel – denn dort war die Reise zu Ende.

Ein Lebensziel, das ich erreicht hatte, war der Traum, eines Tages Bücher zu schreiben. Es war das Ziel, das ich am beharrlichsten von allen verfolgt hatte. Während ich frierend und durchnässt durch die galicische Bergwelt wanderte, fragte ich mich, ob sich der Aufwand gelohnt hatte. Zumal der Preis verdammt hoch gewesen war: Die Scheidung von der Mutter meiner Tochter, der daraus resultierende Verlust meines Hauses mit Pool und Meerblick sowie die Schließung meiner Importfirma gingen wohl indirekt zu Lasten der beharrlichen Umsetzung dieses Lebenstraums.

Im Alter von zwanzig Jahren hatte ich beschlossen, eines Tages Autor zu werden. Den Entschluss hatte ich am Strand der Insel Margarita in Venezuela gefasst. Allerdings nicht etwa, weil ich bei mir sonderlich viel Talent zum Schreiben entdeckt hätte, sondern weil ich mit diesem vermeintlichen Traumjob die ultimative Freiheit verband. Schließlich bräuchte ich nur eine Schreibmaschine und Papier und könnte arbeiten, wo und wann ich wollte, sogar unter den Palmen an jenem Karibikstrand – dachte ich damals.

Ich konnte nicht wissen, dass ich dieses Manuskript fünfundzwanzig Jahre später an einem wackligen Schreibtisch auf einem Bürostuhl schreiben würde, dem eine Rolle fehlt. Und natürlich hatte ich in meine hochtrabenden Pläne nicht mit einberechnet, dass sich mit der Ablösung der Schreibmaschine durch den Computer die Lage am Buchmarkt sehr zum Nachteil des Autors wenden würde. Gratisbücher, Neunundneunzig-Cent-E-Books, soziale Medien und sonstige virtuelle Ablenkungen haben die Leserschaft ausgedünnt. Obendrein findet der gestresste Durchschnittsbürger kaum noch Zeit zur Lektüre und sieht sich einer Flut von etwa hunderttausend Neuerscheinungen pro Jahr gegenüber. All dies war mir bei meiner Berufswahl nicht wirklich bewusst gewesen. Ansonsten hätte ich mich vielleicht doch für den Job eines Astronauten interessiert. Viel schwieriger hätte diese Laufbahn auch nicht ausfallen können.

Zwischen dem Entschluss, eines Tages ein berühmter Bestsellerautor zu werden, und der tatsächlichen Umsetzung dieses absurden Vorhabens waren zwanzig Jahre vergangen. Über diese Zeitspanne hatte ich den Traum aufrechterhalten und beinahe täglich daran gedacht – ohne auch nur eine einzige Zeile zu Papier gebracht zu haben. Stattdessen hatte ich mich in vielen anderen Bereichen versucht, was meine Frustration von Jahr zu Jahr gesteigert hatte. Bis sich im Zuge einer Krise eine Chance auftat.

Denn die verkannte Schokoladenseite einer Krise ist ihre Rolle als Wegbereiter für neue Möglichkeiten und Perspektiven. Das wusste bereits Albert Einstein, von dem die folgenden Worte stammen:

Wir können nicht davon ausgehen, dass sich Dinge verändern, wenn wir immer dasselbe tun. Eine Krise ist der größte Segen, der einer Person oder einem Land passieren kann, denn sie bringt immer Fortschritt. Die Kreativität entsteht aus der Panik, genauso wie der Tag auf die Dunkelheit der Nacht folgt. Krisen gebären Innovationen, Erfindungsgeist und große Strategien. Wer eine Krise übersteht, überwindet sich selbst, ohne bezwungen zu werden. Wer mit der Krise seine eigene Niederlage erklärt, vergewaltigt sein schöpferisches Potenzial und sucht mehr nach den Problemen, anstatt nach Lösungen. Die eigentliche Krise ist nämlich die Inkompetenz. Die Schwierigkeit für betroffene Personen oder Länder liegt darin, den richtigen Ausweg zu finden. Ohne Krise gibt es keine Herausforderung, und ohne Herausforderung bleibt das Leben im Alltag und in Eintönigkeit stecken. Ohne Krise gibt es keine Verdienste, denn gerade in schwierigen Zeiten kommen die Stärken eines jeden zum Vorschein.

Im Jahr 2008 steckte die spanische Immobilienbranche tief in der Misere. Ich langweilte mich in meinem Büro, in das tage- und wochenlang kein Kunde kam. Aber anstatt wie viele andere in der Kneipe abzuhängen und über die Regierung zu schimpfen, suchte ich nach einem Ausweg. Eines Nachts hatte ich einen wirren Albtraum. Ich hatte geträumt, mein Bruder hätte mich in Spanien besucht und wäre am folgenden Morgen tot in einem Hotelzimmer aufgefunden worden. Mit Anfang dreißig und kerngesund. Keine Anzeichen von Gewalteinwirkung. Die Polizei ging von Suizid aus, aber ich glaubte nicht daran und ermittelte zusammen mit der Empfangsdame, die meinen Bruder eingecheckt hatte. Wenig später verschwand deren Mutter spurlos. Sie hatte im Hotel als Reinigungskraft gearbeitet. Alles schien irgendwie zusammenzuhängen. Wir hatten bald einen Verdacht, doch wie der Traum ausging, erfuhr ich nicht, weil in diesem Moment der Wecker klingelte.

Als ich später im Büro saß, dachte ich an diesen äußerst plastischen Traum zurück. Ich fragte mich, was noch alles passiert wäre, wenn ich nicht daraus erwacht wäre. Also spann ich die Geschichte als Tagtraum weiter und rätselte, wie das Drama hätte ausgehen können. Die Story nahm wie von selbst einige überraschende Wendungen, bis ich mir mit der flachen Hand gegen die Stirn schlug. Das war es! Ich hatte eine Geschichte! Der Hauptgrund, weshalb ich fast zwanzig Jahre gezögert hatte, meine steile Autorenkarriere endlich in Angriff zu nehmen, war ziemlich banal: Ich wusste nicht, *was* ich schreiben sollte. Nun hatte ich endlich eine Idee für einen Krimi.

Während der kommenden drei Monate schrieb ich ziemlich plan- und strukturlos die ersten hundert Krimiseiten und fand das vorläufige Ergebnis genial. Sogar ein Titel war mir eingefallen: *Pata Negra*. Das passte doch perfekt zum Debütroman des neuen Shootingstars der deutschsprachigen Kriminalliteratur, dachte ich. Inzwischen betrieb ich eine Autorenhomepage und eine Facebook-Seite mit zweiundvierzig Freundlinger-Fans. Im Kreditkartenfach meiner Geldbörse steckten Visitenkarten mit dem Schriftzug *Eduard Freundlinger – Autor*, die ich großzügig verteilte. Schließlich musste ich für den Erfolg gewappnet sein, denn längst stand fest, dass ich es mit meinem neuen glamourösen Autorendasein sehr weit bringen würde, mindestens aber auf Platz eins der Spiegel-Bestsellerliste. Das Buch würde in zwei Dutzend Sprachen übersetzt und natürlich verfilmt werden. Selbstverständlich nicht in den Bavaria Filmstudios, sondern in Hollywood. Schließlich sahen Brad Pitt und Penelope Cruz den beiden Protagonisten ziemlich ähnlich.

Die Realität sah leider anders aus. Ich tauschte mich im Netz in einem Forum Gleichgesinnter aus – also mit anderen, ebenso größenwahnsinnigen und unveröffentlichten Autoren. Dort gab es die Möglichkeit, seine Texte hochzuladen und von den Mitgliedern des Forums bewerten zu lassen. Einerseits hatte ich Angst, dass jemand mit weniger Talent meine grandiosen Texte klauen könnte, andererseits benötigte mein Ego nach dreimonatiger Schaffenszeit im stillen Kämmerlein endlich etwas Selbstbestätigung. Also lud ich die Datei hoch und wartete auf Feedback.

Das fiel leider ernüchternd aus. Anstatt der erwarteten Lobeshymnen hagelte es Kritiken. Ich fühlte mich wie ein DSDS-Kandidat, dem Dieter Bohlen gerade gesagt hatte, er solle lieber versuchen, mit seiner Stimme den Leuten die Beine zu rasieren. Einige Kritiker hatten sich Mühe gegeben und mir im Detail geschildert, weshalb mein Text bei ihnen zu chronischem Juckreiz führte. Leider hatten sie recht. Ich hatte zwar in der Schule schreiben gelernt, was mich offensichtlich jedoch noch lange nicht befähigte, einen Roman zu schreiben.

Und nun? Aufgeben? Nix da! Also begann ich, das Schreiben als Handwerk zu sehen, das es erst zu erlernen galt. Zum Glück waren jede Menge Bücher über kreatives Schreiben erhältlich. Ich besorgte mir sämtliche Ratgeber auf Deutsch und Englisch und absolvierte in den kommenden Monaten eine Art Schreibstudium. Ich lernte, wie man einen interessanten Plot erstellt, was ein roter Faden ist, wie man glaubwürdige Charaktere erschafft, Spannung erzeugt und aufrechterhält, Dialoge schreibt, die Schauplätze anschaulich schildert und was überhaupt einen gelungenen Schreibstil ausmacht. Angehenden Autoren – und auf solche traf ich im Laufe der Jahre viele – gab ich nur den einen Rat: Macht es genauso – erlernt erst mal das Handwerk, ehe ihr mit dem Schreiben beginnt!

Hinterher las ich meinen alten Text durch, der mir mit dem neuen Wissen so holprig vorkam wie ein andalusischer Ziegenpfad, und musste mir eingestehen, dass meine Kritiker der ersten Stunde recht gehabt hatten. Aber immerhin: Einsicht ist der erste Schritt zur Besserung. Hochmotiviert machte ich mich an die Überarbeitung. Ich schrieb viele Textpassagen um, überarbeitete sämtliche Charaktere und gab ihnen mehr Tiefe, strich alle überflüssigen Füllwörter, straffte die Geschichte und garnierte sie stattdessen mit einer Prise Andalusien, schließlich spielte der Kriminalroman in meiner spanischen Wahlheimat. Zwei Jahre nach Beginn der Arbeiten war ich fertig. Die Datei umfasste vierhundertzwanzig Seiten, und ich war furchtbar stolz auf mich. Aber damit war es leider noch nicht getan, denn nun musste das Buch auch veröffentlicht werden.

Inzwischen hatten einige Freunde und Bekannte mein Manuskript gelesen, und sie waren alle zu demselben Schluss gekommen: Mein Krimi sei hervorragend geschrieben und total spannend. Man könnte ihn kaum aus der Hand legen. Na, bitteschön – geht doch, dachte ich. Meine breite Brust war zurück. Die Verlage würden mich, den neuen Starautor, mit Angeboten nur so überhäufen. Ich verschickte Exposés von *Pata Negra* an die zwanzig größten Verlage Deutschlands. Das Resultat war suizidgefährdend. Sechs Verlage antworteten gar nicht, und von vierzehn bekam ich ein standardisiertes Absageschreiben. Jede Ablehnung holte mich weiter auf den Boden der Tatsachen zurück, bis ich kurz davor stand, das Ergebnis von zwei Jahren Arbeit mit einem Mausklick ins virtuelle Nirwana zu befördern.

Ein verbliebener Rest Optimismus verhinderte das zum Glück. Ich durfte nicht aufgeben. Niemals! Also kämpfte ich weiter. Ich schrieb zehn Literaturagenten an und bekam neun Absagen. Doch eine Berliner Agentur fand, *Pata Negra* hätte Potenzial, und nahm mich unter Vertrag. Das bedeutete immerhin einen Teilerfolg für mein ramponiertes Ego. Wer konnte schon behaupten, von einer

Agentin vertreten zu werden? Nur eine Handvoll VIPs – und Eduard Freundlinger, der literarische Newcomer.

Im darauffolgenden Jahr bot die Dame mein Manuskript zahlreichen Verlagen an. Leider bekam auch sie nur Absagen. Bis sie mir eines Tages freudig mitteilte, dass der Münchner Piper Verlag Interesse an meinem Werk gezeigt habe. Piper? Wahnsinn! Ich brüllte und hüpfte vor Freude durch das Haus, dass meine Katze Lola sich hinterher vor Schreck drei Tage nicht blicken ließ. Piper hatte zahlreiche Bestseller gelandet – zuletzt mit Hape Kerkelings Bestseller *Ich bin dann mal weg*. Ich durchstöberte die Homepage des Verlags und war mir sicher, dass es das Schicksal nun doch noch gut mit mir meinte. Piper wäre die ideale Heimat für *Pata Negra*. Wöchentlich hakte ich bei meiner Agentin nach, ob es denn Neuigkeiten von Piper gebe. Leider nein.

Es dauerte weitere drei Monate, ehe mir meine Agentin schrieb, dass sich Piper nach eingehender Prüfung entschieden habe, von einer Veröffentlichung meines Romas Abstand zu nehmen. Damit war meine letzte Hoffnung verpufft und die Zusammenarbeit mit meiner Agentin beendet. Seit drei Jahren hatte ich all meine Energie in die Erfüllung meines großen Traums investiert. Nun stand ich vor dem Aus.

Dasselbe galt für mein Privatleben. Meine Frau Virginia hatte zwischenzeitlich einen Spanier kennengelernt, der ihr offensichtlich mehr Aufmerksamkeit schenkte als ihr Mann, der Möchtegernautor. Sie packte die Koffer und zog mit meiner fünfjährigen Tochter Paula zu ihrem neuen Freund.

Natürlich liefen auch meine geschäftlichen Unternehmungen nicht mehr gut, weil ich meine gesamte Aufmerksamkeit meiner »Autorenkarriere« gewidmet hatte. Die Importfirma für Ethanol-Kamine musste geschlossen werden, und die Immobilienfirma machte solche Verluste, dass ich die Unkosten für das Haus bald nicht mehr tragen konnte.

An tristen Wintertagen saß ich manchmal einsam im Wohnzimmer und musste mir eingestehen, dass ich alles auf eine Karte gesetzt hatte und dabei grandios gescheitert war. Zuweilen klingelte mein Handy, doch ich ging nicht ran. Womöglich bahnte sich ein weiteres Problem an. Nach dem Freitod meiner Mutter hatte ich als Teil meiner Trauerarbeit die Ursachen und Gründe ihrer Krankheit recherchiert. Ein starkes Symptom einer beginnenden Depression war demnach, Telefon oder Türklingel zu ignorieren.

Auf den nassen Blättern und dem abschüssigen Hohlweg rutschte ich aus und fiel beinahe hin. Das brachte mich zurück in die Gegenwart, die nicht viel besser aussah. Noch immer verkatert, durchnässt und halberfroren, hatte ich nicht die geringste Lust, auch nur einen weiteren Schritt zu tun. Bis zum nächsten Ort waren es noch fünf Kilometer zu laufen. Sie schienen nicht enden zu wollen.

Gegen vierzehn Uhr erreichte ich schließlich Triacastela. In der Herberge warf ich meine gesamte Wäsche in den Trockner und machte eine zweistündige Siesta. Am Abend wanderte ich durch den Ort und hielt vergeblich nach bekannten Gesichtern Ausschau. O Cebreiro war so etwas wie ein Pflichtstopp gewesen. Von dort aus wanderten die Pilger in aller Regel weiter als die popeligen achtzehn Kilometer bis Triacastela. Rainhard, Sandy & Co. waren bestimmt längst über alle galicischen Berge – was ich in Sandys Fall etwas schade fand. Wenn ich nicht gerade an meine holprigen ersten Schritte als Autor zurückdachte, verhedderten sich meine Gedanken immer wieder in den langen roten Haaren der extrovertierten Dresdnerin.

Während ich alleine in einem Restaurant das Pilgermenü verdrückte, blätterte ich in meinem Reiseführer und ertappte mich dabei, den Ort auszurechnen, in dem Sandy morgen nächtigen würde. Ich tippte auf Ferreiro. Allerdings lag das sechsunddreißig Kilometer von Triacastela entfernt. Die doppelte Strecke von heute. Zurück in der Herberge fragte ich mich, ob ich tatsächlich im Begriff war, einer Frau hinterherzulaufen, die nicht mal mein Typ war. Hatte ich mich gar verliebt? Ich hoffte nicht. Ich hatte schon genug gelitten, ich hatte genug andere Sorgen – und ich hatte genug von Frauen aus dem Osten. Und überhaupt ... rote Haare? Das ging ja gar nicht! Dazu hatte sie einen Teint wie eine Marmorstatue im Vatikan und mehr Sommersprossen im Gesicht als ich Haare am Kopf. Zudem glaubte ich eher daran, dass mir vor den Stadttoren Santiagos die Jungfrau Maria erschiene, als dass ich mich erneut verlieben könnte.

Mit der Erkenntnis, dass Sandy nichts weiter als eine nette Camino-Bekanntschaft bleiben würde, schlief ich ein. Mein Unterbewusstsein schien allerdings anderer Meinung zu sein. Als wäre mein Tag nicht mies genug verlaufen, ließ es mich obendrein noch sehr plastisch von ihr träumen. Allerdings befand sich Sandy in meinem Traum nicht etwa neben mir in einem flauschigen Himmelbett, sondern in den Armen des zwei Meter großen Ungarn Peter. Dabei hatte sich der Proficharmeur bereits die süße Düsseldorferin Julia unter den Pilgernagel gerissen. Und nun machte er sich auch noch an Sandy ran?

Ich sah den beiden eine Weile beim Turteln zu, ehe ich schweißgebadet aufwachte. Ein neuer Tag am Jakobsweg brach an. Und der konnte nur besser werden als der gestrige.

28

Triacastela – Ferreiros

Der nächste Tag begann vielversprechend. Ich hatte gleich drei gute Gründe, um fröhlich zu sein. Erstens schien nach dem gestrigen Unwetter wieder die Sonne. Meine trüben Gedanken hatten sich aufgelöst wie die Regenwolken am Himmel. Es war kein Zufall, dass ich mir als Wahlheimat ausgerechnet die Costa Tropical mit im Schnitt nur zehn Regentagen pro Jahr ausgesucht hatte. Dieser kurze südspanische Küstenabschnitt warb zu Recht mit dem besten Klima Europas. Weder im regnerischen Irland noch im finsteren norwegischen Winter oder in nebligen Regionen Österreichs könnte ich auf Dauer glücklich werden. Die Depression wäre dort mein ständiger Begleiter.

Der zweite Grund zur Freude war ein Stein am Straßenrand, dem ich entnahm, dass es nur noch hundert Kilometer bis Santiago waren. Federnden Schrittes wanderte ich durch galicische Dörfer, herbstliche Kastanienwälder, grüne Felder, über kaum befahrene Landstraßen voller Kuhfladen, uralte römische Wege und Brücken. Nachdem der Camino mir bereits mehr Erkenntnisse mit auf meinen weiteren Lebensweg gegeben hatte, als ich es mir jemals erträumt hätte, wollte ich die letzten Tage nicht mehr allzu viel grübeln. Ich versuchte beim Gehen zu meditieren und genoss die Szenerie und die Sonne nach dem Regen. Kurz, ich tat, was mir Dauerpilger Marcelino am Ortsausgang von Logroño mit auf den Weg gegeben hatte: Listen to the silence of the way.

Der dritte Grund für meine Fröhlichkeit war eine gute Nachricht in meinem E-Mail-Eingang. Sie kam von einer Mitarbeiterin des Piper Verlags, die mir euphorisch mitteilte, dass mein letzter Krimi in der *Bunten* erwähnt worden sei, also der größten Frauenzeitschrift Deutschlands. Genau meine Zielgruppe. Ob das etwas am Verkauf ändern würde?

Wohl kaum. Schließlich war *Im Schatten der Alhambra* in den Wochen nach seinem Erscheinen in der *Bild*, im *Focus* und in einem Dutzend weiterer Tageszeitungen und Magazinen erwähnt worden, ohne dass deswegen die Verkaufszahlen explodiert wären. Der Text in der *Bunten* bestand im Wesentlichen aus zwei Sätzen: »Der Fund eines uralten Fundstücks hat mörderische Folgen. Ideale Lektüre für den Strandurlaub!« Besonders aussagekräftig war diese »Buchbesprechung« nicht gerade. Trotzdem war ich stolz, es überhaupt in die *Bunte* geschafft zu haben. Schließlich hatte es lange genug in den Sternen gestanden, ob ich überhaupt je ein Buch veröffentlichen würde.

Nachdem sich alle großen deutschen Verlage gegen *Pata Negra* entschieden hatten, versuchte ich es mit der zweiten Reihe und kontaktierte einige kleinere Verlage. Und siehe da – bei einem kleinen Verlag aus München fand mein Manuskript durchaus Anklang. Der Verlag bestand zu jener Zeit aus fünf Mitarbeitern, einer Volontärin und einer Praktikantin und residierte im Privathaus des damaligen Verlegers. Ich ahnte schon, dass es für mein Werk keinen Millionenvorschuss geben würde. Aber Geld war meine geringste Motivation, mein Buch veröffentlicht zu bekommen.

Nach einigen verheißungsvollen Telefonaten mit dem Verleger folgte jedoch eine Absage. Leider könne der Verlag das erhebliche finanzielle Risiko der Veröffentlichung eines unbekannten Autors nicht tragen, meinte der Verleger. Der nächste Tiefschlag.

Von der positiven Beurteilung meiner Testleser angespornt, blieb mir nichts anderes übrig, als weiterzukämpfen. Ich vereinbarte einen Termin mit dem Verleger und seinem Geschäftsführer und flog nach München. Im schicken Anzug schüttelte ich den beiden mit der Selbstsicherheit eines neureichen russischen Oligarchen die Hand und fragte sie, wo denn bitteschön das Problem liege. Am Geld solle es nicht scheitern, davon hätte ich genügend, behauptete ich und ließ den spanischen Immobilienmagnaten raushängen, der ich in Wahrheit gar nicht war. Trotzdem schien meine Strategie aufzugehen, das finanzielle Risiko auf mich zu nehmen. Eine Stunde später hatten wir einen Deal. Ich erklärte mich bereit, die Druckkosten für die Erstauflage von dreitausend Exemplaren vorzustrecken. Da ich das Geld dafür leider doch nicht so flüssig hatte, wie ich es dem Verleger eben noch weismachen wollte, vereinbarten wir, dass ich für einen garantierten Absatz von tausend Exemplaren sorgen müsste, damit vom Erlös die Druckkosten bezahlt werden könnten. Falls sich also im schlimmsten Fall niemand für meine Bücher interessierte, würde ich tausend Exemplare meiner eigenen Bücher kaufen müssen – und wäre ruiniert. Diese Klausel stand ganz oben im Vertrag, den ich mit einem mulmigen Gefühl unterzeichnete.

Für das aussichtslose Unterfangen, tausend ungedruckte Bücher eines unbekannten Autors für den Preis von sechzehn Euro neunzig zu verkaufen, hatte ich drei Monate Zeit. In diesen Wochen bekam der Begriff Freundschaft für mich eine ganz neue Relevanz. Vorher hatte ich gewusst, dass ich eine Menge Freunde hatte, mit denen ich hin und wieder ein Bier trinken und plaudern konnte. Hinterher wusste ich, dass ich eine Menge Freunde hatte, auf die wirklich Verlass war, wenn es darauf ankam. Viele meiner Freunde und Verwandten kauften vorab zwanzig, dreißig, fünfzig, ja zwei von ihnen sogar hundert Exemplare, um sie nach Drucklegung in ihrem Umfeld zu verschenken.

Ich machte meinerseits Facebook unsicher und versuchte dort meine Bücher an den User zu bringen. Dreimal wurde ich wegen Spam verwarnt und mein Account immer mal wieder gesperrt – zum Ablauf der Dreimonatsfrist, als ich es wirklich übertrieb, gleich für zwei Wochen. Doch da wussten längst sämtliche Buchhandlungen, Bibliotheken, Blogger und User mit Namen wie Leseratte, Bücherwurm und Krimimaus, dass es einen Herrn Freundlinger gab, dessen Erstlingswerk *Pata Negra* hieß.

Durch Eigenmarketing und die Unterstützung zahlreicher Freunde wurden neunhundert Kriminalromane vorbestellt. Nur die fehlenden hundert Exemplare musste ich selbst kaufen. Drei Jahre nachdem ich mit dem Schreiben begonnen hatte, konnte mein Krimi endlich in Druck gehen. Drei Jahre voller Höhen und Tiefen, Entbehrungen und Enttäuschungen.

Drei lange Jahre, in denen ich meine Energie auch in gewinnbringendere Tätigkeiten hätte investieren können.

Am 2. März 2011 hielt ich *Pata Negra* erstmals in Händen. Es war ein beinahe ebenso intensives Erlebnis wie die Geburt meiner Tochter am 28. August 2003. Nun ging es aber erst richtig los. Von den dreitausend Exemplaren der Erstauflage lagen nämlich noch zweitausend im Lager eines Großhändlers. Und ich wollte mir hinterher nicht vorwerfen müssen, nicht alles gegeben zu haben, um den Verkauf meiner Bücher zu pushen.

Leider war das erst mal mit erheblichen Investitionen verbunden. Ich vereinbarte mit meinem Verlag, dass wir uns auf der Leipziger Buchmesse 2011 einen Stand teilen würden. Fünfzig Prozent der Kosten übernahm ich, dafür sollte die Hälfte des Stands mit meinen Büchern zugepflastert werden. Als Marketinggag besorgte ich mir einen acht Kilo schweren Pata-Negra-Schinken und einige Flaschen spanischen Rotwein.

Kaum war die Messe eröffnet, ließ ich niemanden am Stand vorbei, ohne einen Blick in meinen Krimi geworfen zu haben. In der ersten halben Stunde hatte ich bereits fünf Bücher verhökert, was ich meinem Verleger stolz verkündete, als der etwas verspätet am Stand eintraf. Anstatt sich für mich zu freuen, schien er einen akuten Asthmaanfall zu bekommen. Als er sich wieder beruhigt hatte, erklärte er mir, dass es *strengstens* verboten sei, am Stand Bücher zu verkaufen. Wir könnten sogar die Standlizenz verlieren.

Für den Verkauf gebe es eine eigene Messebuchhandlung in Halle zwei, ermahnte er mich. Dort würden ohnehin drei meiner Bücher zum Verkauf ausliegen. Wie bitte? Nur drei Stück? Nun blieb mir die Luft weg. Asthma schien ansteckend zu sein.

Ich hetzte in Halle zwei und betrat die riesige Messebuchhandlung. Die aktuellen Bestseller waren zu kunstvollen Türmen gestapelt. Dazwischen befanden sich Tische, auf denen sich Bücher von bekannten Autoren stapelten. Und an der Wand ganz hinten, in einem fünfzehn Meter langen Regal aufgereiht, standen in alphabetischer Reihenfolge Werke von Autoren, um die sich niemand scherte. Ich brauchte eine Weile, bis ich unter F die Rücken meiner drei Bücher ausfindig gemacht hatte. Das hatte ich mir ganz anders vorgestellt. Die Chance, dass jemand unter tausenden von Titeln zufällig auf mein Buch stieß, glich der eines Sechsers im Lotto.

Aber ich war in Fahrt und nicht mehr zu bremsen. Mit Caffè Latte und österreichischem Charme bestach ich das Team der Messebuchhandlung und durfte dort tatsächlich einen Turm aus hundert Exemplaren meiner Bücher aufbauen. Dafür suchte ich mir die beste Lage aus: direkt am Eingang und dem ebenso hohen Stapel des damals aktuellen Bestsellers von Dan Brown. Neben meinen Bücherberg stellte ich einen Tisch und einen Stuhl. Dann baute ich den Schinken auf und gab fortan »Signierstunden« mit Pata-Negra-Verköstigung. Ich nutzte mein loses Mundwerk und meine Verkaufserfahrung – und baute auf den Herdentrieb der Menschheit. Standen vor meinem Signierstand drei Personen, nur um sich meinen teuren Schinken reinzustopfen, kamen nämlich schon bald weitere hinzu, weil der Typ bestimmt ein namhafter Autor sein musste, ansonsten würden sich die Messebesucher nicht für ein Autogramm anstellen.

Es klappte wunderbar, nur der Ladenbesitzer beäugte mich zunehmend misstrauisch, weil ich in seiner Buchhandlung wie Zorro mit einem langen scharfen Messer herumfuchtelte, um Schinken von der Keule zu hobeln. Vier Tage lang kam ich mit dem Signieren meiner Bücher kaum hinterher. DHL musste sogar zwischenzeitlich eine weitere Ladung Bücher per Expresslieferung ankarren. Am Ende des letzten Tages gratulierte mir der Leiter der Buchhandlung per Handschlag. Laut seiner Auswertung war *Pata Negra* mit über fünfhundert abgesetzten Exemplaren das meistverkaufte Buch der Messebuchhandlung. Sogar noch vor Dan Brown und all den anderen Bestsellern.

Aber die waren auch nicht vor Ort gewesen, um ihre Bücher zu signieren und teuren spanischen Schinken zu verteilen. Hätte ich meinen Krimi nicht angeboten wie ein Marktschreier seine Würste, wäre er fraglos in der Masse der angebotenen Bücher untergegangen. Schließlich hatte noch niemand von mir gehört. Der weitere Verkaufserfolg lag also ausschließlich an mir.

So viel hatte ich in Leipzig gelernt.

Mittlerweile war *Pata Negra* auch auf Amazon gelistet und erklomm dort die Bestsellerlisten. In der Liste der Krimis aus Spanien belegte er lange Zeit die Nummer eins, und im Ranking aller Krimis befand sich *Pata Negra* über ein Jahr lang unter den Top hundert. Diese ersten Erfolge spornten mich an. Um mich noch besser um den Absatz meiner Bücher kümmern zu können, übersiedelte ich für drei Monate nach München. Dort besuchte ich alle Buchhandlungen der Umgebung und versuchte sie zu überzeugen, meinen Krimi in ihr Sortiment aufzunehmen. Darüber hinaus telefonierte ich tagelang sämtliche Buchläden in Deutschland, Österreich und der Schweiz ab oder schrieb ihnen E-Mails. Innerhalb eines Monats kam ich auf fast dreitausend Kontakte.

Einige Läden der Kette Hugendubel in München ließen sich überzeugen und nahmen *Pata Negra* in ihr Sortiment auf. Leider gab es auf ihrem Krimitisch, der in etwa die Größe meines Schlafzimmers hatte, jede Menge Konkurrenz. Um den Tisch herum standen Kunden und schmökerten in allen möglichen und unmöglichen Krimis – nur nicht in *Pata Negra*.

Mit einem Buchexemplar in der Hand und einem Lächeln im Gesicht quatschte ich die arglosen Kunden an.

»Einen wunderschönen guten Tag. Diesen Krimi kann ich Ihnen nur wärmstens empfehlen. Er spielt in Spanien und ist äußerst spannend – das weiß ich übrigens so genau, weil ich der Autor dieses Romans bin.« (Kurzes Lachen.) »Normalerweise wohne ich in Spanien, aber ich bin gerade für kurze Zeit in München, und falls Sie sich spontan für den Kauf meines Krimis entscheiden, würde ich Ihnen gerne eine schöne Widmung hineinschreiben. So eine Gelegenheit bekommt man nicht alle Tage, oder? Und falls der Krimi nicht für Sie sein sollte, eignet er sich wunderbar als Geschenk – zum Beispiel für eine liebe Freundin oder gleich zu Weihnachten – die Zeit bis dahin vergeht ja wie im Fluge …«

Diese Masche funktionierte natürlich nicht bei jedem – aber immerhin bei jedem zweiten oder dritten Kunden. Manche wollten gleich mehrere Exemplare signiert bekommen. Ich benötigte meist nur eine Viertelstunde, bis ich die fünf bis zehn aufliegenden Exemplare meines Werks verkauft hatte. Danach wandte ich mich an die Leiterin der Krimiabteilung, wies sie darauf hin, dass meine Bücher sich wie warme Brezen auf dem Oktoberfest verkauften, und bat sie, doch bitte dringend welche nachzubestellen. Danach spazierte ich zur nächsten Filiale und wiederholte dort meine Guerillamarketingkampagne.

In den Monaten nach der Erstveröffentlichung von *Pata Negra* wurde ich für viele Mühen im Vorfeld entschädigt. Meine Maxime, niemals aufzugeben, zahlte sich langsam aus. Die Erstauflage von dreitausend Exemplaren war nach zwei Monaten ausverkauft, ihr folgten sechs weitere Auflagen. *Pata Negra* wurde der mit Abstand bestverkaufte Titel der Verlagsgeschichte. Der Verlag übersiedelte auch Dank des Erlöses aus dem Verkauf meiner Bücher vom Haus des Verlegers, der in den Ruhestand ging, in eigene Büroräume. Die Rezensionen im Internet waren zu etwa achtzig Prozent positiv – was weit mehr war, als ich anfangs zu hoffen gewagt hatte. Ich erhielt sogar Fanpost, und Leserinnen und Leser auf Andalusienrundfahrt suchten mich in Spanien auf, um sich ihr Exemplar von mir signieren zu lassen.

Und siehe da – plötzlich wollte es doch mit einem namhaften

Verlag klappen. Der Verkaufserfolg von *Pata Negra* sorgte dafür, dass ich vom renommierten Piper Verlag in München einen Vertrag für einen zweiten Krimi angeboten bekam. Ich unterschrieb und machte mich an die Arbeit für meinen Folgetitel *Die schwarze Finca*. Ab nun war mein literarischer Höhenflug nicht mehr zu stoppen. Das dachte ich zumindest. In Mathematik hatte ich mir in der Schule so schwergetan wie ein Sumoringer beim Stabhochsprung, aber diese Rechnung war wirklich simpel: Wenn ich beim ersten Verlag mit fünf Mitarbeitern zehntausend Bücher verkauft hatte, müsste ich bei Piper mit geschätzt hundertmal so vielen Angestellten auch hundertmal so viele Exemplare meines zweiten Krimis verkaufen können. Also eine Million Titel. Leider stellte sich später heraus, dass ich mich dabei böse verrechnet hatte.

In der Stadt Sarria wurde ich von einer bebilderten Speisekarte vor einem Restaurant abgelenkt und aus meinen Gedanken gerissen. Es war vierzehn Uhr, und ich hatte zwanzig Kilometer absolviert. Eigentlich könnte ich es dabei belassen, aber mein Reiseführer riet davon ab. Hier begann nämlich der Massenpilgertourismus. Also beschloss ich, hier nur etwas zu essen und danach bis Ferreiros weiterzuwandern. Vielleicht stieß ich dort ja wieder auf die anderen. Die Karte klang zwar gut, aber die Preise waren für Pilgerverhältnisse astronomisch.

»Hi, Pilgerbruder Eduard!«

Grinsend drehte ich mich um. »Servus, Pilgerschwester!« Ich drückte Sandy mitsamt ihrem Rucksack. Da ich die heutige Etappe alleine gewandert war, freute ich mich auf Begleitung. Den Rest des Tages schlenderten wir gemeinsam nach Ferreiros, das wir erst spätabends erreichten. Dabei erzählten wir uns gegenseitig unser Leben, ohne etwas zu beschönigen. Ich erwähnte meine Sorgen und Probleme, meine geplatzte Hochzeit und zählte sogar meine Macken auf. Es stellte sich heraus, dass wir uns gegenseitig zum Lachen bringen konnten und eine Menge Gemeinsamkeiten hatten. Sandy entwickelte sich in kürzester Zeit zu einer Seelenverwandten. Obendrein lernte ich so manch Interessantes dazu – nämlich, dass das Burning Man Festival in der Wüste von Nevada »übelst krass« war, dass Bananen »schnurpsen« müssen und dass Calimocho, also Cola mit Rotwein, wovon wir an diesem Tag reichlich tranken, der beste Energydrink überhaupt war. Sandy hatte in Peru an einem Sozialprojekt mitgearbeitet, hatte sich in Brasilien wochenlang durch die Wildnis geschlagen und von München aus zu Fuß die Alpen überquert. Und sie hatte viele weitere Träume für ihr Leben, die meinen gar nicht so unähnlich waren.

Pünktlich zum Sonnenuntergang erreichten wir Ferreiros. Rainhard, Martin und die anderen waren offensichtlich noch weiter marschiert, denn in der Herberge sahen wir keine bekannten Gesichter. Wir blieben beim Abendessen für uns und bestellten mit der Rechnung eine Flasche Rotwein, die wir in der Herbergsküche nebeneinander in Decken gekuschelt leerten, während die anderen Pilger längst schliefen. Ohne es anzusprechen, war uns längst klar, dass wir ab nun gemeinsam nach Santiago pilgern würden.

Als ich lange nach Mitternacht in meinen Schlafsack kroch, dachte ich an die Ironie des Schicksals. Wäre ich zu einem früheren Zeitpunkt auf Sandy gestoßen, hätte ich es unter allen Umständen vermieden, mehr als drei Kilometer an ihrer Seite zu wandern. Schließlich musste ich über so vieles nachdenken. Nun aber freute ich mich auf die letzten gemeinsamen Etappen. Man hätte die Strecke etwas ambitioniert durchaus in drei Tagen bewältigen können, aber wir wollten uns dafür vier Tage Zeit nehmen.

Und an noch etwas musste ich beim Einschlafen denken: Ich hatte bislang noch keine richtige Freundin gehabt. Mit einer Freundin meinte ich keine Beziehungspartnerin, sondern eine Freundin innerhalb einer platonischen Freundschaft. In der Regel war es über kurz oder lang daran gescheitert, dass einer von beiden mehr wollte als nur eine platonische Freundschaft.

Zwischen Sandy und mir war das anders. Das hatten wir zwar nicht eigens angesprochen, aber das wenige, was ich von der komplexen Zeichensprache des anderen Geschlechts verstand, sagte mir, dass sie auf alles, was über reine Freundschaft hinausging, keine Lust hatte. Bei mir war das genauso – das glaubte ich zumindest. In jedem Fall planten wir, uns nach dem Camino gegenseitig in Spanien und Dresden zu besuchen. Es war sogar die Rede davon, gemeinsam eine längere Wanderung zu unternehmen. Vielleicht sogar eine Alpenüberquerung. Mit ihr konnte ich mir vieles vorstellen. Schließlich war sie auf dem besten Wege, meine erste platonische Freundin zu werden. Mehr aber auch nicht.

Oder doch?

29

Ferreiros – Ventas de Narón

Dieses *Oder doch?* bescherte mir eine schlaflose Nacht. Ich wälzte mich von einer Seite zur anderen, während sie unter mir lag. Im Bett unter mir, wohlgemerkt, was mir noch zusätzlich den Schlaf raubte. Während des Abendessens war mir, wie schon zuvor in O Cebreiro, nach dem dritten Glas Wein etwas an meiner neuen Amiga aufgefallen. Pilgerinnen liefen natürlich nicht aufwendig gestylt in High Heels und kurzen Röcken über den Camino. Deshalb verkannten visuell eher oberflächlich veranlagte Typen wie ich leicht die Grazie mancher Weggefährtin unter dem verschwitzten Pilger-Outfit. So war es mir bislang mit Sandy ergangen. Vorhin beim Pilgermenü hatte sie sich allerdings mit allem, was ihr kleiner Rucksack hergab, herausgeputzt, als dinierten wir im Haubenrestaurant. Den Rest, nämlich die High Heels und den kurzen Rock, besorgte meine Fantasie, und siehe da: fertig war die Erektion.

    Leider hielt dieser Zustand nicht lange an. Obwohl ich mich in der Denkstruktur von Frauen ähnlich gut auskannte wie in der Nanotechnologie, war sogar mir klar, dass eine Rasur und etwas Haargel nicht ausreichen würden, um mich urplötzlich in Sandys Traumprinzen zu verwandeln. Bestimmt war ich ihr zu dick. Und zu alt. Uns trennten zwölf Jahre. Außerdem hatte ich ihr während der letzten Etappe glaubwürdig versichert, dass ich ein absoluter

Loser sei, um den man am besten einen großen Bogen machte. Ich hatte Sandy nicht als junge hübsche Frau angesehen, der gegenüber ich mich von meiner besten Seite präsentieren musste, damit mein Balzverhalten Aussicht auf Erfolg hätte. Vielmehr hatte ich in ihr eine Psychotherapeutin in ausgelatschten Turnschuhen gesehen, der ich gratis und unzensiert mein Leid, meine Misserfolge und meine Unzulänglichkeiten klagen durfte. Und das hatte ich mit schonungsloser Offenheit getan, und zwischenzeitlich sogar geheult. Nein, ich war definitiv nicht Sandys Typ, sagte ich mir und wendete mein nasses Kopfkissen. Die geplatzte Hochzeit und meine finanziellen Probleme hatten mein Selbstwertgefühl arg ramponiert und ließen gar keine andere Denkweise zu.

Sandy verdiente ihr Geld als Barkeeperin in einer angesagten Location in Dresden. Dort wimmelte es sicherlich von erfolgreichen und durchtrainierten Typen in Sandys Alter mit gutem Einkommen, schicken Klamotten und teuren Uhren, die ihr mit coolen Fünfzehn-Euro-Drinks den Hof machten. Wäre ich Sandy, würde ich mir einen von denen aussuchen – und nicht einen erfolglosen Autor, der zu viele Kilos und zu viele Probleme mit sich herumschleppte, der seine besten Jahre offensichtlich hinter sich hatte und dem ein Psychologe durchaus eine leichte manisch-depressive Veranlagung attestieren könnte. Außerdem wohnte ich in Südspanien und sie in Ostdeutschland. Selbst wenn alle anderen Parameter und das Horoskop, an das sie glaubte, günstig stünden, machte dieses Detail die Aussicht auf eine Beziehung abseits des Jakobswegs so gut wie unmöglich.

Und der Camino war nun mal in drei Tagen zu Ende.

Gegen fünf Uhr morgens gab ich auf. An Schlaf war nicht mehr zu denken. Da ich aufgrund von Sandys Omnipräsenz gestern keine Zeit gehabt hatte, las ich nun auf meinem Smartphone die neuesten Kommentare zu meinen letzten Posts auf Facebook. Es waren Dutzende. Ich war gerührt. Wieder einmal wurde mir bewusst, dass Hunderte User auf meinen täglichen Eintrag warteten. Ich verspürte tiefe Dankbarkeit für die mir entgegengebrachte Aufmerksamkeit und tippte mit Fingern, die eher denen eines Waldarbeiters glichen als denen eines Autors, folgenden sentimentalen Text in mein Handy:

Die Reise meines Lebens neigt sich langsam dem Ende zu, aber trotz aller Strapazen, Entbehrungen und Schmerzen bin ich etwas wehmütig, dass es nun bald vorbei ist – denn es gab auch wunderbare Erfahrungen, Begegnungen und Bekanntschaften. Der Jakobsweg hat mein Leben verändert, was sind da schon ein paar Blasen an den Füßen? Das Buch ist zwar noch nicht zu Ende, trotzdem möchte ich, wie am Schluss eines Romans üblich, eine Danksagung aussprechen. Der Dank gilt diesmal keinem Verlag, Lektor oder Agenten, sondern euch! Vor der Reise habe ich Facebook als oberflächliches Medium wahrgenommen, in dem man Katzenfotos bewundern kann oder nervige Candy-Crush-Einladungen erhält – und natürlich als Marketinginstrument für meine Krimis.

Die Wahrheit ist, dass ich *bislang zu oberflächlich damit umgegangen bin. Am Camino wollte ich es anders machen. Anstatt einen langweiligen Reiseblog zu erstellen, habe ich euch meine Empfindungen schonungslos offengelegt. Das Ergebnis war verblüffend: Viele von euch haben das gleiche getan und sich mir per privater Nachricht anvertraut, wofür ich euch sehr dankbar bin. Ich habe den Austausch mit euch sehr genossen, mehr noch, er hat mir geholfen, meine Erkenntnisse zu vertiefen. Erstens, weil ich meine Gedanken in Worte fassen musste und ich deshalb manche Dinge klarer sah, und zweitens, weil ich aus den vielen Kommentaren, privaten Nachrichten und Mails einiges gelernt habe. Es gab Momente, in denen ich ziemlich am Ende war. Psychisch wie physisch. Und es waren immer noch hunderte von Kilometern bis zum Ziel. Aber mit dem Wissen, dass an der Seitenlinie jede Menge Amigos mit mir fieberten, mich mit Kommentaren anfeuerten, moralisch unterstützten und an mich glaubten, war Aufge-*

ben für mich tatsächlich nie eine Option. Durch euch bin ich über mich hinausgewachsen. Durch euren Support habt ihr mehr zum Gelingen der Reise beigetragen, als euch bewusst sein wird. Dafür möchte ich mich herzlich bedanken! Muchas gracias, dass ihr diesen Weg mit mir gegangen seid! Liebe Grüße vom Jakobsweg, Euer Pilgerbruder Eduard

Sandy verfügte über das bemerkenswerte Talent, völlig übergangslos von einem Thema zum nächsten zu schwenken. Und da ich eine so eloquente Gesprächspartnerin nicht mehr gewohnt war, konnte es leicht zu Fehldeutungen kommen. So erzählte sie mir von einem tagelangen Marsch durch eine brasilianische Hochebene, in Begleitung eines Russen. Dann zählte sie die Tiere auf, die sie dort zu Gesicht bekam. »Sogar eine Riesenschlange war dabei, aber es ist nichts passiert zwischen uns«, sagte sie.

»Na, zum Glück«, erwiderte ich. »Stell dir vor, die Schlange hätte dich gebissen oder erwürgt.«

»Nein, du Dödel, ich meinte, zwischen mir und dem Russen ist nichts gelaufen! Und die Pyramiden haben nicht die Ägypter gebaut. Laut einigen YouTube-Videos wäre das nämlich komplett unmöglich gewesen«, wechselte sie im nächsten Atemzug das Thema. Und gerade als ich ihr in geistiger Lichtgeschwindigkeit ins Tal der Könige gefolgt war, kam der nächste Quantensprung:

»Kannst du überhaupt küssen?«

»Wie bitte?« Vor Schreck wäre ich beinahe in einen Kuhfladen getreten. Wir pilgerten bereits seit drei Stunden durch die traumhafte herbstliche Landschaft und alberten herum. Die Sonne schien, und alles war gut. Bis zu dieser Frage gerade eben.

»Na, ich habe dich gefragt, ob du gut küsst?«

Was konnte man darauf bloß antworten? Kühnere Männer als ich hätten der Fragestellerin einen Arm um den Nacken gelegt, den anderen um die Hüfte und ohne viel Gequatsche eine überzeugende Talentprobe abgegeben. Ein etwas spontanerer Typ hätte sie anschließend hinter den nächsten Baumstamm geführt und es mit ihr getrieben, bis es Kastanien regnete. Leider jedoch zählte ich mich zu den eher Schüchternen. Außerdem war hinter dem nächsten Baum eine zahnlose Alte mit der Kastanienernte beschäftigt. Und Sandy machte nicht den Eindruck, als hätte sie mit ihrer unbedachten Frage genau darauf abgezielt.

»Ich d-denke schon«, stammelte ich. »Aber sonst könntest du es mir ja beibringen«, bot ich ihr an.

Falsche Antwort. Ganz falsche Antwort.

»Oh Mann, das ist ja der übelst krasse Abtörner schlechthin! Du wirst mit deinen fünfundvierzig Jahren ja wohl wissen, wie man eine Frau küsst«, tadelte sie mich und kam eiligst auf die Pyramiden zurück, die unmöglich von den alten Ägyptern erbaut worden sein konnten.

Zwei Stunden und viele Verschwörungstheorien später sah ich abseits des Wegs eine Waldlichtung. Eingerahmt von herbstlich bunten Laubbäumen lag eine Blumenwiese von der Größe eines Fußballfeldes. Ich führte Sandy in die Mitte zum Anstoßpunkt. Dort legten wir uns Schulter an Schulter in die Wiese und sahen in den wolkenlosen Himmel hoch. Unsere Hände berührten sich in Hüfthöhe. Doch keine Hand griff nach der anderen. Wortlos lagen wir für eine Weile da und genossen die Verbundenheit mit der Natur. Wie lange war es eigentlich her, dass ich in einer Wiese gelegen und das getan hatte, was der Volksmund »die Seele baumeln lassen« nannte?

Doch plötzlich erfasste mich eine innere Unruhe. Sie steigerte sich immer weiter und trieb meinen Puls hoch. Wüsste ich den Hintergrund nicht besser, hätte ich einen Herzinfarkt befürchtet. Ich zögerte eine Weile, dann fasste ich einen Entschluss. Ich stützte mich auf den Ellenbogen und drehte mich zur Seite – zu Sandys Seite. Mit der linken Hand griff ich über sie, stützte mich neben ihrer Schulter ab und hoffte, dass mir die Biene auf dem Löwenzahn daneben nicht mein Vorhaben sabotierte und mich in einen Finger pikste. Dann blickte ich Sandy tief in die Augen, während ich mich langsam zu ihr hinabbeugte. Dabei schloss ich meine Lider etwas.

Ihre Augen hingegen weiteten sich. Mein Mund öffnete sich sanft. Sie presste ihre Lippen so fest zusammen, dass alle Farbe entwich. Ihr Mund war nur noch eine Nasenlänge entfernt. Da wandte sie sich ab und starrte die Biene an, als hätte es die im Osten vor dem Fall der Mauer nicht gegeben. Wusste ich es doch, dass mir das dämliche Stachelvieh die Tour vermasseln würde.

»Willst du etwas essen? Ich hätte noch eine Banane im Rucksack«, versuchte ich die Situation irgendwie zu retten.

»Nein, danke. Lass uns weitergehen!«

Hatte ich es doch geahnt! Ich war eben nicht ihr Typ!, sagte ich mir während der nächsten Kilometer. Und doch hatte sie mich aus heiterem Pilgerhimmel heraus gefragt, ob ich gut küssen könne, und mich damit zu dieser waghalsigen amourösen Annäherung getrieben, derer ich mich nun für den Rest des Jakobswegs schämen musste.

Wie gesagt: Nanotechnologie war vermutlich einfacher zu begreifen als die Denkstruktur von Frauen.

Den Rest der Etappe plauderten wir über unverfänglichere Dinge. Sandy kommentierte das Thema Blumenwiese mit keinem Wort, und ich hakte ein mögliches Upgrade unserer Pilgerbruder- und-Pilgerschwester-Beziehung endgültig ab. Am Nachmittag erreichten wir den Ort Ventas de Narón, der aus zwei Pilgerherbergen und einem Bauernhof bestand. Ich wusch meine Wäsche, erstellte meinen Facebook-Blog und duschte. Das kulinarische Angebot der Unterkunft bestand aus kalten Sandwiches, also spazierten wir zur zweiten Herberge, deren kleiner Gastraum allerdings voll besetzt war. Nur in einer Ecke saß ein älterer Holländer alleine am Tisch, und wir setzten uns zu ihm.

Nachdem er sich vorgestellt hatte, erzählte er uns von Toni. Toni war ein Frosch, und zwar der erste Frosch, der über den Jakobsweg pilgerte. Natürlich existierte Toni nur in seiner Fantasie, die an jene von J.K. Rowling heranreichen musste, denn in der folgenden Stunde erzählte er uns eine Reihe von Abenteuern, die der tapfere Frosch Toni am Camino bestehen musste. Ich hätte die Geschichte durchaus interessant gefunden – wenn ich sein fünfjähriger Enkel gewesen wäre und sie vor dem Einschlafen als Gutenachtgeschichte gehört hätte. Wir verzichteten auf den Nachtisch und machten uns auf den Weg zurück zur Herberge.

Dort wartete bereits der nächste ganz besondere Typ auf uns. Außer uns beiden war der Schlafsaal vor dem Abendessen nur mit zwei Schwedinnen belegt gewesen. Nun war auch noch Paco aus Granada dazugekommen, also aus derselben spanischen Provinz, in der auch ich seit Jahren lebte. Schon alleine deswegen war ich wohl automatisch sein bester Kumpel.

Paco hatte den Inhalt seines Rucksacks auf den Boden des Schlafsaals ausgebreitet, der nun dem Basislager am Mount Everest glich: Hightech-Outdoorkleidung, Dreihundert-Euro-Wanderschuhe, Survivalproviant und der Medikamentenvorrat eines ganzen Ärzte-ohne-Grenzen-Teams. Während er hektisch und lärmend seine Ausrüstung sortierte, brüstete er sich damit, den Jakobsweg von Sarria aus in nur drei Tagen laufen zu wollen. Heute hatte er achtunddreißig Kilometer absolviert, morgen würden es sechsunddreißig sein und am letzten Tag ganze neununddreißig Kilometer.

Ich tat beeindruckt und verkniff mir die Frage, was er sich von dieser Raserei erhoffte. Stattdessen erzählte ich ihm, wir wollten uns für die letzten Kilometer mehr Zeit lassen.

Kein Problem, meinte Paco. Dann wäre er eben vor uns in Santiago und wüsste bis zu unserem Eintreffen längst, wo man die leckersten Tapas und den besten Wein bekäme. Ich müsse ihn dort unbedingt anrufen, meinte er und überreichte mir feierlich seine Handynummer. Sandy bekam eine Jakobsmuschel geschenkt, von denen er ein gutes Dutzend mitführte, und eine Salbe gegen Gelenkschmerzen.

Ich zog den Reißverschluss meines Schlafsacks zu und hoffte, nicht von Toni, dem holländischen Frosch, oder Paco, dem spanischen Hundert-Kilometer-Super-Pilger zu träumen.

30

Ventas de Narón – Melide

Von Ventas de Narón aus waren es noch fünfundsiebzig Kilometer bis nach Santiago. Anders als Paco, der uns um sechs Uhr morgens weckte, als er lärmend seinen Rucksack packte, wollten wir uns dafür drei Tage Zeit nehmen und je Tag etwa fünfundzwanzig Kilometer wandern. Soweit der Plan. Allerdings kamen wir nur sehr schleppend voran und mussten immer häufiger Pausen einlegen. Pilgerschwester Sandy meinte, ihr »Huf« schmerze »übelst krass«, und sie könne nicht schneller gehen. Während sie wie ein angeschossener Gaul am Wegesrand lag und ich hilf- und ratlos danebenstand, kam ein Kanadier vorbei und fragte, ob er helfen könne. Er kenne sich mit derartigen Dingen aus – das sei sein Job, meinte er.

»Yes, please!«, erwiderte ich und glaubte sofort wieder ein Stückchen mehr an den lieben Gott.

Fix erstellte der Mann, der obendrein Dr. Müller-Wohlfahrt ähnlich sah, die Diagnose »akute Schienbeinentzündung«, kniete neben Sandy nieder und begann mit einer Reiki-Behandlung. Dabei wischte er mit seinen Handflächen wenige Zentimeter über Sandys lädiertem Bein »the pain out of her body«. Ob das so ganz ohne Berührung funktionieren sollte, bezweifelte ich, aber der kanadische Wunderheiler schien zu wissen, was er tat. Zuletzt cremte er ihren Unterschenkel ein und verband ihn mit einem Tape aus seinem Rucksack.

»Your wife will be better soon«, versicherte mir der Doc nach Ablauf seiner Open-Air-Sprechstunde. Meine Frau? Hellsehen konnte der Schamane wohl nicht.

Sandy fand seine Bemerkung lustig. »Let's go on, my dear husband«, sagte sie.

»Wait a moment!«, meinte ich und fragte den Reiki-Experten, ob er mit seinen magischen Händen nicht ein paar überflüssige Pfunde von meinem Bauch streichen könne.

So weit reichten seine Fertigkeiten leider doch nicht, gab er lachend zu und pilgerte weiter.

Ich lieh Sandy meine Teleskopstöcke, half ihr über schwierige Stellen hinweg und litt mit ihr, als wäre mein eigenes Schienbein entzündet. Nach wenigen Kilometern, für die wir zwei Stunden benötigten, machten wir an einer idyllisch gelegenen Herberge Rast. Neben dem Eingang standen ein Tisch und Stühle. Ich schleppte das für Raucher gedachte Arrangement aus dem Schatten auf die andere Straßenseite, wo die Sonne schien, und besorgte von der Bar in ein Tuch gewickelte Eiswürfel, um Sandys Unterschenkel zu kühlen. Als Anästhesie gab es ihr Lieblingsgetränk Calimocho.

Manche der vorbeiziehenden Pilger setzten sich auf ein Schwätzchen zu uns. Die meisten davon hielten uns wohl für ein Paar, schließlich machten wir einen glücklichen, ja vielleicht sogar verliebten Eindruck auf unsere Mitpilger. Auf mich zumindest traf das auch zu. Ich war tatsächlich in Sandy verliebt – allerdings nicht in der klassischen Form. Durch meine neue Seelenverwandte erfuhr ich eine ganz neue Form der Liebe, die sehr erfüllend war. Vielleicht war der Begriff Nächstenliebe am treffendsten. In dieser Intensität hatte ich diese Art der Zuneigung bislang noch nicht verspürt. Und das nach nur fünf Tagen am Camino, von denen wir uns in den ersten drei nur sporadisch über den Weg gelaufen waren.

In dieser Zeit hatten wir uns zwar nicht körperlich angenähert, sehr wohl aber auf geistiger Ebene. Wir hatten viel über das Leben, unsere Reisen, die Gesellschaft, Literatur, unsere Träume und Erwartungen an uns und andere philosophiert. Dabei hatte sich ein beinahe erschreckender Konsens in unserer Gesinnung herausgestellt. Zudem hatte Sandy mir eine dritte Art der Liebe beigebracht: die Selbstliebe. Am Camino war mir zwar die klassische Liebe in Gestalt meiner Ex-Verlobten Tatiana abhanden gekommen, dafür hatte ich aufrichtige Nächstenliebe durch Sandy und andere Pilgerinnen und Pilger erfahren. Seitdem liebte ich auch mich selbst mehr, als ich das noch vor Antritt der Reise getan hatte.

Die wohl treffendsten Worte zur Selbstliebe stammen nicht aus der Feder von Sartre, Kant oder Voltaire – sondern von der Autorin Kim McMillen. Jahrelang schrieb man das Gedicht Charlie Chaplin zu, der es in einer Rede zu seinem siebzigsten Geburtstag populär gemacht hat. Darin heißt es:

Als ich mich selbst zu lieben begann, erkannte ich, dass Seelenschmerz und emotionales Leiden nur Warnzeichen dafür sind, entgegen meiner eigenen Wahrheit zu leben.
Heute weiß ich, das ist »Authentisch sein«.

Als ich mich selbst zu lieben begann, verstand ich, wie sehr es jemanden beeinträchtigen kann, wenn ich versuche, diesem Menschen meine Wünsche aufzuzwingen, auch wenn ich eigentlich weiß, dass der Zeitpunkt nicht stimmt und dieser Mensch nicht dazu bereit ist – und das gilt auch, wenn dieser Mensch ich selber bin.
Heute nenne ich das Respekt.

Als ich mich selbst zu lieben begann, hörte ich auf, mich nach einem anderen Leben zu sehnen, und ich konnte sehen, dass alles, was mich umgibt, mich einlädt zu wachsen.
Heute nenne ich das Reife.

Als ich mich selbst zu lieben begann, verstand ich, dass ich mich in allen Umständen stets zur rechten Zeit am richtigen Ort befinde und alles genau zum richtigen Zeitpunkt geschieht. Von da an konnte ich gelassen sein.
Heute nenne ich das Selbstvertrauen.

Als ich mich selbst zu lieben begann, habe ich es sein lassen, mir meine eigene Zeit zu stehlen, und ich hörte auf, große Zukunftsprojekte zu entwerfen. Heute mache ich nur das, was mir Freude bereitet und mich glücklich macht, Dinge, die ich gerne tue und die mein Herz zum Lachen bringen – und ich tue sie auf meine Weise und in meinem Rhythmus.
Heute nenne ich das Ehrlichkeit.

Als ich mich selbst zu lieben begann, befreite ich mich von allem, was nicht gesund ist für mich – Nahrung, Menschen, Dinge, Situationen – und von allem, was mich herunterzieht und mich von mir wegzieht. Erst nannte ich diese Haltung einen gesunden Egoismus.
Heute weiß ich, das ist Selbstliebe.

Als ich mich selbst zu lieben begann, ließ ich es sein, immer Recht haben zu wollen, und seitdem habe ich mich viel weniger geirrt.
Heute habe ich entdeckt, das ist Demut.

Als ich mich selbst zu lieben begann, habe ich mich geweigert, weiterhin in der Vergangenheit zu leben und mich um die Zukunft zu sorgen. Jetzt lebe ich nur für diesen Augenblick, wo ALLES stattfindet.
Heute lebe ich jeden Tag einfach nur Tag für Tag, und ich nenne es Bewusstheit.

Als ich mich selbst zu lieben begann, erkannte ich, dass mein Denken mich verstören, unruhig und krank machen kann. Doch

als ich es mit meinem Herzen verbunden hatte, wurde mein Verstand ein wertvoller Verbündeter.
Diese Verbindung nenne ich heute Weisheit des Herzens.

Wir brauchen uns nicht länger fürchten vor Argumenten, Konfrontationen oder vor jeglicher Art von Problemen mit uns selbst oder mit anderen. Selbst Sterne stoßen zusammen, und aus ihrem Zusammenprall werden neue Welten geboren.
Heute weiß ich, das ist Leben!

Nach einer zweistündigen Pause pilgerten wir weiter. Es war mittlerweile später Nachmittag, und bis nach Melide waren es immer noch zehn Kilometer zu laufen. Ich dachte, das schaffen wir niemals, aber Sandy hielt tapfer durch und humpelte dem Ziel entgegen, das wir gegen neun Uhr abends erreichten. Bei unserer Herberge handelte es sich um ein ehemaliges Hotel mit vielen kleineren Schlafsälen für vier bis sechs Personen. Wir hatten das Glück, einen Raum für uns alleine zu bekommen.

Auf dem Weg durch Melide waren wir an einem Restaurant vorbeigekommen, das mit dem besten Pulpo a la gallega ganz Galiciens warb. Dort wollten wir essen. Während ich mich duschte, fragte ich mich, wie der Abend wohl verlaufen würde. Immerhin gingen wir zum ersten Mal in ein schickes Restaurant aus, ohne uns unter die anderen Pilger zu mischen. Konnte man das bereits als Date bezeichnen?

Sandy hegte wohl dieselben Gedanken. Sie wirkte seltsam gehemmt und wortkarg. Auf dem Tisch stand eine Kerze, und in meinem Herzen flackerten Gefühle auf, die ich tunlichst ignorierte, denn in Santiago würde diese zarte Flamme ohnehin ausgeblasen werden wie die Kerze einer Geburtstagstorte.

Zurück im Zimmer wollte ich Sandy vor dem Zubettgehen ohne Hintergedanken spontan an mich drücken und sie wissen lassen, dass sie eine wunderbare Pilgerschwester war. Sie allerdings dachte wohl, dass ich nur die Gunst der Stunde nutzen wollte, und sträubte sich dagegen. Wir drücken uns in Santiago, meinte sie. Ganz ohne Missverständnisse schien unser Pilgerverhältnis auch nicht abzulaufen, dachte ich, war aber zu müde, um das heute noch zu klären. Ich legte mich in das Bett neben ihrem und schlief gleich darauf ein.

Wie so oft wachte ich zwei Stunden später auf und lag bis in die frühen Morgenstunden wach. Sandy schlief einen Meter neben mir, während ich mich im Bett umherwälzte und an die Liebe dachte.

In jungen Jahren hatte ich noch an die große Liebe geglaubt, aber das hatte sich nach vielen gescheiterten Beziehungen längst geändert. Nun lag mit fünfundvierzig Jahren ein halbes Leben hinter mir. Würde ich noch einmal wahrhaftige Liebe erfahren? Und würde eine Frau überhaupt die Chance dazu bekommen? Wenn man bereits zehnmal von einem Hund gebissen worden war, streichelte man den elften nur zögerlich. Andererseits war meine Liebe manchmal nichts weiter als bloße Dankbarkeit für erwiesene Annehmlichkeiten aller Art gewesen. Aus zahlreichen Männergesprächen wusste ich, dass dies ein weitverbreitetes Phänomen unter meinen Geschlechtsgenossen war.

Für keinen Begriff gibt es vielfältigere Interpretationen als für die Liebe. Eine besonders gelungene stammt von Marcel Reich-Ranicki. »Liebe«, schreibt er in seiner Autobiografie, »nennen wir jenes extreme Gefühl, das von der Zuneigung zur Leidenschaft führt und von der Leidenschaft zur Abhängigkeit; es versetzt das Individuum in einen rauschhaften Zustand, der zeitweise die Zurechnungsfähigkeit des Betroffenen, des Getroffenen einzuschränken mag: Ein Glück ist es, das Leiden verbreitet, und ein Leiden, das den Menschen beglückt.«

Und manchmal, das musste ich mir eingestehen, stand mir der Sinn nicht nach Liebe, sondern nach Erfüllung meiner Triebe. Diese Beziehungen hatten in der Regel die Haltbarkeitsdauer von offener Milch in der Sonne. Dabei hatte ich in meinem Leben das Glück, verliebt zu sein, des Öfteren erfahren. Einige meiner ganz großen Gefühle hatten allerdings direkt in der Sackgasse geendet, so wie seinerzeit die Sache mit Alejandra aus Peru – eine Liebestragödie, wie sie Puccini in seinen Opern nicht tragischer in Szene hätte setzen können.

Alejandra hatte ich im peruanischen Cusco kennengelernt. Ich befand mich auf meiner Rucksackreise durch sämtliche Länder Südamerikas und wollte von Cusco aus mit einigen Freunden den Inka-Trail wandern. Alejandra hockte auf der Treppe der Kathedrale und war derart bezaubernd, dass ich, entgegen meiner Art, sie einfach anquatschen musste, auch wenn die Chance auf eine Abfuhr bei über neunzig Prozent lag. Obwohl … Damals hatte ich von der Sonne gebleichte Haare und eine Gesichtsbräune, dass meine Augen wie Saphire funkelten. Sogar mein BMI lag noch im grünen Bereich. Sie schien tatsächlich angetan von dem österreichischen Weltenbummler.

Alejandra stammte aus Lima und war zusammen mit einer Freundin auf Urlaub in Cusco. Drei Tage lang umwarb ich die lateinamerikanische Schönheit mehr oder weniger vergebens. Für den vierten Tag war jedoch der beschwerliche mehrtägige Fußmarsch über einige Andengipfel zu den Inkaruinen von Machu Picchu geplant. Ich war damals mit einer Gruppe von Backpackern unterwegs. Wir hatten uns erst während der Reise kennengelernt: Arnie aus Australien, Joe aus Neuseeland, Heiko aus Deutschland, Jamie aus Kanada und ein Schwede, an dessen Namen ich mich nicht erinnerte. Wäre ich den Trail nach Machu Picchu nicht mitgegangen, hätte ich meine Amigos aus den Augen verloren. Es blieb also nur diese eine Nacht, um der peruanischen Belleza zum ersten Mal richtig nahezukommen. Ich erklärte Alejandra mein Dilemma, und sie zeigte Verständnis.

Ich traf mich mit meiner Angebeteten in einer ruhigen Bar. Sie hatte sich zurechtgemacht und war so wunderschön, dass ich befürchtete, ich träumte alles nur, und gleich würde mein Wecker in Österreich klingeln und mich zur Arbeit scheuchen. Nach nur einem Drink schlenderten wir in unser Liebesnest.

Im Vorfeld gab es ein kleines logistisches Problem. Ich teilte mein Hotelzimmer mit Arnie und Alejandra ihr Zimmer, das dreihundert Meter die Straße hinab lag, mit ihrer Freundin. Also hatte ich Arnie gebeten, für diese Nacht zu Joe ins Zimmer zu übersiedeln, damit ich mit Alejandra ungestört sein könnte. Natürlich tat er mir den Gefallen, ließ aber seine Sachen überall im Zimmer verstreut, der chaotische Saftsack.

Die Liebesnacht war dann tatsächlich ein Traum. Vorerst zumindest. Erst in den Morgenstunden lösten wir uns voneinander. Alejandra wollte zurück in ihr Hotel, um ihrer Freundin gegenüber halbwegs den Anstand zu wahren. Ich begleitete sie zur Lobby und verabschiedete mich dort von ihr. Der Abschied würde nur für eine Woche sein, denn sie hatte mir ihre Adresse in Lima gegeben. Nach dem Inka-Trail würde ich sie in der Hauptstadt besuchen und einen Monat lang bei ihr bleiben. Ich konnte es kaum erwarten, schließlich hatte ich mich in die Peruanerin verliebt – vorbehaltlos und ohne an eventuelle künftige Komplikationen zu denken.

Leichten Schrittes kehrte ich zurück in mein Hotel und legte mich glücklich ins Bett. Erst als ich die Nachttischlampe ausschalten wollte, fiel mir auf, dass etwas fehlte. Später sollte ich mich fragen, wie zum Teufel man nur so unglaublich dumm sein konnte, aber der fatale Rückschluss, den ich in jenem Moment zog, war für mich zu dem Zeitpunkt der einzig logische.

»Nein! Bitte, bitte nicht!«, murmelte ich und suchte vergeblich das Zimmer ab, ohne den vermissten Gegenstand zu finden. Vor Wut und Enttäuschung kamen mir die Tränen. Wie konnte sie mir das nur antun? Diese miese, hinterhältige ... na, warte!

Ich schlüpfte in meine Jeans, stürzte die Treppe hinab, sprintete die Straße entlang zu ihrem Hotel und trat dort beinahe die Tür ein, weil mir der Nachtportier nicht öffnen wollte. Als er mich schließlich doch einließ, stürmte ich in ihr Zimmer und fand Alejandra und ihre Freundin vor, die im Schneidersitz im Bett hockten und plauderten. Bestimmt darüber, wie sie den naiven Ausländer abgezockt hatte.

»Wo ist sie?«, fuhr ich Alejandra an.

»Wie bitte? Was machst du überhaupt hier?«

»Halt die Klappe, und rück die Geldbörse raus!«

Sie spielte die Ahnungslose. Ich öffnete den Kleiderschrank und durchwühlte ihn nach dem Diebesgut. Als sich Alejandra vom Schock meines rabiaten Auftritts erholt hatte, begann sie zu weinen. Aber die Mitleidsmasche zog bei mir nicht. Trotzdem erklärte ich ihr nun etwas ruhiger den Tatbestand.

»Arnies Geldbörse hat die ganze Nacht über auf dem Nachttisch gelegen, auf deiner Seite des Bettes. Und als du vorhin gingst, war sie plötzlich verschwunden. So ein Zufall aber auch, findest du nicht? Und da außer uns niemand im Raum war und ich sie nicht habe, musst du sie geklaut haben. Rück sie endlich raus, du miese Diebin. Und ich hatte gedacht, ich würde dir etwas bedeuten. Du solltest Schauspielerin ...«

»Meinst du die hier?«, fragte Alejandra und zog ein braunes Portemonnaie aus ihrer Handtasche.

Ich nickte und streckte die Hand danach aus. »Ich werde dich nicht anzeigen, obwohl ich das eigentlich tun sollte, aber ich kapier nicht, warum du ...«

»Das ist meine!«, unterbrach sie mich schrill.

»Ähm ... w-wie ... d-deine?«

Dann erklärte sie mir, was geschehen war. Als wir ins Zimmer gekommen waren, hatte ich mich erst mal über Arnies verstreute Sachen geärgert. Während ich die gröbste Unordnung beseitigte, hatte Alejandra ihren Mantel abgestreift und ihre Handtasche und die Geldbörse auf den Nachttisch gelegt. Sie ähnelte der des Australiers, weshalb ich der Meinung war, Arnie hätte sie im Zimmer vergessen. Und so hatte ich später die Geldbörse auf dem Nachttisch vermisst und die falschen Schlussfolgerungen gezogen.

Als Beweis zog Alejandra aus dem Portemonnaie einen Zettel,

auf den ich eine Stunde zuvor meine Telefonnummer und meine Adresse in Österreich gekritzelt hatte.

Ich war in meinem Leben bereits in einige Fettnäpfchen getreten. Keines war jedoch so tief und schmierig wie jenes gewesen. Ich stammelte eine Entschuldigung, aber Alejandra warf mich aus ihrem Zimmer. Ich dämliches Arschloch, dachte ich. Alejandra, die allergrößtes Potenzial hatte, die Liebe meines Lebens zu werden, völlig aus der Luft gegriffen als Diebin zu bezeichnen, konnte auch nur mir passieren. Tief gebeugt schlurfte ich zurück in mein Hotel.

Am nächsten Morgen erzählte ich meinen Kumpels von meinem folgenschweren Blackout. Sie mussten so lautstark lachen, dass man es wohl bis Argentinien hören konnte. Nur der Schwede zeigte Mitgefühl und empfahl mir, es mit einem Blumenstrauß zu versuchen. Ich besorgte sämtliche in Cusco verfügbaren Rosen und verfasste einen höchst sentimentalen Brief, in dem ich mich tausendmal entschuldigte. Nachdem ich beides an der Rezeption ihres Hotels abgegeben hatte, machte ich mich mit meinen schadenfrohen Amigos auf den Marsch nach Machu Picchu. Alejandra würde ich bestimmt niemals wiedersehen, und das war jammerschade.

Doch da sollte ich mich täuschen. Puccini war noch lange nicht fertig mit seinem Drama, in dem Alejandra aus Peru und ein verliebter Salzburger Vollidiot die tragischen Hauptrollen spielten. Es sollte noch schlimmer kommen.

Vom strapaziösen viertägigen Marsch über die Berge zu den Inkaruinen des Machu Picchu blieben mir nur mein krasser Liebeskummer und der nächtliche Raubüberfall auf unser Zeltlager in Erinnerung. Am zweiten Abend hockten wir und einige andere Abenteurer um ein Feuer und erfreuten uns am Andenpanorama und am Leben, das noch endlos vor uns lag. Mit dabei waren auch einheimische Träger, die für die etwas Dollarkräftigeren das Gepäck schleppten. Natürlich zählten ich und meine Kumpels nicht dazu. Die Sherpas hatten Spaß daran, uns mit Schauermärchen zu ängstigen. An diesem Zeltplatz müsse man ganz besonders achtgeben, meinte einer, weil sich in der Nähe finstere Gestalten herumtrieben. Hier sei es schon oft zu nächtlichen Überfällen auf arglose Touristen wie uns gekommen, behauptete er.

Das sorgte für einige Verunsicherung. Aber ich teilte mir das Zelt mit Arnie und Joe. Und wir drei waren bestimmt einen Kopf größer als herkömmliche peruanische Räuber. Aus Sicherheitsgründen verstauten wir unsere Rucksäcke im Zelt, was zur Folge hatte, dass wir wie die Sardinen nebeneinander lagen. Selbst ein winziges Vorhängeschloss brachten wir an, obwohl uns bewusst war, dass es nur ein Messer brauchte, um die dünne Plastikwand aufzuschlitzen. Doch auch wir hatten Messer dabei: Arnie, der Australier, ein Crocodile-Dundee-Fabrikat und Joe ein Schweizer Armeemesser. Arnie knipste die Taschenlampe aus. Danach war es stockfinster. Mit einem mulmigen Gefühl wünschte ich uns eine gute Nacht.

»Hopefully«, antwortete Joe.

In jener Nacht hing jeder für sich seinen amourösen Dämonen nach. Ich trauerte um Alejandra, Joe dachte an die unerwiderte Liebe einer Landsfrau im Nachbarzelt, während Arnie seine langjährige Freundin während der gemeinsamen Weltreise an einen Amerikaner hatte abtreten müssen. Dazu kamen der Alkoholeinfluss und die latente Angst vor nächtlichen Überfällen. Nur so konnte ich mir im Nachhinein die fatale Kettenreaktion erklären, zu der es im Lauf der Nacht kommen sollte.

Arnie, der rechts lag, wälzte sich auf die andere Seite und schlug dabei Joe, der in der Mitte lag, mit der Hand auf die Nase. Der fuhr mit einem Schrei hoch und dachte, sein Albtraum wäre wahr geworden und Eindringlinge befänden sich im Zelt. Schlaftrunken schlug Joe nach beiden Seiten um sich. Arnie und ich wurden davon unsanft geweckt und dachten dasselbe wie Joe: Finstere Gestalten wollten uns ausrauben. Sehen konnte man nichts, also schlug jeder von uns nach allen Seiten um sich. Gefühlt befand sich eine ganze Räuberbande in unserem Drei-Mann-Zelt. Zum Glück kam im Eifer des Gefechts niemand auf die Idee, nach dem Messer zu tasten. Arnie fand schließlich die Taschenlampe und knipste sie an, während Joe mir gerade einen Kinnhaken verpasste. Ich denke, die Fabel von den drei Gringos, die sich aus Furcht vor dem bösen Mann gegenseitig verprügelten, wird man sich unter den Einheimischen noch jahrzehntelang erzählen.

Nach meiner Rückkehr vom Machu Picchu überreichte mir der Hotelportier eine freudige Notiz. Alejandra hatte mir vergeben und bat mich, sie in Lima zu besuchen. Ich tanzte mit dem Portier vor Freude Tango und verabschiedete mich für einen Monat von meinen Amigos, die ich hinterher in Kolumbien wiedertreffen wollte. Dann ging ich zum Friseur und fuhr mit dem Bus in die Hauptstadt von Peru.

Alejandra arbeitete in einem Reisebüro und hatte eine eigene kleine Wohnung, in der wir eine wunderschöne Zeit verbrachten. Der Vorfall in Cusco kam nur noch als lustige Episode zur Sprache. Sie hatte für eine Peruanerin einen ungewöhnlich hellen Teint, den sie, ebenso wie die mandelförmigen Augen, ihrer Großmutter mit asiatischen Wurzeln verdankte. Sie war die erste Frau auf der Reise, mit der ich mir auch nach meiner Rückkehr nach Österreich eine Beziehung hätte vorstellen können. Ich wusste nur nicht, wie.

Auch Alejandra schien bereits in diese Richtung zu planen. An zwei Abenden der Woche belegte sie einen Sprachkurs in Deutsch. Erst am Tag unseres Abschieds rückte sie unter Tränen mit der Wahrheit raus. Vor Monaten hatte sie bei der Arbeit im Reisebüro einen Kölner kennengelernt. Der Mann war als Polizist beim Grenzschutz beschäftigt und war nach der Abschiebung eines Peruaners für einige Tage in Lima geblieben. Er hatte sie täglich ausgeführt und ihr vom tollen sorgenfreien Leben in Deutschland vorgeschwärmt. Am Tag vor seinem Abflug hatte er um ihre Hand angehalten, und Alejandra hatte Ja gesagt.

Nun versicherte sie mir, dass sie nur mich liebe, aber dass sie den Deutschen heiraten müsse, für den sie rein gar nichts empfinde. Sie wollte schon lange weg aus Peru, und das wäre jetzt die perfekte Gelegenheit dazu.

Das war das Ende. Mehr Herzschmerz ging nicht, dachte ich und lag ein weiteres Mal falsch. Puccini hatte sich das Finale furioso für den dritten Akt des Dramas aufgehoben.

Wenige Wochen nach meiner Rückkehr aus Südamerika rief mich Alejandra in Salzburg an und lud mich zu sich nach Köln ein. Ihr Verlobter sei für zwei Wochen an einer Grenze im Osten eingeteilt, die es damals noch gab. Ich könne bei ihr schlafen, wir müssten allerdings aufpassen, dass der Nachbar von gegenüber nichts mitbekäme. Der wäre nämlich ein Freund ihres zukünftigen Mannes.

Ich zögerte lange. Einerseits war da für mich als Single nach einer Durststrecke mal wieder die Aussicht auf Sex, andererseits waren bis zu Alejandras Anruf bereits die gröbsten Wunden verheilt gewesen. Schließlich trieben mich meine Hormone doch zum Bahnhof. Und dem Grenzpolizisten eines auswischen zu können, törnte mich noch zusätzlich an.

Wir durften im Stadtviertel nicht gemeinsam gesehen werden, also blieben wir die meiste Zeit in der Wohnung, in der überall Bilder des zukünftigen Brautpaars hingen. Kein schöner Anblick. Der Typ war gut zwanzig Jahre älter als sie und sah dem Dünneren von Dick und Doof etwas ähnlich. Alejandra lächelte auf keinem der Fotos. Ich war einundzwanzig Jahre alt, und Begriffe wie Verlobung, Hochzeit und Nachwuchs waren für mich abstrakte Fremdwörter. Trotzdem dachte ich in dieser Woche ernsthaft daran, Alejandra zu bitten, mich zu heiraten. Sie bekäme dann eben einen österreichischen Pass anstatt eines deutschen.

Am Tag vor meiner Rückreise gab es eine Entscheidung zu treffen. Ich wanderte durch die Straßen Kölns, kam an einem Juwelier vorbei und ließ mir Verlobungsringe »für so um die hundert Mark« zeigen, »vielleicht einen mit Diamanten oder so«. Der Mann sah mich an wie ein Türsteher, dem jemand vor die Füße gekotzt hatte, und meinte, er könne mir nicht weiterhelfen. Da hatte er wohl recht. Der Ring, den Alejandra bereits trug, musste den Grenzpolizisten drei Monatsgehälter oder einen Verstoß gegen das Korruptionsgesetz gekostet haben.

Als Nächstes betrat ich den Kölner Dom und erbat mir eine Eingebung von oben, aber auch die blieb aus. Abgesehen von dem emotionalen Wirrwarr fühlte ich mich der Verantwortung als Ehemann noch gar nicht gewachsen. Das erklärte ich Alejandra auch am Abend vor unserem Abschied. Sie weinte am Bahnsteig und ich im Waggon, als der Zug langsam davonrollte. Ich war sicher, sie niemals wiederzusehen.

Wochen danach rief Alejandra erneut an. Sie sagte, sie werde übernächsten Samstag ihren Verlobten heiraten und wolle mich hiermit zur Hochzeit einladen. Außerdem würde sie sich wünschen, dass ich ihr Trauzeuge werde. Nee, das sei nun wirklich too much, erklärte ich ihr und sagte ab. Aber sie habe doch ansonsten niemanden, flehte sie mich an. Ihre Familie aus Peru könne aus Geldmangel nicht anreisen, und die einzige Freundin, die sie in Köln habe, sei eine Japanerin aus ihrem Sprachkurs. »Bitte, bitte, lass mich das nicht alleine durchstehen«, bettelte sie mich an.

Ich ließ mich erweichen und kaufte einen schwarzen Anzug, als müsste ich zu einer Beerdigung. Am Tag vor dem Termin stieg ich in den Zug nach Köln, um als Trauzeuge für die Frau zu fungieren, die ich liebte. Es sollte das surrealste Wochenende meines Lebens werden.

Alejandra und Bernd holten mich vom Bahnhof ab. Sie gab mir einen Kuss auf die Wange und stellte mich ihrem zukünftigen Ehemann als »alten Freund« vor. Ich fand das gerade gegenüber einem Polizisten eine höchst verdächtige Aussage. Erstens war ich nicht alt, und zweitens konnte ich wohl kaum Alejandras Schulfreund sein. Eigentlich hatte ich gedacht, sie hätte mir ein Hotelzimmer besorgt, aber Bernd lud mich als »Ehrengast« in sein Heim ein, das gleich hier um die Ecke sei und über ein Gästezimmer verfüge, wie er mir erklärte. Wenn der Typ gewusst hätte, dass ich längst jede Matratzenfeder seines Betts kannte und sein Rasierwasser benutzt hatte, dann hätte er wohl seine Dienstpistole gezogen und mich erschossen.

Am Abend ging es hoch her. Bernds Junggesellenabschied stand an. Ein Dutzend seiner Kollegen von der Polizei kamen vorbei und soffen die halbe Nacht mit dem Bräutigam. Sollte der am nächsten Tag nicht fit sein? Aber er war anscheinend gut trainiert. Alejandra erklärte mir später in der Küche, dass ihr Mann Alkoholiker sei. Auch das noch, dachte ich. Wenn ich zur Toilette musste oder mich kurz in mein Zimmer verzog, weil die Situation unerträglich war, folgte sie mir und versicherte mir, wie sehr sie mich vermisst habe und dass sie mich liebte. Bernd hingegen verabscheute sie. »Dann kannst du ihn doch morgen unmöglich heiraten«, schimpfte ich, fast etwas zu laut. »Dafür ist es leider zu spät«, sagte sie und küsste mich.

Das Hochzeitsfest fand am nächsten Tag in einem Kölner Restaurant statt. Ein Standesbeamter kümmerte sich um die Formalitäten, Ringe wurden ausgetauscht und Toasts auf das Brautpaar ausgesprochen. Alles schien auf ein langweiliges, aber normales Fest hinzuweisen. Doch dann betranken sich Bernd und seine Arbeitskollegen bis zum Abwinken. Das hatte zur Folge, dass Braut und Bräutigam sich im Verlauf der Feier immer heftiger stritten. Es fielen schmutzige Worte, Attacken führten zu Gegenattacken, und das Fest geriet mehr und mehr zur Farce, bis Alejandra zum vernichtenden Angriff ausholte und vor versammelter Hochzeitsgesellschaft ihr wahres Verhältnis zum Trauzeugen preisgab.

Sofort richteten sich feindselige Blicke auf mich. Und Bernd, der kaum noch stehen konnte, schaffte es immerhin noch, sämtliche Weingläser seines Tischs gegen die Wand zu schleudern. Ich war entlarvt und musste flüchten. Mein Gepäck und der Reisepass befanden sich in der Wohnung, zu der Alejandra mir den Schlüssel gab. Ich wollte meine Sachen holen und mir dann eine Pension suchen, aber sie bat mich, auf sie zu warten. Ich tat ihr den Gefallen, sah eine Weile fern, schlief dabei fast ein und ging zu Bett. Leider konnte man mein Zimmer nicht abschließen, aber das könnte einen wütenden Lynchmob ohnehin nicht aufhalten.

Gegen Mitternacht schreckte ich hoch. Nun waren sie gekommen, um mir eine Abreibung zu verpassen, dachte ich, aber es war nur Alejandra, die heulend an der Bettkante saß. Die Kollegen hätten den sturzbesoffenen Bernd nach Hause schleppen müssen, erzählte sie mir. Nun liege er besinnungslos und schnarchend im Ehebett. So hatte sie sich ihre Hochzeitsnacht nicht vorgestellt, jammerte sie.

Ich versuchte sie zu trösten und nahm sie in den Arm. Daraufhin kroch sie unter meine Decke. Und so kam es, dass die Braut bereits in der Hochzeitsnacht mit dem Trauzeugen Ehebruch beging. Wohl auch kein alltägliches Vorkommnis. Nie zuvor hatten wir uns so intensiv geliebt, denn wir wussten beide, dass es das letzte Mal wäre. Diese Nacht bedeutete unseren endgültigen Abschied.

Ich sollte Alejandra niemals wiedersehen.

Viele Jahre später lag ich neben Pilgerschwester Sandy in einer Herberge im nordspanischen Melide und fragte mich, was wohl aus Alejandra geworden war. Ich hatte keine Ahnung, dafür aber eine schlimme Befürchtung.

Dann fragte ich mich, ob aus Sandy und mir etwas werden könnte. Zweimal hatte sie mich zurückgewiesen, als ich mich ihr vorsichtig angenähert hatte. Einmal auf der Blumenwiese, und das andere Mal gestern Abend, als ich sie nur kurz drücken wollte. Vielleicht war es auch besser so. Bestimmt ersparte ich mir so das nächste Liebedrama.

Mit diesem Gedanken schlief ich endlich ein.

31

Melide – Taberna Vella

Beim Frühstück hatten Pilgerschwester Sandy und ich uns das fünfundzwanzig Kilometer entfernte Santa Irene als Etappenziel ausgesucht. Wenn wir das schafften, wären wir morgen Nachmittag in Santiago de Compostela.

Diese Vorstellung rief bei mir ambivalente Emotionen hervor. Einerseits wollte ich nach einem Monat endlich mein Ziel erreichen, andererseits waren gerade die vergangenen Tage durch Galicien an Sandys Seite die schönsten des Wegs gewesen. Ein Teil von mir träumte davon, dass diese wunderschöne Zeit niemals enden würde.

Diesen Traum hatte sich Antonio aus Málaga erfüllt. Wir begegneten ihm an einer ausgedienten Bushaltestelle. Antonio hatte mit Mitte Dreißig seinen Job als Nachtportier in einem Hotel an der Costa del Sol aufgegeben. Das war vor siebzehn Jahren gewesen. Seitdem pilgerte er sämtliche Jakobswege auf und ab. Begleitet wurde er dabei von Lobo, einem zahmen Wolf.

Während Dutzende Pilger an uns vorbeihasteten, blieben wir eine Stunde bei Antonio. Ich wollte mehr über ihn erfahren, während Sandy mit dem Wolf herumtollte, als wäre er ein Kuscheltier. Antonio lebte von kleineren Jobs, die ihm am Wegesrand angeboten wurden, und verkaufte selbst gebastelte Souvenirs. Ich unterstützte ihn mit dem Kauf eines Traumfängers. Sein fünfzig

Kilogramm schwerer Rucksack enthielt Zelt, Kocher, Töpfe und Pfannen und anderen Hausrat. Mit diesem Gewicht auf dem Rücken schaffte er nur etwa zehn Kilometer am Tag.

Immer wieder versicherte er mir, dass das Lebenskonzept Pilger ihn glücklich mache. Er philosophierte mit mir über Freiheit, Selbstbestimmung und die Möglichkeit, hingehen zu können, wohin man wolle. Wenn man ihm diese Freiheit nehme, wie einst in seinem Job, beginne er die Schuld bei anderen zu suchen, sagte er, also beim Hoteldirektor, beim Personalchef, bei den Hotelgästen, seinem Vermieter, dem Staat, ja, dem gesamten System, in dem er und alle anderen funktionieren mussten, damit es nicht kollabierte. Antonio versicherte mir, er werde pilgern, solange ihn seine Füße trügen. Bislang hatte er alle Jakobswege in Spanien absolviert, den französischen sogar sechzehn Mal – und zwar sowohl hin als auch zurück. Demnächst wollte er sein bislang größtes Projekt realisieren: eine internationale Pilgerreise von Santiago aus über Lourdes und den Vatikan bis nach Jerusalem. Und von dort wieder zurück. Er schätzte die Dauer dieses Vorhabens auf acht Jahre.

Nachdem wir uns von Antonio und Lobo verabschiedet hatten, diskutierten Sandy und ich eine Weile über diese Begegnung. Schenkte man dem bärtigen Antonio nur einen raschen Blick im Vorbeigehen, hätte man in ihm womöglich einen bemitleidenswerten Obdachlosen vermutet, jemanden, dem das Leben übel mitgespielt hatte und der am äußersten Rand der Gesellschaft sein trauriges Dasein fristete. Schaute man ihm jedoch in die Augen und nahm sich die Zeit, ihm zuzuhören, glaubte man ihm die Geschichte vom glücklichen Langzeitpilger.

Gerade zu Beginn des Wegs hatte ich viel über den Begriff Glück nachgedacht und einige wichtige Erkenntnisse gewonnen. Freiheit, Unabhängigkeit und die Möglichkeit, seinen eigenen Weg zu bestimmen – das waren auch für mich signifikante Glücksfaktoren am Camino. Doch sollte ich deshalb Antonios Beispiel folgen und fortan sämtliche Pilgerwege der Welt abschreiten? Wäre das die simple und dauerhafte Glücksformel? Ich bezweifelte es.

Aus Erfahrung wusste ich, dass auch die Veränderung unter den Top Ten meines Glückscharts rangierte. Der Reiz des Neuen wog für mich schwerer als das Festhalten am Gewohnten. Die Glücksparameter variierten natürlich individuell. Was den einen glücklich machte, bereitete einem anderen womöglich Kummer. Auch für mich stand eine Veränderung an. Sie würde nicht so radikal ausfallen wie Antonios, aber doch einigermaßen drastisch. Inspiriert von dem Dauerpilger, hatte ich bereits eine vage Vorstellung davon. Und die Aussicht darauf erfüllte mich mit Vorfreude.

Um die Stunde bei Antonio aufzuholen, gingen Sandy und ich etwas schneller. Ihre Schienbeinentzündung war zum Glück beinahe abgeklungen. Allerdings hatte nun ich ein Problem, das sich die letzten Kilometer über verschlimmert hatte. Mein rechter Unterschenkel schmerzte plötzlich bei jedem Schritt. Ein Zeichen von Überlastung. Gestern waren wir wegen Sandys Schienbein nur langsam vorangekommen und ganze zehn Stunden auf den Beinen gewesen. Ich hatte ihr meine Gehstöcke geborgt, damit sie beim Bergabwandern ihre Beine entlasten konnte. Außerdem hatte ich zuletzt kaum noch Wasser getrunken, was nach Meinung erfahrener Pilger die Hauptursache für eine Entzündung war. All das rächte sich nun. Jeder Tritt schmerzte höllisch. Plötzlich kamen mir die verbleibenden vierzig Kilometer nach Santiago unerreichbar weit vor.

So wie ich mich gestern um Sandy gekümmert hatte, kümmerte sie sich heute um mich. Sie massierte meinen Unterschenkel, legte Eis auf und verband Waden und Schienbein mit einem Tape. Leider halfen ihre Bemühungen kaum. Auf meine Stöcke gestützt humpelte ich den Camino entlang. Mehr als zwei Kilometer pro Stunde schaffte ich auf diese Weise nicht. Ich schämte mich, weil ich Sandy aufhielt, und meinte, sie solle ruhig vorausgehen, ich käme schon alleine zurecht. Aber sie dachte gar nicht daran.

Bei einer der vielen Pausen warf ich einen Blick in meinen Guide. Nach Santa Irene würden wir es so niemals schaffen. Überhaupt hegte ich Zweifel, ob ich bis nach Santiago gehen konnte. Schließlich hatte ich nie zuvor eine derartige Entzündung erlitten und wusste nicht, was mich noch erwartete.

Mein Büchlein schrieb von einem Geheimtipp in fünf Kilometern Entfernung, wo eine Pilgerfreundin namens Heidi ein Haus habe, in dessen Anbau sie manchmal Pilger aufnahm. Es handelte sich um keine ausgewiesene Pilgerherberge, aber man könne sein Glück dort durchaus versuchen, empfahl der Redakteur. Auch eine Nummer war angegeben. Ich tippte sie in mein Handy und führte ein sympathisches Gespräch mit der Österreicherin. Leider waren sie und ihr Mann gerade auf Mallorca, aber wir könnten trotzdem in ihrer Herberge nächtigen, meinte sie. Ein Mann namens Simon werde sich um alles kümmern – auch um das Essen. Das klang schon mal sehr gut. Ich ignorierte den Schmerz in meinem rechten Bein und kämpfte mich voran.

Zwei Stunden später überquerten wir einen Bach. Von dort aus waren es nur noch fünfhundert Meter zu einem Tor, an das wir klopfen sollten. Simon war über unsere Ankunft informiert und zeigte uns alles. Schon der Garten war eine Wucht. Es gab Hängematten und Liegestühle und einen tollen Ausblick über die galicische Landschaft. Die Unterkunft bestand aus einem Raum mit acht Betten und einem Badezimmer mit zwei modernen Duschen. Alles schien neu, sauber und kaum benutzt.

Wir waren im Pilgerparadies angekommen. Zwar hatten wir wegen meiner Beinschmerzen nur zwölf Kilometer geschafft, es war aber auch erst zwei Uhr nachmittags. Unsere Ankunft in Santiago würde sich um einen Tag verschieben, dafür hatten wir nun einen halben Tag Pilgerurlaub. Den beschlossen wir zu genießen, zumal wir die einzigen Gäste waren.

Wir chillten im Garten, bis Simon uns Kaffee und selbst gebackenen Kuchen servierte. Ich bat ihn, sich zu uns zu gesellen und uns seine Geschichte zu erzählen, weil ich ahnte, dass sie ähnlich interessant war wie Antonios. Simon war fünfundfünfzig Jahre alt, Brite, frühpensionierter Soldat der Royal Marine und hätte vom Aussehen her als Bruder von Bruce Willis durchgehen können. Dabei strahlte er eine Sanftmut, Güte und innere Ruhe aus, wie man sie in unserer hektischen, auf Leistung getrimmten Gesellschaft kaum noch sah. Als Royal Marine war Simon in beinahe allen Krisengebieten der Erde stationiert gewesen, ständig umgeben von Krieg, Leid und Verwüstungen. Dabei hatte er nicht mal an vorderster Front gestanden. Sein Job war Sanitäter gewesen.

Sanitäter? Mir fiel mein verletzter Fuß ein, ich wollte Simon allerdings nicht unterbrechen.

Irgendwann war ihm alles zu viel geworden. Ein Militärpsychologe hatte bei ihm Burnout diagnostiziert und ihn vor einem Jahr in Rente geschickt. Simon hatte in seinem Stützpunkt Gibraltar ausgemustert. Danach wusste er nicht, was er mit seinem weiteren Leben anfangen sollte. Er war geschieden und hatte eine Tochter, die in Singapur lebte, das er wegen eines Abkommens als Ex-Militär während der nächsten fünf Jahre nicht betreten durfte. Viele seiner ehemaligen Kameraden waren in Gibraltar oder an der nahen Costa del Sol geblieben und sprachen bereits vor dem Lunch dem Alkohol zu. Das sei jedoch nicht sein Ding, erklärte der Brite.

Also hatte er seinen Rucksack gepackt und beschlossen, nach Santiago zu pilgern. Von Gibraltar aus gab es keinen ausgewiesenen Weg, aber dafür war er schließlich trainiert. Mit Zelt und Kompass hatte er sich quer durch Spanien nach Santiago aufgemacht. Zwei Monate später hatte er dort die Kathedrale als neuer Mensch betreten. In nur acht Wochen hatte er seine traumatische Vergangenheit bewältigt und seine psychischen Probleme kuriert.

Am Jakobsweg hatte er nur wenige Menschen kennengelernt. Eine davon war Heidi. Sie wanderten eine Tagesetappe zusammen, ehe sich ihre Wege trennten. Einen Monat später pilgerte Simon den französischen Jakobsweg und kam dabei zufällig an Heidis Haus vorbei. Die Wiedersehensfreude war groß gewesen. Er half ihr bei Renovierungsarbeiten im Haus und wurde nach drei Tagen von Heidi und ihrem Mann eingeladen, für immer bei ihnen wohnen zu bleiben. Zwischen den Dreien hatte sich eine wunderbare Freundschaft entwickelt. Da die Besitzer oft geschäftlich nach Mallorca reisten, kümmerte sich Simon in ihrer Abwesenheit um das Haus, die Tiere und eventuelle Pilger, für die er gerne kochte. Heidi hatte ihm auf dem Grundstück eine Fläche zur Verfügung gestellt, auf der er sich im kommenden Jahr ein bescheidenes Häuschen bauen wollte – doch erst wollte er den portugiesischen Jakobsweg pilgern.

Simon hatte in dieser galicischen Einöde seinen Seelenfrieden gefunden. Ich freute mich aufrichtig für ihn.

Leider war es am späten Nachmittag vorbei mit unserer trauten Zweisamkeit. Heike und Simone aus der deutschen Provinz hatten offensichtlich denselben Reiseführer wie ich dabei und waren ebenfalls auf den »Geheimtipp« gestoßen. Simon hieß sie ebenso herzlich willkommen wie Sandy und mich zuvor.

Ich ärgerte mich insgeheim, denn ich hatte ein kleines bisschen Resthoffnung gehegt, dass sich in unserer vorletzten Nacht doch noch etwas zwischen Sandy und mir ereignen würde. Der schöne leere Schlafsaal wäre dafür die perfekte Kulisse gewesen. Daran war nach Ankunft der beiden Pilgerinnen nicht mehr zu denken.

Heike und Simone arbeiteten im Verwaltungsrat ihrer Heimatstadt. Sie hatten den Jakobsweg in Sarria begonnen, etwas über hundert Kilometer vor Santiago, und dafür eine Woche Urlaub genommen. Bislang waren sie nur in Hotels abgestiegen. Dies hier sei ihre erste »echte« Pilgerherberge, verkündeten sie stolz. Sandy bemühte sich um Small Talk mit den beiden. Ich hatte darauf keine Lust, verzog mich in eine Hängematte und döste, bis das Abendessen fertig war.

Simon servierte uns eine Zucchinicremesuppe und hinterher einen Berg Pasta. Die beiden »Verwaltungsratschnicksen«, wie Sandy sie insgeheim nannte, konnten kaum Englisch, sodass wir ihre Fragen wie: »Regnet es hier immer so viel?«, »Was hat Sie eigentlich hierher verschlagen?«, oder: »Was macht man hier eigentlich den ganzen Tag? Hier gibt es ja ... äh ... nichts«, für Simon übersetzen mussten. Zum Glück wurden sie bald von Müdigkeit übermannt, und sie verabschiedeten sich mit einem »A guats Nächtle« in den Schlafraum.

Als die beiden endlich fort waren, erinnerte ich mich an Simons Funktion als Sanitäter bei den Royal Marines. Ich erzählte ihm von meinen Schmerzen im Bein, die trotz Sandys liebevoller Pflege nicht besser wurden. Simon tastete es ab und tippte ebenfalls auf eine Schienbeinentzündung. Er rieb mein Bein mit einer höllisch brennenden Creme ein und verband es neu.

Eine Stunde später tranken auch wir unseren letzten Schluck Wein aus und verabschiedeten uns mit einer Umarmung von Simon. Ich wünschte Sandy eine gute Nacht und legte mich in mein Einzelbett. Heike und Simone schienen bereits zu schlafen. Als ich gerade am Einschlafen war, schrak ich hoch. Etwas war in mein Bett gekrochen. Oder besser gesagt, jemand.

»Sandy?«

»Psst!«, flüsterte sie.

32

Taberna Vella – Lavacolla

Heidis Haus stand bei Kilometerstein zweiunddreißig. Normalerweise wäre es kein Problem gewesen, Santiago bereits heute Abend zu erreichen – schließlich war meine längste Etappe dreiundvierzig Kilometer gewesen. Daran war jedoch nicht zu denken. Mein Bein schmerzte schlimmer als am Vortag, sodass wir erneut kaum vorankamen.

Im nächsten Ort überholte mich eine neunzigjährige Dame mit ihrem Rollator. Beinahe hätte ich der Oma das Ding geklaut und wäre davongelaufen, ließ es jedoch bleiben, weil das Davonlaufen nicht funktioniert hätte. Als wir an einer Apotheke vorbeikamen, versuchte Sandy, die Reiki-Anhängerin, ihr Bestes, um mich vom Kauf von Schmerztabletten abzuhalten, aber ich setzte mich durch und stopfte mir in einer Kneipentoilette heimlich Pillen in den Mund wie Popcorn im Kino. Danach ging es etwas besser voran. Meine Erkenntnis des Tages: Ein gesunder Mensch hat viele Wünsche. Ein Kranker nur einen.

Trotz der Sorgen um mein Bein war ich guter Dinge. Das lag auch an der auf ihre Weise unvergesslichen Nacht in Heidis Herberge. Es mussten nur die Worte »Mandeln« oder »tiefer« fallen, und schon kringelten wir uns vor Lachen. Natürlich war ich überrascht gewesen, als Sandy zu mir ins Bett gekrochen kam. Sie hatte sich an mich gekuschelt und mich an Brust, Schultern,

Bauch, Knien, Beinen und Po gestreichelt. Bislang hatte ich ja keine Ahnung gehabt, dass sich dort bei mir erogene Zonen befanden. Jedenfalls fühlte es sich sehr angenehm an, und mir waren wohl einige wohlige Seufzer entwichen, denn aus Heike und Simones Ecke drang unmissverständliches Räuspern. Die beiden schliefen also doch nicht. Verdammter Mist. Dabei waren wir doch gar nicht laut gewesen.

»Oh doch. Du hast gestöhnt wie ein Tennisspieler im Wimbledon-Finale«, meinte Sandy am nächsten Tag.

Natürlich hatten wir uns von den prüden Pilgerinnen nicht abhalten lassen und weiter an uns herumgeschraubt.

»Könnt ihr nicht draußen weitermachen?«, meckerten die Verwaltungsratschnicksen keine Minute später.

»Freie Liebe!«, forderte Sandy lautstark.

»Habt ihr keine Ohrstöpsel dabei?«, meinte ich.

»Das ist doch eine Frechheit«, ereiferten sich Heike und Simone und wähnten sich offenbar in Sodom und Gomorrha.

Damit war die Sache leider gelaufen. Sandy und ich umarmten uns und versuchten einzuschlafen. Allerdings wollte ich vorher noch eine Sache erledigt wissen.

»Ähm ... Was machst du da?«, fragte Sandy leise.

»Ich küsse dich. Soll ich nicht?«

»Schon ... aber doch nicht so!«

»Na, wie denn dann?«

»Du musst *tiefer* gehen!«

»Soll ich dir die Mandeln putzen, oder was?«

Daraufhin gab es kein Halten mehr. Minutenlang brüllten wir vor Lachen. Heike und Simone fanden das weniger witzig und protestierten heftig. Sandy war das schnurzegal. Sie erklärte mir, dass sie mit »tiefer gehen« beim Küssen eher »sich fallen lassen« gemeint hatte. Danach war ich zwar so schlau wie zuvor, ließ es aber auf sich beruhen.

Sandy machte keine Anstalten, aus meinem Einzelbett zu verschwinden, also zog ich in eines direkt neben Heike und Simone –

und schnarchte aus Rache über die vereitelte Liebesnacht noch lauter als sonst. Beim Frühstück würdigten uns die beiden keines Blickes. Wir hatten ihnen wohl gründlich die Nacht versaut. Umgekehrt war es genauso, dachte ich, während ich am nächsten Tag den Weg entlanghumpelte. Nun blieb uns nur noch eine Nacht. Deshalb wollten wir heute unser Geld zusammenlegen und in einer Pension schlafen. Am Wegesrand hatten wir bereits ein verlockendes Werbeschild gesehen: Doppelzimmer fünfundzwanzig Euro, Dreibettzimmer dreißig Euro. Bis dahin waren es noch zehn Kilometer. Die Vorstellung, endlich mit Sandy alleine zu sein, beschleunigte meine Schritte ein wenig. Ich versuchte die Gedanken zu verdrängen, die gerade in meinem Kopf kreisten: Heute werdet ihr eine schöne Nacht zusammen verbringen. Und morgen fährst du zurück nach Andalusien, und sie fliegt nach Dresden ... und was dann?

Egal, ich würde mich auf das Schicksal verlassen, wie so oft auf dem Jakobsweg. Und das ließ nicht lange auf sich warten. Zwei Kilometer vor der Unterkunft setzte es ein deutliches Zeichen – in Gestalt eines älteren Mannes, der Lau hieß und aus der Mandschurei kam. Wir sahen ihn an einer Bushaltestelle sitzen, ohne Wasser, ohne Proviant und ohne Kraft. Er war in Nordfrankreich losmarschiert und hatte etwa zweitausend Kilometer in drei Monaten in den Beinen. Seit heute früh sei er vierzig Kilometer gelaufen, und nun könne er nicht mehr, erzählte er in miserablem Englisch und weinte fast dabei. Deshalb sitze er hier und warte auf einen Bus ins zwölf Kilometer entfernte Santiago.

Natürlich redeten wir ihm das aus. Wir gaben ihm Wasser und Proviant und überredeten Lau, zusammen mit uns zwei Kilometer nach Lavacolla zu laufen, wo es eine Pension gäbe. Er willigte dankbar ein. Ich freute mich, dass wir eine gute Tat vollbracht hatten, andererseits befürchtete ich das Schlimmste – nämlich, dass aus dem Zweibettzimmer nun ein Dreibettzimmer werden könnte.

Mittlerweile dämmerte es. Sandy und ich hatten für zwanzig Kilometer, die ich im Normalzustand in vier bis fünf Stunden zurücklegte, ganze elf Stunden benötigt. Trotz aller Schmerzen und möglicher Gesundheitsrisiken *musste* ich irgendwie nach Santiago gelangen – und wenn ich in die Kathedrale kroch.

Die »Pension« in Lavacolla stellte sich als Privathaus einer adipösen Dame heraus, die im Erdgeschoss zwei Zimmer vermietete. Eines davon war ein Doppelzimmer, das andere verfügte über ein Doppelbett und ein Einzelbett. Die Frage, welches Zimmer Sandy und ich nehmen würden und welches unser fernöstlicher Amigo, stellte sich leider nicht, denn das Doppelzimmer war bereits belegt. Ansonsten gab es im Ort keinerlei Alternativen. Lau, mittlerweile wieder zu Kräften gekommen, überlegte, ob er nicht doch noch nach Santiago weiterlaufen sollte – schließlich wären es von hier aus nur noch zehn Kilometer.

»Das ist eine ausgezeichnete Idee, Amigo«, ermunterte ich ihn. »Dann hättest du dein Ziel schon heute erreicht«, fügte ich hinzu, als ob das nach drei Monaten Wanderschaft irgendeine Rolle spielte.

»Quatsch«, fuhr Sandy zu meinem Leidwesen dazwischen. »Du schläfst mit uns im Zimmer, und morgen laufen wir gemeinsam frisch und munter in Santiago ein.«

Wäre ich nur ein klein wenig gewaltbereit veranlagt gewesen, hätte ich sie wohl erwürgt. Lau machte es spannend und ließ sich Zeit für die Entscheidung. Schließlich nahm er Sandys Vorschlag an, und wir bezogen unser Zimmer. Sandy und ich beäugten unser schmales Doppelbett, an dessen Fußende ein Klappbett stand, auf das Lau aus der Mandschurei gerade seinen Rucksack abstellte. Innerlich fluchte ich ausgiebig in drei Sprachen und mit ruhigem Gewissen – schließlich würden mir morgen ohnehin alle Sünden vergeben.

Wir durften eine kleine Küche im Erdgeschoss benutzen, und im Ort befand sich ein Tante-Emma-Laden, den wir nach dem Duschen gemeinsam mit Lau aufsuchten. Sandy wollte eine leckere Pasta zubereiten und füllte eine Tüte mit Zutaten. Ich kaufte Alkohol: Wein, Cava, eine kleine Flasche Rum und Cola zum Mischen.

Wenn es schon erneut keinen Sex gab, wollte ich mich zumindest besaufen.

Wir boten Lau an, mit uns zu essen, aber er lehnte dankend ab. Er hatte eine Packung Reis und eine Tüte Erdnüsse gekauft und dafür zwei Euro fünfzig bezahlt. Ich erkundigte mich, ob er den Rest im Rucksack mitführte.

»Welchen Rest?«, fragte er.

»Na, Thunfisch oder Lachs, ein Huhn, Gemüse, Tofu oder was man sonst bei euch zum Reis isst«, erklärte ich ihm.

Lau schüttelte nur den Kopf.

Wahrscheinlich hatte er mich nicht verstanden.

Eine Stunde später war Sandy in der Küche fertig. Es gab eine Insalata Caprese und Pasta mit leckerer Tomatensauce. Wir hatten auch etwas Süßes zum Nachtisch besorgt. Ich öffnete eine Flasche Cava für Sandy und eine Rotweinflasche für mich. Lau saß mit am Tisch. Er aß eine Schale mit Reis, auf den er eine Handvoll Erdnüsse streute. Dazu trank er ein Glas Leitungswasser.

Ich bemitleidete ihn. Der Mann war seit drei Monaten unterwegs und verfügte als pensionierter Kalligraph in der Mandschurei wohl nicht gerade über ein üppiges Pilgerbudget.

»Please Lau ... take something from us. We have plenty of food for everybody«, bot ich ihm zum wiederholten Male an, aber der sture Kerl wollte nichts annehmen.

»No, thank you. I don't need more than this«, erwiderte er und zeigte auf seine Reisschale. Und das nach vierzig Kilometern? Kein Wunder, dass der Mann nur halb so viel wog wie ich. Auch den Wein lehnte er ab. Er trinke keinen Alkohol, nur Wasser und Tee, erklärte er. So konnte man tatsächlich den Jakobsweg überleben? Wieder sah ich ihn mitleidig an, während ich mir Pasta reinstopfte und Wein in mich hineinschüttete.

Doch dann folgte der erleuchtende Moment, in dem wir sekundenlang Blickkontakt hielten. Erst da begann ich zu verstehen. Und das gab mir zu denken. Denn Lau bedachte *mich* mit bemitleidenden Blicken. Er war zufrieden mit seiner Schale Reis, den paar Erdnüssen und lauwarmem Leitungswasser. Er benötigte nicht mehr. Ich erinnerte mich an meinen Rucksack, aus dem ich zu Beginn des Wegs alles Überflüssige verbannt hatte. Lau beschränkte sich bei seiner Ernährung auf das Nötigste. In seinen Augen musste ich einem Pilger gleichen, der einen Dreißig-Kilo-Rucksack mit sich herumschleppte. Eben bemitleidenswert.

Als Lau seinen Reis aufgegessen hatte und ins Zimmer ging, blieben Sandy und ich noch eine Weile in der Küche sitzen. Schlafen konnte ich ohnehin nicht. Mir war schlecht vom vielen Essen. Ich ahnte, was meine finale Erkenntnis des Jakobswegs werden würde. Wir tranken einen Rum Cola und schmiedeten große Pläne. Während des Abendessens hatte Lau erzählt, dass er bereits in Japan gepilgert war und dort den Achtundachtzig-Tempel-Weg absolviert hatte, der tausenddreihundert Kilometer rund um die viertgrößte japanische Insel führte. Sandy und ich wollten es ihm gleichtun. Außerdem wollten wir eine Alpenüberquerung machen, eine Pilgerherberge am Jakobsweg eröffnen und den Pacific Crest Trail laufen – den amerikanischen Fernwanderweg, der von der mexikanischen zur kanadischen Grenze viertausend Kilometer weit durch die USA verläuft.

Als wir schließlich zu Bett gingen, hatten wir eine Menge Pläne geschmiedet, von denen ich leider wusste, dass sie bereits übermorgen bei der Heimreise vergessen wären.

Zunächst wünschten Sandy und ich uns artig eine gute Nacht, aber natürlich konnten wir es nicht dabei bewenden lassen. Da Sandy mit meiner Knutschtechnik nicht sonderlich zufrieden gewesen war, beschloss ich, es diesmal taktisch besser anzugehen und mit meiner Zunge ganz kühn einer Tätigkeit nachzugehen, die in Sandys Slang als Muschelverkostung bezeichnet wurde.

Das gelang mir offenbar zu ihrer vollsten Zufriedenheit. Immerhin stieß sie seltsame Grunzlaute aus, die sogar anhielten, als ich eine Pause einlegte, um rote Schamhaare aus meinem Rachen zu angeln. Ich musste feststellen, dass die merkwürdigen Geräusche gar nicht von Sandy stammten, sondern von dem klapprigen Asiaten, der in seinem Einzelbett im Schlaf grunzte wie ein Sumoringer in der Peepshow. Auch egal. Zumindest war die Luft nun rein und das Feld bewässert, also ging ich aufs Ganze. Leider jedoch war unser Bett schalltechnisch nicht für derlei Aktivitäten konzipiert. Lau erwachte vom dem Geknarze, und sobald Sandy das bemerkte, schubste sie mich von sich. Ich rollte frustriert zur Seite, und Sandy wandte mir den Rücken zu. An Schlaf war nicht mehr zu denken. Ich wälzte mich im Bett herum und musste mein schweißnasses Kopfkissen mehrmals wenden. Ich fühlte mich schuldig. Sandy hatte mir in den letzten Tagen ein schreckliches Erlebnis aus ihrer Jugend anvertraut. Und mit diesem Wissen im Hinterkopf hätte ich es viel langsamer angehen sollen.

Ich überdachte die Situation und kam zu einem Entschluss. Morgen würden sich unsere Wege ohnehin trennen. Wieso also den Abschied nicht kurz und schmerzlos halten? Sandy und Lau schienen zu schlafen.

So leise wie möglich kleidete ich mich an, packte den Rucksack, warf einen letzten Blick auf Sandys Silhouette im Bett und verließ das Zimmer. Wenn sie gegen Mittag Santiago erreichte, wäre ich bereits abgereist. Mailadressen oder Handynummern hatten wir nicht ausgetauscht. Ich würde Sandy niemals wiedersehen. Happy Endings gab es anscheinend nur in Liebesromanen.

Mir blieben sie stets verwehrt.

Um zwei Uhr morgens trat ich in die Nacht hinaus und nahm die verbleibenden acht Kilometer des Jakobswegs in Angriff.

33

Lavacolla – Santiago de Compostela

Ich hatte keine Minute geschlafen, vom Weg war kaum etwas zu erkennen, meine Schienbeinentzündung hatte sich kein bisschen gebessert, und ich fühlte mich zum ersten Mal am Weg einsam und deprimiert. So hatte ich mir den Zieleinlauf wirklich nicht vorgestellt. In meiner Fantasie hatte ich mir ausgemalt, dass ich die letzte Etappe in einer Gruppe liebgewonnener Pilger absolvieren und hinterher zusammen mit ihnen feiern würde. Während ich mich in den letzten Tagen mit Sandy etwas abgeschottet hatte und wegen meiner Schienbeinentzündung kaum noch laufen konnte, waren die meisten Bekannten wohl längst in Santiago angekommen oder von dort aus bereits zum Kap Finisterre weitergewandert. Die zusätzlichen achtzig Kilometer bis ans »Ende der Welt« hatte ich eigentlich auch noch pilgern wollen, aber daran war mit meinem Bein nicht mehr zu denken. Mehr als zwei Kilometer in der Stunde schaffte ich nicht. Ich hatte meinen untrainierten, übergewichtigen Körper während der letzten vier Wochen arg an seine Grenzen geführt, und das war die Quittung dafür.

Während ich ein Industrieviertel durchquerte und mich danach entlang einer Schnellstraße dem viel fotografierten Schild mit der Aufschrift »Santiago de Compostela« entgegenschleppte, dachte ich an Pilgerschwester Sandy. Sie war das Highlight meines Jakobswegs gewesen. Und trotzdem hatte ich mich einfach davongestohlen. Was würde sie wohl denken, wenn sie in wenigen Stunden erwachte und ich fort wäre? Ich hätte ihr eine Nachricht hinterlassen sollen. Aber welche? Ich hatte doch selbst keine Erklärung für meine Aktion. Schließlich hatte sie nichts falsch gemacht, und wir hatten uns auch nicht gestritten. Es war wohl vielmehr die Angst vor neuerlichen Enttäuschungen und Verletzungen in Sachen Liebe, die mich überstürzt das Weite hatte suchen lassen.

Da ich nicht bis zur Kathedrale in Selbstmitleid vergehen wollte, ließ ich lieber den Jakobsweg Revue passieren. Ich dachte an meine Erfahrungen, Erkenntnisse, Begegnungen, Gespräche, Glücksmomente, Hochs und Tiefs zurück, die ich am Camino erfahren durfte. Es war so viel geschehen, dass es sich anfühlte, als wäre ich ein ganzes Jahr unterwegs gewesen. Dabei war es nur ein Monat. Wie schnell verging diese Zeit hingegen im Alltag!

Doch alle geistigen Rückblenden liefen immer wieder auf dasselbe hinaus: Sandy. Dabei kannte ich sie nicht mal eine Woche und hatte, wenn man die zwölf Sekunden gestern Nacht außer Acht ließ, nicht mal Sex mit ihr gehabt. Meine Ex-Verlobte Tatiana, mit der ich immerhin die letzten fünf Jahre meines Lebens verbracht hatte, war hingegen längst vergessen.

Neben dem Ortsschild von Santiago schnallte ich meinen Rucksack ab und hockte mich auf eine Verkehrsinsel inmitten der Hauptstraße. Ich starrte auf das Schild und achtete auf meine Gefühle. Es war dasselbe Potpourri an Emotionen, das sich einstellte, wenn ich nach anderthalb Jahren Arbeit einen Krimi fertiggestellt hatte: Erleichterung, Stolz und die Freude darüber, etwas Großes geschafft zu haben. Hinzu gesellten sich allerdings Müdigkeit, Niedergeschlagenheit und die Angst, wie es nach Erreichen des Ziels weitergehen würde.

Ich schoss ein Selfie mit dem Ortsschild und schleppte mich weiter.

Die letzten beiden Kilometer führten offensichtlich durch das Kneipenviertel. Es war fünf Uhr am Sonntagmorgen, und aus den Bars und Clubs der Stadt strömten die letzten Nachtschwärmer. Kein schöner Anblick. Eine junge Dame in Minirock und High Heels kotzte neben eine Straßenlaterne, ein Paar stritt sich lautstark, und eine Gruppe junger Männer torkelte mir entgegen und lallte etwas Unverständliches. Die Gassen klebten von verschütteten Drinks und waren mit Glasscherben übersät. Mit dem Rucksack, den Wanderstöcken und meinem Schlapphut kam ich mir reichlich deplatziert vor.

Das Ende meines Jakobswegs hatte ich mir besinnlicher vorgestellt. Vielleicht aber war gerade diese Umgebung der beste Ort, um über meine letzte Erkenntnis nachzudenken.

Lau aus der Mandschurei hatte mir imponiert. Während ich pro Tag im Schnitt dreißig Euro benötigte, davon meist fünf Euro für die Unterkunft und fünfundzwanzig für Essen und Trinken, kam der Mann locker mit zehn Euro pro Tag aus. Schließlich trank er keinen Alkohol und aß nur Reis. Erst hatte ich Lau wegen seines kargen Essens bemitleidet – und danach um seine Genügsamkeit beneidet.

Umgekehrt schien er mich wegen meiner Völlerei und Trinkerei bemitleidet zu haben. Beides Laster, die sich am Camino nicht gerade gebessert hatten, ganz im Gegenteil – weil ich dachte, mein Körper bräuchte massenhaft Kalorien und Kohlenhydrate, um die täglichen stundenlangen Märsche zu bewältigen, aß ich noch mehr als sonst. Deshalb würde ich als wohl erster Pilger in die Annalen des Camino eingehen, der anstatt Gewicht zu verlieren, sogar noch zugenommen hatte.

Nun allerdings, in der Morgendämmerung des letzten Tages, umgeben von betrunkenen Jugendlichen, schwor ich, in Zukunft genügsamer zu werden, was Essen und Alkoholkonsum anbelangte. Und da mir die negativen Auswirkungen gerade von Santiagos Jugend plastisch vor Augen geführt wurden, legte ich noch eins drauf und versprach dem Apostel Jakob, meiner obersten moralischen Instanz am Camino, für einige Monate keinen einzigen Tropfen Alkohol anzurühren.

Schließlich hatte ich noch ein halbes Leben vor mir, und dafür wollte ich fit bleiben.

Im Stadtzentrum empfing mich ein von Opel gesponsertes Banner mit der Aufschrift »Noch 1000 Meter«. Ich wunderte mich etwas darüber und folgte dem Wegweiser, von dem ich natürlich annahm, dass er sich auf den Jakobsweg bezog. Der Weg führte im Zickzack durch die Stadt. Muscheln gab es keine zu sehen. Helfer in gelben Signaljacken errichteten Barrikaden. Einer davon verstellte mir den Weg und meinte, ich dürfe hier nicht entlanggehen. Wie bitte? Ich war achthundert Kilometer gegangen und sollte kurz vor der Kathedrale umkehren? Das konnte wohl nur ein schlechter Witz sein, dachte ich und wollte mich an dem Mann vorbeidrängen.

Erst als er mir erklärte, dass ich mich nicht am Jakobsweg befände, sondern am Ziel des heutigen Volkslaufs, kehrte ich um. Ich hinkte zurück zum Banner, fand auf der gegenüberliegenden Seite des Platzes einen Muschelwegweiser und folgte ihm die enge Gasse hinab.

34

Santiago de Compostela

Um sechs Uhr morgens betrat ich die Kathedrale durch einen Seiteneingang. Ich setzte mich in eine der vorderen Bänke und blickte auf die Statue des heiligen Jakob über dem Altar. Außer mir waren um diese Zeit nur zwei schwarz gekleidete Witwen anwesend. Nun war es also so weit. Säße ich in meinem Auto, würde eine angenehme weibliche Stimme verkünden: »Sie haben Ihr Ziel erreicht.«

Und nun? Erst mal verdrückte ich ein paar Tränen der Überwältigung. Zu Beginn des Jakobswegs hatte ich meine Chancen, ihn in seiner vollen Länge zu gehen, als äußerst gering eingeschätzt. Und nun hatte ich den Camino trotz aller physischen und psychischen Strapazen bezwungen. Ich schloss die Augen, faltete die Hände, murmelte ein Vaterunser, schlief allerdings noch vor der Stelle »und führe uns nicht in Versuchung« ein.

Ich musste eine Weile geschlafen haben, denn mittlerweile war es sieben Uhr. War Sandy bereits wach? Hatte sie schon bemerkt, dass ich verschwunden war? Ich verdrängte den schmerzlichen Gedanken.

Nun blieb nur noch, die Formalitäten zu erledigen und die Rückreise anzutreten. Hinter dem Altarbereich führte eine Treppe zur Statue des Apostels Jakob hoch. Neben dem Aufgang war ein Schild mit einer durchgestrichenen Kamera angebracht. Ich stieg die Treppe hoch und fotografierte die Statue von allen Seiten. Danach umarmte ich sie von hinten und küsste den verzierten Mantelkragen. Damit war laut meinem Guide die Pilgerreise offiziell beendet. Ich schoss ein letztes Selfie für meinen Facebook-Blog und verließ die Kathedrale.

In einer Cafeteria traf ich auf eine Belgierin, die gestern ihren Camino beendet hatte und nun auf die Öffnung des Pilgerbüros um die Ecke wartete. Sie hatte den Weg vor ihrer Haustür in Belgien begonnen und war seit drei Monaten unterwegs. Das fand ich zwar beeindruckend, wollte nun aber nur noch meine Urkunde abholen und dann nach Hause. Im Pilgerbüro musste ich als Nachweis mein Credencial mit den Herbergsstempeln vorweisen und die Frage beantworten, ob ich den Camino aus religiösen oder aus sportlichen Gründen gepilgert war. Um es nicht im letzten Moment zu versemmeln, entschied ich mich für Antwort A und bekam die Compostela ausgehändigt.

Damit war die faszinierende Reise zu mir selbst auch von offizieller Seite beendet.

Ich humpelte die anderthalb Kilometer zum Busbahnhof. Ab sofort würde ich meinen Beinen eine lange Pause gönnen und selbst kürzeste Wege mit dem Auto zurücklegen, schwor ich mir. Der Mann am Schalter erklärte mir, dass mein Bus erst um fünf Uhr nachmittags abfahre. Am nächsten Morgen müsse ich in La Coruña umsteigen und am Nachmittag in Pamplona, ehe ich am folgenden Abend in Saint-Jean-Pied-de-Port ankommen würde, wo ich vor einem Monat den Jakobsweg in Angriff genommen hatte und wo hoffentlich mein Auto noch unbeschadet am öffentlichen Parkplatz stand.

So ein Mist. Ich wollte nichts als zurück in meine Heimat, um meine Tochter zu sehen, nach der ich mich sehnte. Nun saß ich für acht Stunden in der Wartehalle fest, danach würde ich sechsundzwanzig Stunden im Bus hocken, bevor mich eine vierzehnstündige Fahrt nach Andalusien erwartete. Nach der durchwachten

Nacht hatte ich somit weitere achtundvierzig schlaflose Stunden vor mir.

Pilgerbruder Rainhard hatte mal erwähnt, dass jeweils sonntags um zwölf Uhr eine sehenswerte Pilgermesse stattfand, in welcher der Fumideiro, ein riesiges Weihrauchfass, durch das Mittelschiff der Kathedrale geschwenkt wurde. Einerseits wäre das reizvoll, andererseits hatte ich meinen Pilgerstatus nun abgelegt und wollte mit dem schmerzenden Bein kein weiteres Mal ins Stadtzentrum laufen und von dort aus wieder zurück.

Also entschied ich mich dagegen, legte meine Füße auf den Rucksack, lehnte mich zurück und schloss die Augen. Ein lebendiges Bild von Sandy manifestierte sich vor meinem geistigen Auge. Sie steckte in ihrem üblichen farblich abgestimmten Pilgeroutfit, bestehend aus ausgelatschten weißen Turnschuhen, grünen Wollsocken, blauen Leggins, rotem Pullover und einem braunen Umhang, den sie als »Rotzedecke« bezeichnete. Sie trug ihre riesige Vintage-Sonnenbrille, Modell Ion Tiriac, hatte die langen roten Haare zu einem Zopf geflochten und ihre grüne Strickmütze mit den orangefarbenen Punkten aufgesetzt. In ihrer Hand die obligatorische Wasserflasche, aus der sie alle hundert Meter nippte, und auf dem Rücken ihren beigen Rucksack, der kaum größer war als der Schulranzen meiner Tochter. Und sie lächelte mich an. Dabei müsste sie auf mich eingeschnappt sein. Ich umarmte sie und freute mich, sie zu sehen. Schließlich hatte ich ihr noch so vieles mitzuteilen.

Eine Durchsage weckte mich aus dem Halbschlaf und ließ diese schöne Vision verblassen. Die Freude über die Ankunft in Santiago wurde von der Trauer über den Verlust einer guten Freundin getrübt. Dabei hatte es das Schicksal gut mit uns gemeint. Immer wieder waren wir uns wie zufällig über den Weg gelaufen. Nachdem ich am Camino für Zeichen und Wegweiser abseits der ausgeschilderten Route sensibilisiert worden war, mochte ich rückblickend an keinen Zufall glauben.

Ich gab den Rucksack am Schalter ab und beschloss, dem Schicksal eine letzte Chance zu geben.

Pünktlich um zwölf Uhr begann die Pilgermesse. Die Kathedrale war bis zum letzten Platz gefüllt. Ich hatte in einer der hinteren Reihen gerade noch einen Platz ergattert und ließ meinen Blick über Hunderte von Gläubigen schweifen. Doch niemand trug eine grüne Strickmütze, aus der ein roter Zopf bammelte. Der Chor sang ein wunderschönes Lied, und die Orgelmusik war schlichtweg ergreifend. Ich bekam Gänsehaut. Hatte ich im Pilgerbüro bei Überreichung der Compostela kaum etwas gefühlt, so überrollte mich nun eine Welle an Emotionen. Und genau in dem Moment, als der Fumideiro von einem halben Dutzend Priestern durch das Kirchenschiff geschwungen wurde und Weihrauchduft verströmte, tippte mir jemand von hinten an die Schulter.

»Hi, Pilgerbruder Eduard«, sagte eine vertraute Stimme.

»Hallo, Pilgerschwester Sandy ...«

35

Der Eduardsweg

Während der zwei Tage dauernden Rückreise per Bus und Auto beschloss ich, alles, was mich der Weg gelehrt hatte, in meinen Alltag einzubauen und mein Leben im Pilgermodus fortzuführen – nur ohne Rucksack, meilenweite Wanderungen und schnarchende Franzosen. Ich entschied mich, Pilger auf meinem ganz eigenen Weg zu bleiben, dem Eduardsweg.

Mein Leben brauchte eine Veränderung. Und zwar eine radikale, das war mir mittlerweile klar geworden. Nur wenn ich etwas intensiv betrieb, war ich mit Leib und Seele dabei. Alles andere reizte mich nicht. Wenn ich also an eine Veränderung dachte, schwebte mir nicht die Anschaffung eines neuen Handys vor.

When things fall apart, a new order arises.

Und etwas anderes als eine komplette Neuausrichtung wäre bei meiner verheerenden Ausgangsposition vor dem Jakobsweg auch gar nicht möglich gewesen. Ich musste von meinem bisherigen Weg abkommen, um nicht auf der Strecke zu bleiben. In beruflicher Hinsicht standen auf den ersten Blick nur zwei Möglichkeiten zur Wahl. Die eine wäre, noch länger und härter zu arbeiten, mir Geld zu leihen und es in meine Firma zu investieren, um mich in Spanien krampfhaft über Wasser zu halten. Die andere wäre, nach Österreich zurückzugehen, wo es an Arbeit nicht mangelte, aber dafür die Lebenskosten viel höher wären, sodass sich an der Gesamtsituation nichts ändern würde.

Gab es wirklich keine dritte Wahlmöglichkeit? Das mochte ich nicht glauben. Zum Glück hatte mich der Jakobsweg gelehrt, unnötigen Ballast abzuwerfen, wenn der Rucksack zu schwer wurde. Und damit begann ich am Tag nach meiner Rückkehr.

Bislang hatte ich in einem Haus mit Platz für fünfzehn Personen gewohnt – also in einer Art Pilgerherberge abseits des Camino, mit schönem Garten und Pool. Eigentlich ein Traum. Wäre da nicht der wahnsinnig hohe Kredit gewesen. Um den zu tilgen, musste ich die Immobilie tage- oder wochenweise an Feriengäste vermieten und in dieser Zeit eine Wohnung anmieten. Also eigentlich ein Albtraum.

Nach meiner Rückkehr gab ich das Haus auf und zog in die Wohnung um. Mit meiner Immobilienfirma verfuhr ich ähnlich. Sie hatte extrem hohe Kosten erzeugt, während die Einnahmen bescheiden und unregelmäßig geblieben waren. Der größte Kostenfaktor war das Onlinemarketing. Durch die Portale im Internet erhielt ich täglich eine Vielzahl von Kundenanfragen. Ich investierte einen Großteil meiner Arbeitszeit, um sie ausführlich zu beantworten, obwohl sich der Absender meist gar nicht mehr an sein »großes Interesse« erinnern konnte, weil er aus einer Laune heraus Dutzende Anfragen versendet hatte. Den Rest meiner Zeit nahmen vergebliche Besichtigungen und die Pflege der Einträge in den Onlineportalen in Anspruch. Ich hatte meine Zeit mit sinnlosem Schriftverkehr vergeudet und dafür noch teures Geld bezahlt. Albtraum Nummer zwei. Die Firma legte ich am zweiten Tag meiner Rückkehr still und senkte somit in drei Tagen meine laufenden Kosten um etwa achtzig Prozent.

Ich verbannte alles aus meinem Rucksack, was mich belastete, mir nicht gut tat oder meiner Gesundheit schadete. Nach der Begegnung mit Lau trank ich drei Monate lang keinen Alkohol und auch danach nur sehr eingeschränkt. Außerdem aß ich weniger und bewusster und verlor dadurch an Gewicht.

Die nun entstandene freie Zeit nutzte ich zum Schreiben – aber auch zum Reisen, um mich geistig weiterzuentwickeln und weiser zu werden. Ich entdeckte neue wertvolle Bücher zu Themen wie Buddhismus oder Philosophie und las Biografien interessanter Persönlichkeiten. Was für ein Luxus. Nach nur wenigen Tagen an meinem ganz persönlichen Eduardsweg hatte sich mein Leben zum Positiven verändert, und das bisschen, was ich noch an Geld benötigte, würde mir das Leben alleine deshalb zur Verfügung stellen, weil ich nun aufmerksamer, ausgeglichener, unbeschwerter und glücklicher meinen neuen Weg beschritt – dessen war ich mir sicher. Nun konnte ich auch den Begriff Glück für mich neu definieren – nämlich als die Gelassenheit, eindeutig zu wissen, sich auf dem richtigen Weg zu befinden.

Ich hatte nur noch kleine Sorgen und nahm sie als Treppenstufe zu geistigem Wachstum dankbar an. Mir ging es hervorragend, auch wenn mir das einige in meinem Umfeld nicht glauben wollten und mit Geld wedelten, das sie mir leihen wollten, damit ich mich mit überflüssigen Dingen belasten könnte. Natürlich lehnte ich das entschieden ab. Ich hätte niemals damit gerechnet, dass der Jakobsweg mein Leben auf diese Weise verändern würde.

Rückblickend gibt es für mich ein Leben vor dem Camino und eines danach. Ich bin gelassener, ruhiger, dankbarer, genügsamer, ehrfürchtiger und demütiger geworden. Und ich betrachte manche Dinge und Menschen – und auch mein bisheriges Leben und Schaffen aus einem anderen Blickwinkel.

Nach meiner Rückkehr aus Santiago zog ich mich etwas zurück und ging meiner Leidenschaft nach – dem Schreiben. Obwohl es mir bislang nicht ansatzweise möglich gewesen wäre, davon meinen Lebensunterhalt zu bestreiten, beschloss ich, mich ab sofort als hauptberuflicher Schriftsteller zu verdingen. Etwas, das von außen betrachtet – wie etwa aus der Sicht meines besorgten Vaters – Entsetzen hervorrief. Ich jedoch glaubte an den Zauber des Neuen und vertraute darauf, dass alles, was es zur Verwirklichung dieses Traums benötigte, sich schon irgendwie finden würde.

Wenige Wochen später kam es genauso. Durch die Erwähnung in der *Bild* und in der *Bunten* wurde die Frau eines deutschen Promis auf mich aufmerksam. Sie las meine andalusische Krimitrilogie, war begeistert und erzählte ihrem Mann davon, der seit Jahren seine Biografie von einem Schriftsteller schreiben lassen möchte. Die beiden reisten nach Spanien und trafen sich mit mir. Zwei Stunden später waren wir uns einig, und ich bekam den Auftrag, seine Memoiren zu schreiben.

Dieser Job ist so gut bezahlt, dass ich davon während des Schreibens und sogar noch Monate darüber hinaus leben kann. Und danach wird sich etwas Neues auftun – oder vielleicht sogar dieses Manuskript guten Anklang finden.

Denn hat man erst einmal seine Gedanken auf ein bestimmtes Ziel fokussiert, formt sich eine unsichtbare Energie, die einen genau dorthin führt. Der deutsche Prominente war das beste Beispiel dafür.

In den Wochen und Monaten nach dem Camino habe ich es geschafft, die Freiheit, die der Weg für mich bedeutet hat – nämlich die jeweiligen Etappen nach Lust und Laune auszuwählen –, auf meinen Eduardsweg zu projizieren. Ich muss meine zweite Lebenshälfte genießen, so gut es geht. Alles andere wäre grob fahrlässig.

Eine der angenehmsten Seiten des Autorendaseins ist die räumliche Unabhängigkeit. So sehe ich jetzt, während ich die letzten Seiten dieses Buchprojekts in meinen Laptop tippe und mich im Schein des Vollmonds umblicke, bis zum Horizont nichts als Wasser und schäumende Wogen. Ich muss die Teetasse festhalten, damit sie nicht vom gehörig schaukelnden »Schreibtisch« rutscht. Es ist drei Uhr morgens, und ich halte irgendwo zwischen Sardinien und Sizilien Nachtwache auf einem Zwölf-Meter-Segelschiff, welches ich mit meinem Kumpel Andreas von Südspanien aus über Mallorca, Sardinien und Sizilien bis nach Athen segle.

Es stürmt mit Windstärke acht bis neun, und ich hocke in einer Ecke des Cockpits, die von den Wellen halbwegs geschützt ist. Hätte ich nicht Monate und Jahre auf einem Schiff verbracht, müsste ich mich fast ein wenig fürchten. Stattdessen blicke ich auf die anrollenden Wogen und bin ziemlich im Reinen mit mir. Denn auch diese Reise ist ein Nebenprodukt meiner neuen Lebensumstände. Das Boot vom Typ Bavaria 40 gehört einem deutschen Eigner, der uns den Auftrag gegeben hat, es nach Griechenland zu segeln, weil er selbst sich das nicht zutraut. Ich kann also meinem Hobby nachgehen, dabei mein Manuskript zu Ende schreiben und werde am Ende dafür sogar bezahlt.

Es ist nicht das erste Mal, dass ich mit Andreas segle. Vor vier Jahren sind wir schon einmal, gemeinsam mit seinem Sohn Marc, durch das Mittelmeer geschippert. Vater und Sohn hatten mit der Absicht, einmal rund um den Globus zu segeln, in Kroatien eine Stahlyacht erworben, die wir von Rovinj aus nach Spanien überstellt hatten.

Nach anschließender zweijähriger Restaurierungsarbeit war der Kahn für die große Reise auslaufbereit, und ich sollte mit an Bord sein. Von Südspanien aus segelten wir zu den kanarischen Inseln, von dort drei Wochen lang über den Atlantik und danach zwei Monate in der südlichen Karibik. Eine fantastische Zeit. Um die Weltumsegelung von West nach Ost in einem Rutsch durchzuziehen, fehlten uns jedoch die finanziellen Mittel. Zudem unterhielten wir sentimentale Bindungen zur Heimat in Form von Kindern und Partnerinnen, was ein Fortbleiben von mehr als drei Monaten unmöglich machte. Die SY Reliant blieb am Trockendock in Trinidad, und die weitere Reise stand aus denselben Gründen längere Zeit auf der Kippe.

Gestern allerdings haben wir vereinbart, im kommenden Winter unsere Reise von Trinidad aus über insgesamt sechzehn Länder wie St. Lucia, Martinique, Antigua, Puerto Rico, Jamaica, Nicaragua und Costa Rica bis zum Panamakanal fortzusetzen und die Erde in den folgenden Jahren in Etappen unterteilt zu umsegeln. Auch das war seit der Zeit auf der Orion ein lang gehegter Traum von mir, der sich nun doch noch zu erfüllen scheint.

Neben dem Segeln habe ich das Pilgern beziehungsweise das

Fernwandern im Allgemeinen für mich entdeckt. Ich träume von größeren Herausforderungen wie dem Achtundachtzig-Tempel-Weg in Japan, dem Olavsweg durch spektakuläre Landschaften in Norwegen oder gar dem Pacific Crest Trail, der fünf bis sechs Monate dauert und durch die kalifornische Mojave-Wüste über das verschneite Gebirgsmassiv der Sierra Nevada bis in den Norden in die Wälder Oregons führt, wo man auf Bären achtgeben muss. Mangels Infrastruktur nächtigt man im Zelt und muss seinen Proviant genauestens vorausplanen, weil es von einer Versorgungsstelle zur nächsten mehrere Tage dauern kann.

Derzeit steht dieses Outdoor-Abenteuer allerdings nicht an erster Stelle der To-do-Liste meiner noch zu verwirklichenden Träume, aber mit meinen Wünschen ist es ja meistens so, dass ich sie irgendwann umsetzen muss, ansonsten werde ich muffelig wie alte Pilgersocken.

So war es letztlich auch mit dem Camino. Nachdem es zwanzig Jahre von der Idee »Irgendwann pilgere ich den Jakobweg« bis zur Umsetzung des Vorhabens gedauert hatte, ging es mit dem zweiten Jakobsweg schneller: Nur vier Monate nachdem ich in Santiago meine erste Compostela erhalten hatte, machte ich mich ein zweites Mal auf den Weg und absolvierte von Lissabon aus den portugiesischen Jakobsweg. Dabei machte ich einen Umweg über den Wallfahrtsort Fátima. In Santiago schoss ich sogar über das Ziel hinaus und wanderte bis zum Kap Finisterre – eine Wegstrecke von insgesamt achthundert Kilometern. Und das war sicherlich nicht mein letzter Camino.

Als nächstes möchte ich den Camino Mozarabe von meinem Heimatort Almuñécar in der Provinz Granada bis Merida wandern und vor dort weiter auf der Via de la Plata bis Santiago pilgern. Mit tausendzweihundert Kilometern wird dies mein bislang längster Jakobsweg werden.

Aber das hat zwei oder drei Jahre Zeit. Derzeit zehre ich noch von den Eindrücken und Erlebnissen meiner ersten beiden Wege. Das Pilgererlebnis in Portugal war spirituell gesehen etwas weniger intensiv als auf dem französischen Weg, was auch damit zusammenhing, dass ich die vierhundert Kilometer lange Teilstrecke von Lissabon bis Porto allein gewandert bin, weil ich auf keinen einzigen weiteren Pilger traf. Dafür war der portugiesische Weg um einiges abenteuerlicher, wie die Schilderung der folgenden Etappe zeigt ...

36

Santarém – Fátima

Verglichen mit dem portugiesischen Weg war der französische Camino der reinste Wellnessurlaub. An diesem Tag lief ich um halb sieben morgens in Santarém los. Für den Umweg über Fátima hatte ich keinerlei Informationen – mal abgesehen von einer Karte im Maßstab 1:500 000, die man mir in der Touristeninfo in Santarém ausgehändigt hatte, inklusive einer Liste der sechs Herbergen auf dem Weg bis Fátima.

Auf meiner Karte lag der Ort Monsanto kurz nach der halben Strecke, also nach etwa vier von sechs Millimetern, und es gab dort eine Unterkunft, also erklärte ich Monsanto zum Etappenziel.

Bis elf Uhr ging ich zügig und ohne zu trödeln, bis ich auf einen Einsiedler an einem Unterstand traf. Er stempelte meinen Ausweis, und ich spendierte ihm dafür einen Euro Trinkgeld. Daraufhin durfte ich mich in seinem Gästebuch verewigen – als siebter Pilger in diesem Jahr. Donnerwetter. Der Mann musste in etwa so viel Umsatz machen wie ich seinerzeit mit meiner Immobilienfirma. Ich fragte ihn, wie viele Kilometer es bis Monsanto seien.

»Fünfzehn«, antwortete er. Das war ja gar nichts. Zur Belohnung gönnte ich mir ein ausgiebiges Mittagsmahl. In der Kneipe gab es Internet und einen offenen Kamin, also ließ ich mir Zeit.

Beim Zahlen fragte ich die Kellnerin, wie weit es noch bis nach Monsanto sei.

»Fünfundzwanzig Kilometer«, sagte sie. Wie bitte? Das konnte doch nicht angehen. Ich fragte zur Sicherheit einen weiteren Gast nach der Entfernung.

»Mindestens vierzig Kilometer«, meinte dieser.

Um fünf Uhr nachmittags hatte ich mein Ziel noch immer nicht erreicht. Zum Glück sah ich an einer Kreuzung ein Schild: Hotel zweihundert Meter. Ich lief fünfhundert Meter in die angegebene Richtung und stieß auf ein zweites Schild: Hotel hundert Meter. Mit Entfernungen hatten es die Portugiesen offenbar nicht so. Nach weiteren fünfhundert Metern erreichte ich endlich das Hotel. Es hatte geschlossen. Ich lief einen Kilometer zurück zum ersten Schild und versuchte vergeblich, es aus der Verankerung zu reißen. Nach über dreißig Kilometern zwei leere Kilometer einzulegen, machte nun mal wütend.

Der weitere Weg führte durch einen Wald. Es regnete, ich war durchnässt, mir war kalt, und es dämmerte bereits. Ich befürchtete schon das Schlimmste, als ich ein an einen Baum genageltes Schild sah: Herberge hundertfünfzig Meter. Der Pfeil führte einen steilen Forstweg hinab. Es sah nicht so aus, als befände sich dort eine Unterkunft, aber ich musste zumindest nachsehen. Also folgte ich dem Abhang für einen Kilometer, aber es kam nichts. Keuchend schleppte ich mich wieder hoch. Noch zwei vergebliche Kilometer. So etwas würde selbst den Papst Amok laufen lassen. Ich vergeudete meine letzte Kraft, um das Schild zu demolieren.

Um acht Uhr abends erreichte ich nach vierzig Kilometern Monsanto. Auf der einzigen Straße war niemand zu sehen, also klingelte ich an einer Tür. Eine ältere Dame öffnete. Ich zeigte ihr den Ausdruck mit den Herbergen und pochte auf jene in Monsanto. Sie schüttelte den Kopf und meinte, dabei handele es sich um keine Herberge, sondern um das Gemeindeamt, das manchmal Privatzimmer vermittelte. Aber das hätte um diese Uhrzeit längst geschlossen. Na toll.

Sie schickte mich die Straße entlang zu einer Bar, die über ein Gästezimmer verfügte. Meine letzte Hoffnung. Der nächste Ort lag kilometerweit entfernt, und in Monsanto gab es nicht mal eine überdachte Bushaltestelle, in der ich zur Not die Nacht über hätte ausharren können.

Die Hoffnung zerschlug sich rasch. Der Kneipeninhaber meinte, das Zimmer nutze er längst als Abstellkammer. Ich wollte wissen, ob es im Ort eine andere Unterkunft gab.

»Não.«

Ich blickte in die Runde. Eine Gruppe Einheimischer mit Baskenmützen schüttelte synchron den Kopf.

Langsam reichte es mir für heute.

»Gibt es hier eine Kirche?«, fragte ich den Wirt.

»Immer die Straße hinunter, aber die hat geschlossen.«

»Dann rufen Sie bitte den Pfarrer an«, sagte ich. »Er soll sie für mich aufschließen. Ich bin Pilger auf dem Weg nach Santiago und genieße deshalb gewisse Rechte. Die Kirche muss mir im Notfall Unterkunft gewähren!«

»Wir haben keinen eigenen Pfarrer«, erklärte der Wirt. »Es kommt nur ab und zu einer aus dem Nachbarort hierher.«

Ich breitete meine Hände aus. »Soll ich da draußen etwa erfrieren? Als Pilger mitten in Monsanto? Hier würde sich niemals wieder ein Tourist blicken lassen!«, drohte ich den Einheimischen mit dem Worst-Case-Szenario.

»Bisher ist hier ja auch keiner vorbeigekommen«, bemerkte ein zahnloser Alter mit einem Zahnstocher im Mund. Punkt für ihn.

»Willst du etwas essen? Es gibt Sandwich mit frischem Brot von vorgestern«, versuchte der Wirt mich zu beruhigen.

»Auf keinen Fall«, empörte ich mich und verschränkte die Arme demonstrativ vor dem Bauch. »Aufgrund der untragbaren humanitären Zustände in Monsanto trete ich ab sofort in den Hungerstreik«, verkündete ich und fragte mich im selben Moment, ob ich mich damit nicht zu weit aus dem Fenster lehnte – schließlich war ich verdammt hungrig.

Aber es schien zu wirken. Die Alten beratschlagten, was sie mit dem lästigen Pilger anstellen sollten. Schließlich meinte der Zahnlose mit dem Zahnstocher, ich sollte zur Kirche gehen und dort auf ihn warten. Er müsse erst noch einen Schlüssel besorgen. Wenig später schloss der Alte einen Anbau der Kirche auf. Es handelte sich um einen Kindergarten mit Klassenzimmer für den Katechismusunterricht.

»Hier kannst du schlafen«, meinte er. »Aber um acht Uhr musst du verschwunden sein. Dann kommen die Kinder.«

»Muito obrigado«, sagte ich und fragte ihn, wo denn die Betten seien.

»Hier gibt es keine Betten.«

Aha. »Und die Duschen?«

»Keine Duschen.«

»WiFi?«

»Was ist das?«

»Gibt es im Ort wenigstens ein Restaurant?«

»Bist du nicht im Hungerstreik?«

»Verdammte Scheiße!«

»Du befindest dich in einer Kirche, vergiss das nicht«, schimpfte er.

Kaum war der Alte gegangen, zog ich all meine noch verfügbare trockene Kleidung an, schlüpfte in meinen Schlafsack, legte mich auf eine Turnmatte in Kindergröße und schlief vor Erschöpfung sofort ein.

Am nächsten Tag erreichte ich Fátima gegen vier Uhr nachmittags. Ich kam in einer spartanischen Herberge auf freiwilliger Spendenbasis unter und blieb zwei Nächte. Ich beschloss, mir einen Ruhetag zu gönnen und die Wallfahrtsstätten zu besichtigen. Mein Pilgerhimmel war also wieder in Ordnung.

Das ist ja alles schön und gut, werden sich manche Leserinnen und Leser sagen, aber was ist nun eigentlich aus Pilgerschwester Sandy geworden?

Tja, ab Porto wurde das Wandern erst so richtig schön – was nicht an der besseren Infrastruktur oder der reizvollen Landschaft lag. Ab dort begleitete mich nämlich Pilgerschwester Sandy. Gemeinsam pilgerten wir ans Kap Finisterre, das Ende der Welt.

Danksagung

In professioneller Hinsicht gilt mein Dank dem Allitera Verlag in München, allen voran Alexander Strathern, Vanessa von Proff und Jennifer Döhring. Auch bei diesem Projekt bin ich meiner Lektorin Dr. Annika Krummacher zu besonderem Dank verpflichtet. Muchas gracias für die konstruktive Zusammenarbeit. Mein ganz besonderer Dank gilt Franz Fuchsberger, der durch seine beispiellose Unterstützung erst den Weg zum Erfolg meines Buchs ebnete.

Aus privater Sicht möchte ich mich ganz herzlich bei meinen Facebook-Freunden bedanken. Hunderte von euch haben meine Pilgerreise verfolgt, mich motiviert, inspiriert und dafür gesorgt, dass Aufgeben für mich nie eine echte Option war. Sogar die Idee für dieses Buch basiert auf der Anregung einiger virtueller Amigos auf Facebook. Der Text selbst beruht auf wahren Begebenheiten, die Namen von einigen Beteiligten wurden jedoch geändert.

Zuletzt möchte ich mich bei Ihnen bedanken, liebe Leserinnen und Leser. Ich freue mich immer noch über jedes gelesene Buch und empfinde es als eine besondere Ehre, dass Sie meinem Werk und damit auch meiner Lebensgeschichte Ihre Aufmerksamkeit gewidmet haben. Nach der Lektüre von *Wie ich vom Weg abkam, um nicht auf der Strecke zu bleiben* kennen Sie mich ziemlich gut, während ich Ihnen vermutlich noch nicht persönlich begegnet bin. Ich würde Sie aber gern kennenlernen! Schreiben Sie mir doch bitte, wie Sie auf dieses Buch gestoßen sind und wie es Ihnen gefallen hat. Ich antworte Ihnen in jedem Fall. Und falls es Sie mal nach Andalusien verschlagen sollte, melden Sie sich doch einfach auf ein Glas Sangria bei mir und lassen Sie sich Ihr Exemplar signieren.

Da ich oft unterwegs bin – beim Wandern, Pilgern oder Segeln –, erreichen Sie mich am besten per E-Mail unter: info@freundlinger.com oder auf Facebook: www.facebook.com/EduardFreundlinger.Autor

Ich hoffe, das Buch hat Sie berührt und vielleicht auch etwas zum Nachdenken angeregt.

Ihr Eduard Freundlinger